中原争鸣集(2013)
新型城镇化与产业转型

Hinterland Academia Arena:
New Urbanization and Industrial Transformation

耿明斋 / 主编
李燕燕 / 执行主编

社会科学文献出版社
SOCIAL SCIENCES ACADEMIC PRESS (CHINA)

前　言

自亚当·斯密发表《国富论》至今，经济学成为一门学问已有200余年，虽然在此之前，就有了交换，有了货币，有了经济政策，但还没有形成一套完整逻辑论证的理论体系。经济学界首次使用"经济学"这一名词的马歇尔集经济学大成，使用边际分析方法，强调均衡，强调市场的完备效率，使经济学在社会科学中最具有科学形态，成为社会科学的"皇冠"。从此以后，"经济学"这门学科明确地告诉我们，市场是建立在自由交换基础之上的，供需双方的交换决定了价格。如果交换的过程是顺畅的，则是有效率的；不顺畅就会产生较大的交易费用。而不同的交易费用，又会带来不同效率的资源配置。显然，有效率的市场，即资源最优配置是在公平和自由选择的保护下才存在的。

宇通·中原发展论坛每次讨论的议题都基于中原经济区建设所涉及的传统农区现代化道路该如何走这一现实且又具体的问题。虽然讨论这一问题时似乎没用均衡、边际、最优等学理术语，但是，经济学的理论体系是支撑整个论坛的基础。从某种意义来讲，理论能剥开纷繁复杂的表象，抽象或概括出现实问题的内在一般性，从而能推而广之。从某种程度上甚至可以说，理论是一种信仰、一种追求，它起着回顾过去、展望未来的作用。如同少儿往往不能够理解大人的话，因为少儿的想法和行为是特定阶段的产物，等到少儿长大后，加入了某些变量后，会感到大人的话有道理。人随着年龄增长，会越发感到古语确实是经由几千年积淀出来的，确实有其内在的道理。当然，现实中也往往会出现与理论不吻合的情况，只要这些理论是人类社会自发产生、长期试错总结出来的，即使没能达到完美，其总结出来的逻辑也可以让人们知道如何做、如何走才能提高效率，才是提高全民福利的发展方向。

讨论的话题和思维往往是设定议题的这些人骨子里内在的一种判断和本原追求。比如说，城镇化问题。城镇是由集市发展演化而来的，集市是产品和要素自由选择形成的。集市交换规模和范围的扩展，产品和要素流动空间区域的拓展以及数量的增加，促进了分工环境的形成，而形成的各个环境之间的接触、来往、交流、切磋，使分工更加细化。随之而来的人口和企业的密集必然造成竞争，进而支持有利于产权保护的法规和制度安排。技术进步使生产可能性边界向外移，而制度创新不仅表现为生产可能性边界之外移，还表现为推动技术进步使边界进一步外移。因此，城镇化的过程实质上是通过人口、资本、技术这些基本要素的流动，在城市内形成多层次的交易平台，释放出价格，引导资源最优配置。显然，城镇是提供内生增长的最佳环境。这种增长不仅依赖于原有的技术、制度和单纯增加投入，不仅依赖于区域的大小和自然资源的丰饶，更是靠着竞争价格的外溢效应来配置更大区域的资源，这种增长是内生型、可持续的增长。城镇则发挥着这种持续的推动作用。无论是新型城镇化引领"三化"协调发展，还是新型农村社区建设，都应该建立在这一理论基础之上，也可以说这是传统农区现代化转型路径的指引。

再比如说金融。很多人对金融比较陌生，谈起河南的发展，目光更多地关注在工业、农业和城镇化上。其实，人们实现价值最基本的方式就是交易，交易的内容和方式的高级化则表现为金融活动。在美国三一教堂后花园的墓地里，躺着美国开国元勋、第一位财政部长汉密尔顿，这位"美国金融之父"成立了美国纽约的第一家银行——纽约银行，它成为华尔街金融历史的开端，为以后美国的金融森林撒下了第一颗金融树种；还是在这位金融之父的主导下，美国发行国债，华尔街从此开始了证券交易活动。华尔街这个以前贩卖奴隶的市场开始"贩卖"政府债券，正是因为有了华尔街，美国实现了汉密尔顿工业化的经济主张，从传统农业到传统工业，从现代科技到网络信息，成为世界上最强盛的国家。金融就是如此重要。它不仅影响国家和企业的发展，还影响到我们每个人的生活状态。河南要崛起，离不开金融，这也是我们专门设计了一个讨论金融环境与河南中小企业发展的议题的由来。

还有产业转移的话题。我们为什么关注此话题，甚至以此题作为申报国家重大项目的题目？我们没有简单地把产业转移理解为产业从发达地区搬迁到欠发达地区，而是把产业转移放在社会迈向工业文明的背景下去讨论。河南这样传统农耕文明痕迹浓厚的地方，如何走向工业化，是每个河南人渴望求解的问题。我们说，人类社会大体上可以分为两个截然不同的阶段，即以农业为主要经济活动方式的阶段和以工业为主要经济活动方式的阶段。从前者向后者转换即工业化几乎成为所有国家和地区追求的目标。而欠发达地区的工业化无非是通过两种途径来实现的：一是产业搬迁，即生产企业的全部或部分从原生地搬迁到次生地，一般会包含着资本、设备、技术、生产组织和管理模式的转移；二是技术扩散，即源于原生地的现代工业技术通过掌握技术的人员、出版物等各种技术信息载体扩散到次生地，促使次生地也生发出现代工业来。前一种途径实际上属于现在人们所说的产业转移，后一种途径虽然可以依赖次生地传统农业剩余转换为工业资本，也可以依赖本地人员学习掌握现代工业技术，从而不必依赖原生地资本的流入，但无论通过何种方式，现代工业生产技术和生产组织形式一定是从原生地移入的，因而也包含着产业转移的因素。所以，从广泛的意义上说，次生地的工业化源于原生地产业的向外转移，或者说是由产业转移来推动的。因此，论坛把《承接产业转移和河南对外贸易的发展》《中西部地区承接产业转移的重点与政策分析》分别作为两期论坛的议题。

最后是有关河南经济持续稳定增长的话题。像中国经济整体一样，2008年全球金融危机爆发之前，河南经济也经历了一个长期持续高速增长的过程，但面对汹涌而来的国际金融危机，外向度很低的河南经济甚至比高度依赖国际市场的广东、浙江等沿海发达地区更加不堪一击，"来得迟，影响深，走得慢"成为金融危机对河南经济影响的最突出特征，其原因是河南能源原材料及其初级加工业主导的经济结构。危机过后，在整个中国经济的发展方式由外需转向内需、由投资转向消费的背景下，河南经济增长的压力显得更大。如何适应经济增长方式转变的大背景，通过结构调整和产业升级来保持经济长期持续稳定增长的态势，是河南省委省政府及经济界关注的一个重大问题。论坛有两期的议题——《2011年宏观经济形势及其对河南经济持续增长的影响》和《产业转型和经济增长》——是针对这一问题设定的。

收入本文集的第八届论坛主题是《中原经济区建设的回顾与展望》，主要梳理了中原经济区建设涉及的相关问题，内容与前期议题多有重合与交叉，在此不赘述了。

"宇通·中原发展论坛"是由宇通公司冠名，以中原发展为主题，不定期持续举办的一个学术论坛。论坛围绕河南及中原经济区发展所涉及的重大问题，每期选择一个主题，邀请若干个嘉宾，由一位嘉宾主讲，其他嘉宾及听众参与讨论，试图通过激烈的思想碰撞，达到从理论上说清楚相关问题，并提供有价值的实践解决方案的目的。

19世纪中叶爆发的鸦片战争，从现在的眼光看，是中国的传统农耕文明与现代工业文明的首次正面冲突，也开启了中国社会由前者向后者缓慢转型的过程。改革开放以来，这一过程开始加速，由沿海而及内地。作为地处内陆、农耕历史最久、传统积淀最深的地区，中原经济区的发展和转型不过是整个中国发展和转型的缩影。专注于中原地区的研究，或许更有助于触及传统农耕文明社会制度与文化结构的内核，揭示出与社会现代化转型密切相关的更深层次的问题，从而提供更有价值也更具一般意义的解决方案。

我们专注于中原地区经济社会发展与转型的研究始于20世纪90年代中期，随着时间的延续，学术及经验资料的积累也愈来愈多，不仅得到了学术界同行越来越多的认可，也受到了社会上不同群体的关注，一些有社会责任感的企业家解囊相助，在这方面首推郑州宇通集团公司。"宇通·中原发展论坛"就是由宇通集团公司赞助、由中原发展研究院执行的系列研究中的一个项目。我们将2011年10月至2012年12月举办的八次论坛的讨论记录稿加以整理汇集，定名为《中原争鸣集》（2013）付梓出版，目的一是完整地记录我们的思想与观点，二是促进对相关话题更广泛的关注和讨论，为中原地区乃至整个中国社会的现代化转型释放正能量。

按照我们的研究规划，"宇通·中原发展论坛"将持续举办，《中原争鸣集》作为论坛的结集成果，也将以每年一集的频率持续出版，成为2011年开始启动的《中原经济区竞争力报告》系列年度出版物的姊妹篇。

感谢宇通集团公司的慷慨赞助，公司董事长、全国人大代表、令人尊敬的著名企业家汤玉祥先生高度的社会责任感和深厚的朋友情谊,将永远为我们所铭记。

论坛得以成功举办,离不开河南大学经济学院的各位同仁以及中原地区、全国乃至全球范围内关注中原发展问题的学者热情的支持和积极参与。该项目也得到了应用经济学一级学科博士点建设基金的支持。社会科学文献出版社皮书出版中心邓泳红主任、责任编辑桂芳女士也为本书出版竭尽心力。在此一并表示感谢。

将论坛成果整理结集出版,对我们来说尚属首次,从内容到形式都难免会有不恰当的地方和这样那样的疏漏,欢迎广大读者及学界同仁批评指正、不吝赐教。

编　者

2013 年 4 月 18 日

目 录
CONTENTS

第一章　新型城镇化引领三化协调发展
　　——第一届论坛 ··· 1
　一　论坛主题背景 ··· 3
　二　主讲嘉宾发言 ··· 3
　三　论坛议题聚焦 ·· 12

第二章　当前宏观金融环境与河南中小企业发展
　　——第二届论坛 ·· 39
　一　论坛主题背景 ·· 41
　二　主讲嘉宾发言 ·· 43
　三　论坛议题聚焦 ·· 49

第三章　2011年宏观经济形势及其对河南经济持续增长的影响
　　——第三届论坛 ·· 73
　一　论坛主题背景 ·· 75
　二　主讲嘉宾发言 ·· 76
　三　论坛议题聚焦 ·· 87

第四章　中西部地区承接产业转移的重点与政策分析
　　——第四届论坛 ··· 105
　一　论坛主题背景 ··· 107

二　主讲嘉宾发言 …………………………………………… 108
　　三　论坛议题聚焦 …………………………………………… 119

第五章　新型农村社区建设与传统农区现代化转型
　　　　　——第五届论坛 ………………………………………… 137
　　一　论坛主题背景 …………………………………………… 139
　　二　主讲嘉宾发言 …………………………………………… 140
　　三　论坛议题聚焦 …………………………………………… 150

第六章　承接产业转移和河南对外贸易的发展
　　　　　——第六届论坛 ………………………………………… 173
　　一　论坛主题背景 …………………………………………… 175
　　二　主讲嘉宾发言 …………………………………………… 175
　　三　论坛议题聚焦 …………………………………………… 184

第七章　产业转型和经济增长
　　　　　——第七届论坛 ………………………………………… 193
　　一　论坛主题背景 …………………………………………… 195
　　二　主讲嘉宾发言 …………………………………………… 196
　　三　论坛议题聚焦 …………………………………………… 202

第八章　中原经济区建设的回顾与展望
　　　　　——第八届论坛 ………………………………………… 217
　　一　论坛主题背景 …………………………………………… 219
　　二　主讲嘉宾发言 …………………………………………… 220
　　三　论坛议题聚焦 …………………………………………… 228

后　　记 ……………………………………………………………… 242

第一章
新型城镇化引领三化协调发展
——第一届论坛

参与嘉宾
林　凌　　四川社会科学院研究员
刘世庆　　四川社会科学院研究员
耿明斋　　河南大学中原发展研究院院长、经济学院院长
姚永军　　鹤壁市浚县王庄镇镇长
王作成　　河南省统计局总统计师
孙德中　　河南日报社理论部主任
苗长虹　　河南大学黄河文明与可持续发展研究中心主任
高保中　　河南大学经济学院副院长
彭凯翔　　河南大学经济学院教授
宋丙涛　　河南大学经济学院副院长
郑祖玄　　河南大学经济学院副教授、博士
郭兴方　　河南大学经济学院副教授、博士
宋　伟　　河南省委党校博士
论坛时间　2011 年 10 月 20 日 8：30
论坛地点　中原发展研究院会议室

一 论坛主题背景

河南发展面临的最大问题就是粮食主产区如何推进工业化和城镇化的问题，这也是中原经济区建设的核心内容。自改革开放以来，这个问题一直困扰着河南省委省政府及全省人民。经过30年的探索，河南逐渐形成了工业化、城镇化和农业现代化"三化"协调发展的思路。2011年10月河南省第九次党代会报告中提出要"紧紧围绕富民强省目标，全面实施建设中原经济区、加快中原崛起河南振兴总体战略，持续探索不以牺牲农业和粮食、生态和环境为代价的新型城镇化新型工业化新型农业现代化'三化'协调科学发展的路子"。报告以简单明了的语言，第一次明确了"三化"之间的关系，即以新型城镇化为引领的新型城镇化、新型工业化、新型农业现代化协调推进，以工促农、以城带乡、产城互动的长效机制基本建立，破解"三农"问题取得重大进展，"三化"协调发展格局初步形成。可以说，新型城镇化引领"三化"协调发展是中原崛起战略的新里程碑。

新型城镇化引领三化协调发展，曾多次引起省内外领导专家的广泛关注，本届论坛将其列为主题，是想请与会专家学者，特别是中国工业经济协会副理事长、深圳综合开发研究院的副理事长林凌教授，区域经济研究的专家、四川省社会科学院西部大开发研究中心的主任刘世庆教授以及省内的专家领导，就新型城镇化引领三化协调发展问题做深入的探讨。

二 主讲嘉宾发言

（一）林凌：关于四川工业化、城镇化、农业现代化的探讨

1. 对工业化与城镇化水平指数的认识

今天讨论的题目在四川也被提出了，大概一个月前，四川省委书记召

开了一次座谈会，题目是《新型工业化新型城镇化互相联系互相推动》。为什么提这个问题，因为四川的城镇化落后于工业化，城镇化落后了，必须由工业化与城镇化相互联动使城镇化发展起来。但是，关于城镇化是不是落后于工业化，这存在一个不同方法比较的问题。如果把工业化简单地看成工业在三次产业中所占的比重，四川是40%～50%，那么四川城镇化率就只有37%～38%。但这两个是不同性质的概念，我们讲工业化是三次产业互动的结果，开始时三次产业都增长，随后第一产业的比重下降，第二产业的比重上升，第三产业的比重也上升。到了最后，第一次产业比重就下降到10%以下，美国现在是4%左右；二产也下降到了25%左右；三产上升到70%。工业化的成功最终表现为第三产业在GDP中占70%。所以，关于到底有没有实现工业化，主要是看第三产业的比例？还是一、二、三产业的比重？关于城市化，我们主要看的是城镇化率，城镇化率就是城镇人口占总人口的比重。一个是三次产业，一个是城镇人数。拿工业在三次产业中的比重和城镇人口在全部人口的比重来比较，我觉得是不合适的，仅基于此很难准确地判断说是城市化落后于工业化。

2. 产城联动的提出

现在四川省把产业化和城市化的联动简化为产城联动。产城联动是什么意思呢？就是在四川全省的各个地区都建立了多个工业园区。工业化和城市化的相互推动就是要把园区和城市结合起来，形成产业和城市的一体化。城市依托产业，产业又依托城市。

四川在搞城乡统筹的时候，特别强调了产业向园区集中，这样公共设施可以共同利用，上下游产品可专业化分工协作等等，就为城市打下产业基础，可以使城市功能和产业园区结合起来。我们过去城市功能的布局比较乱，工厂、住宅、学校、商业服务都在一起，改革开放以后进行了一些调整，工业园区、学校区、商业区、住宅区，各有功能分工。今天我们讨论产城联动问题，不仅在河南存在，在四川也有一些不同的看法存在。四川成都是城乡统筹的国家实验区，重庆也是国家实验区。从21世纪初期起国家发改委要求开始试点。成都搞得比较早，2003年就开始了，2007年被国务院批准为全国统筹城乡综合配套改革的实验区。到现在为止，很多经验，中央认为已经成熟了，可以形成法规来在全国推广。比如城乡社会保障的统筹，关于农民的土地，如承包地、宅基地的确权，即进一步明确这块承包地是你的，这块宅基地是你的，发给你确权证。这样确权以后，用政府发证的办法把土地承包制固定下来，消除了很多农民的顾虑。

据我知道，清华大学、北京大学、中国人民大学，还有中国社科院的研究机构等，对成都经验从不同的角度有不同的看法。有达成共识的，也有意见不一致的。最突出的是两大问题，一大问题是土地的流转，因为我们的体制是家庭承包责任制，土地是集体所有。实行了确权以后，土地流转就开始了，土地流转推动了土地的规模经济。四川跟河南不一样，四川丘陵比较多，田块比较小，土地流转推动着整个经济的发展。怎么流转呢，相当大的一部分是在农民之间流转的，向农业大户集中，这一部分大概占70%~75%，涉及集体与农户收益的关系。第二大问题是"公司+农户"，这跟我过去在科迪看到的情况是一样的，这种模式在四川占的比重是25%。有些同志对这个25%有不同的看法。因为不仅要给农民租金，还发了工资，但是农民由原来土地的主人，变成了雇农，给公司干活的时候就马马虎虎，集体经济的弊端显露。所以公司就很有意见，老板感觉这个办法不行，得改，让农户来反包，农户一反包又回到承包制去了。公司制有它的优越性。但最大的问题是农民不是主人，而成为了雇农。所以他们主张"公司+农户"有些方面是可以用的，但更主张的是搞农业合作社。还有一个问题，就是把土地确权了，明确了这块土地的使用权是你的，而且给了证书，农民可以拿着这个证书向银行信用社贷款，证书就成为抵押物。一旦农民经营失败了，欠了信用社的钱怎么办，拿什么来补偿？抵押的不是所有权，不是所有物，而是一个经营权。现在成都市的处理办法是，风险这一块由政府承担80%，银行承担20%。一旦农民贷款经营失败，政府有个基金，拿80%给银行，银行自己吃点亏，承担20%。有些同志不赞同这个办法，它不是个根本解决问题的办法。现在农民贷款困难就在于没有抵押物，土地是最值钱的，却不能抵押。

3. 关于农民工进城问题的探讨

对于农民工进城这个问题也讨论了很长时间。成都有成都解决问题的办法，重庆有重庆解决问题的办法。我在一次会议上提了一个建议，说农民工进城跟土地户口关系是不是可以三保障、两放弃。第一个保障是职业，第二个保障是住房，第三个保障就是享有和城市居民相同的、统一的、城市的社会保障体系，包括养老保险、医疗保险、子女上学等等，凡是城市居民享受的他都应该有。在这"三保障"的前提下，农民第一可以放弃承包地，可以采取各种方法来放弃这个承包地，也可以采取卖，或者其他形式。第二是放弃宅基地，因为他在城里有了房子、有了职业，那就按城里居民这一套来办了。这个口号提出以后，我们成都的领导交换意见，说不要把农民的地收走，农民不一定要放弃土地。我说不放弃难道他拿两份啊，城市居民才一份。关于这个也有赞成，也有不赞成的。所以现在成都市的城乡统筹尽管有七八条经验是成功的，但它最成功的一条就是已公布的"以城带乡"。现在全国城乡收入差距最小的是成都市，是2.4∶1，重庆是3.3∶1。成都是从2.6∶1降到2.4∶1的，这个收入差距缩小的决定因素在哪里？决定因素在财政收入，它全是从财政里面拿钱补到了农村，它不是国家那一块，而是成都市这一块。那么成都市的财政补助是从哪来的，就是靠城乡统筹促进工业农业等其他产业发展的收入。那么这个统计里面是不是有土地财政的影响，对此我不是太清楚，我估计可能是有的。因为有些东西分不清，但是多年来它最低是2.4∶1，这一条就非常明显了。这说明城乡统筹的目的是以城带乡，比如九年制义务教育的普及，凡是农村的中学小学教师全部提升素质，把城里的老师向农村派下去一些；乡镇的卫生院健全了；交通城乡一体化了。从这种情况来看，它确实很有成绩，但是走到今天，要解决的最大问题就是土地问题，卡在这个地方，没有办法来突破现有的这套东西。

再有一点，就是我们在四川研究城乡统筹的时候，研究工业化、城镇化、农业现代化的时候，首先研究的就是这个省、这个区域，工业化到底进展到哪一个阶段。因为在19~20世纪这段时间里，西方的经济学者就工业化的量化标准做了一个非常好的研究，在很多地区进行的试点，证明这个量化标准是可行的，我们就根据这个量化标准来判断全国工业化进展到什么阶段，四川的工业化进展到什么阶段。因为工业化是随着一二三次产业的不断变动而变动的结果。根据这个指标，加上GDP、加上城市化率、加上劳动力的转移等几个指标来看，我国整体进入了工业化的中期，东部进入中后期，四川开始进入工业化的中期。有了这样一个共同的看法以后，就开始研究三次产业的互动，到底波动在哪一个时期、哪一个领域。现在每年我们都要公布国民经济的产业结构，第一产业占多大比重，二产、三产占多大比重，都要做这种分析。因此，我们在四川非常明确的就是按照社会发展的规律，从农业社会到工业社会，以三次产业互动来推进工业化，以此作为一种主导的方向，以国民经济作为主要判断标准。我们既然整体经济进入中期阶段，那么中期阶段应该怎么办？因为它发展很不平衡，有的比较发达，像四川的东部地区；有的是相对落后，有的还是工业化基本上没启动，还是农业社会；有的地方本来它就不可能实现像我们所要求的工业化，比如少数民族地区，一个县只有几万人，像甘孜州一共90多万人，不到100万人，占了四川土地面积的1/4，它不可能实现工业化。国家搞了主体功能区以后，明确了哪些是优化开发区，哪些是重点发展区，哪些是限制开发区，哪些是禁止开发区。限制开发区和禁止开发区的工业化要求就跟优化开发区和重点开发区不一样。在限制开发区和禁止开发区，工业化的路子应该怎么走，这也是一个很大的问题。

总体来讲，城乡统筹在四川就是一个工业化的过程，也就是三次产业互动的一个过程，同时也是城市化的过程。现在四川省委省政府强调的是工业化和城市化联动，除了城市化本身的发展外，还要有工业化来推进它。因为毕竟城市是工业化的载体，没有工业化就没有城市化。我曾经写过一篇文章，题目是《中国农民的造城运动》，中国现在的城市有 660 多个，解放初期才有几十个，现在一下子 660 多个，最大的城市有 2000 万人口，如北京上海，成都现在已经有 1400 万人，重庆也有将近 1700 万人，交通、环境都有极大的改善。那么这是谁干的呢？农民干的，这个城是农民造起来的。现在城市的服务业，尤其是那些最重最脏的活都是农民在做。可以说改革开放以来，我们的城市是农民造起来的。我记得在研究城市历史的一本书里，曾经讲到这样一个数字，就是在第二次世界大战以后，在欧洲国家及日本，城市大部分都被破坏了。所以 20 世纪 80 年代我们到欧洲、日本去看，他们的市政厅门前都放了两张图，一张是战前的，一张是战后的，战后是一片破碎的垃圾、瓦砾，就是说破坏得非常严重。

全世界在 1945 年以后，就有 40 亿农民进城，曾被破坏的城市又得以恢复重建，农民在其中发挥了非常重要的作用，又建立了新的城市。我们的历史也是如此。所以说，农民对城市建设的贡献是最大的。我们有两亿农民在社会流动，两亿农民离开家乡进了城，把 600 多座城市建成现在这个样子。

我前些天到鹤壁，记者采访我的时候，我就谈谈我的感想，我说我感觉鹤壁虽然是个 160 万人的城市，但它有浓郁的现代化的味道。特别是看了它的 CBD 的设计之后，我感受很深，它已经有现代化的味道了。建会展中心的，建金融大厦的，建联合大厦的，都是农民。从这个意义上看，农民进城对推进城市化、推进城市的现代化，起了巨大的作用。以上，我就四川的情况在这里做了些简单的介绍，也发表了我个人的一些看法，谢谢大家。

（二）刘世庆：成都新型城镇化引领"三化"协调发展实践

1. 成都和重庆城乡统筹实验区的基本情况

成都市和重庆在 2007 年 6 月同时被国务院批准为全国统筹城乡综合配套改革的实验区，但是这两个地方在背景和范围方面都有很多不同。第一，做法不同。从范围来看，成都的统筹是在一个市的范围，重庆是在一个省级单位的范围。第二，自然条件不同。成都是一个大平原，它比较有利于城市的这种圈层式的城市化进程。而重庆是以山城和丘陵为主，它的城市化进程更需要依托一些轴线进行推进。第三，体制不同。重庆它是一个直辖市，具有很优越的体制优势，它的实验方案能很快地直接呈报给中央，而成都是在省的领导下进行的，它的很多方案得首先报到省里，经批准后再报给中央，这对决策各个方面都是有影响的。第四，两个地方的发展水平不同。成都市是比较发达的一个平原，为了更具有可比性，在做这个研究的时候，我把它划了几个圈层，比如说把成都和重庆市（原来意义上的重庆市）比较。一个比较大的数据就是，在刚刚开始推进的时候，城乡收入差距，重庆是 3.3∶1；成都是 2.6∶1，现在成都进一步下降到 2.4∶1。出于这些原因，这两个地方的许多难点和重点就有些不同。成都要解决和探索的是，城区和郊区，也就是说郊县、大城市和周边的卫星城市的统筹城乡的发展问题。而重庆要解决和探索的是，主城区与郊区、郊县、县域的城乡统筹发展，也就是说它在一个省域的范围内来看中心城市与农村，市域经济和县域经济的统筹发展，而且它还要解决和探索库区的经济社会发展的问题。所以我们经常说它是"大城市"带"大农村"，就是它是在这样一个范围下来做的。因此，这两个地方在当初采取的很多措施和它的总体的布局上就稍微有点不同。

成都在开始试点后就提出了"全域成都"概念，这在我们四川省内的讨论是很多的。"全域成都"是一个什么概念呢？因为它的统筹城乡是在成都市的范围内，实际上就是把成都作为一个标杆，作为一个代名词，"全域成都"也就是在成都市的范围内要全面地城市化。要处理好城市与郊区、中心城市与卫星城市的关系，所以它的重点是探讨一个城市内部的城市功能的分工，之后是城市群内部的城市分工，在这个方面要做文章。它的重点是各个方面的一体化，比如说基础设施的一体化、公共服务的一体化、教育等全方位规划的一体化。成都市首创了全国的乡村规划师，要拿证、拿资格。做乡村的规划也要有证，全国首创的，并且做得也是比较好的。它提出公共基础设施要向农村延伸，包括公交车、公共服务、医院、教育等。我们今年在九年义务教育，在小学这个方面有一个很大的动作，就是实行全面的摇号，例如，只要是居住在这个区的，农民工的子女都可能通过摇号，进入重点学校。我感觉成都市在公共服务这些方面，城乡统筹是做得比较好的。

刚才林凌教授也介绍了，在统筹城乡发展过程中，遇到很多争议问题。目前全国比较关注的是成都和重庆两个地方的土地制度和户籍制度。成都的统筹城乡2003年开始推进，2006年基本上比较规范地进行各种各样的规划，2007年批准试点以后正式展开工作。2008年成都就开始农村土地的确权，成立了交易所，土地可以进行流转。并且，在新型社区建设当中，成都农村土地确权就像改革开放初期的那种情况，村民一起摁手印，把一个章掰成五瓣，五瓣章分到不同的部门手里，要共同来盖才能够生效。还有就是土地确权，发证。虽然我们的法律在基本土地制度上面还没有改，但是土地的确权，还有交易所的成立，都需要发证。发证是由非常规范、非常正规的政府来发。所以林凌教授刚刚讲到，抵押，就是用来解决我们的农业发展和中小企业发展、龙头企业发展当中的资金问题，和规模化经营中的一些问题。我觉得成都市做得比较好。

理论界争论的还有一个和土地确权相联系、比较大的、非常重要的问题，就是户籍制度。成都在2010年11月份出台了《关于全域成都城乡统一户籍实现居民自由迁徙的意见》，重庆印发了《关于重庆市户籍制度改革农村土地退出与利用办法（试行）》的通知。关于土地交易、流转，重庆和成都差不多都推行了一个办法，即确权、交易。但是这两个文件，有一个很重要的区别，就是成都强调的是可以不放弃宅基地和承包地，只要在城区住了一年（有的是六个月），表明你实实在在是在这个地区生活和工作，就可以自动获得城市户口。所以刚才林教授讲到，他提出"三保障，两放弃"，省里的领导问他能不能放宽一点。而重庆是要放弃的。在有限的资源条件下，如果你要获得城市户口，你必须要放弃。所以成都和重庆在这一点上是有很大的区别，也是我们讨论、争论比较多的。我觉得大家现在更注重让农民获得财产性收入，就是到了该他们分享这一块的时候了，为什么要放弃呢？我主张可以不放弃。当然这又涉及我们的基本制度问题。林凌教授有代表性的观点，就是国家的基本制度该怎么改革。这个不是我们成都市的问题，而是四川省在三个城市推进城乡统筹的问题，就是除了成都市，我们又划了三个不同的地级市来做试点，是在离成都市比较远，又是丘陵地区出现撂荒地比较严重的地方。特别是农业税免了，并且由于直补不与农产品挂钩以后，撂荒地就非常严重。所以林教授的这个观点，就是说你占了土地这个生产资料，你又不用，该不该有惩罚呢？但是我觉得成都和重庆这两个地方的地域是不一样的。一个是发达的大城市和它的郊区的城乡统筹问题，另一个是在一个省域的范围内搞城乡统筹。成都一些好的地区农民不愿意放弃土地。但重庆不这么做就不行。

2. 关于城市化与工业化水平的重新认识

第一，国内常常讨论城市化落后于工业化这个问题。我从2000年就开始写文章，不同意这个观点，因为我们说城市化，较标准的衡量就是比较人数。而成都的城市化率，如果从人数这方面来讲，工业化和城市化是同步的。特别是中国改革开放以后的城市化是劳动密集型的工业化，劳动密集型的工业化就是人口的聚集。工业化的同时，就是劳动人口的聚集。所以对城市化率，很多人是用三次产业的比率和城市化率来比较，这是不能比较的。对城市化率，我们的统计是滞后的。很多农民甚至全家都进了城，他的生活方式、收入方式已经发生改变，但是在我们的统计中，仍然用的是农村户口。所以在2003年，我带着学生，调研了4000户，选择河南、四川，我们一户一户从1977年开始统计。一方面农民大量进入城市，而另一方面我们说城市化率只有百分之三十几，现在才开始往上涨一点。我觉得这自相矛盾。全国第六次人口普查已经发布数据，我觉得它也很支撑我的这个看法。除了东部地区人口是有所增长的外，中部和西部的人口有所减少，甚至四川这样的人口大省，查看统计年鉴当中城镇人口中的常住人口和户籍人口，应该说从2003年、2004年开始出现常住人口逐步下降，出现拐点。而2010年刚刚发布的统计数据中，四川省的户籍人口是9000万，常住人口是8000万，而且我认为这里面是含有水分的，这第六次普查以后的统计数据，我们的户籍人口和常住人口，都有1000万的差距。所以，如果从比率来讲，我觉得由于这些误导，我们过去的一些政策，应该是城市的政策却放到农村去做了。

第二，我想为什么我们会提出城市化落后于工业化。我觉得是城市建设落后了。有这么多人进城了，但是城市建设，包括它的交通，包括我们要让人民过更好的生活。从这个意义上看，城市化的建设是落后了。

昨天我们考察了鹤壁，我觉得它走到了我们四川的前面。在此之前我刚好去四川和重庆连接的达州开江去调研。开江跟鹤壁有点类似，是一个农业县，它的农业基础条件很好，而且地势又比较偏僻，工业比较落后，农业产业化的发展也是比较滞后的。我建议大家好好看一下中原经济区里的一些提法，就像耿教授说的，传统农区怎么实现"三化"，怎样推动工业化和现代化的进程。来这里我听到城镇化引领"三化"协调，我很赞成耿老师说的不同的阶段，就是说从农业社会进入工业社会处在不同的阶段，可能面临着不同的重点。我觉得城镇化的引领是不排斥工业化的。在推进城市化这个过程中，比如说在我们的达州，特别是开江，我感觉跟鹤壁相比是晚了一步。但是达州现在更加重视环境，重视生活的质量。达州在党代会上，就新一轮的发展目标，明确提出建设"幸福达州"。开江提出了"推进科学发展,建设幸福开江"。现在面临着的不仅仅是GDP的增长,还有该怎么样更好地去分享城市现代化和农村现代化"三化"协调发展。

总之,我觉得提出城市化引领"三化"协调发展,是符合中国进入城市化、工业化、农业现代化高速增长阶段要求的。高速增长不仅要求速度,而且要求质量,是一个非常好的方针、一个战略。但是我们也要避免一些负面现象,比如说陷入形式主义,避免一些土地的浪费等等。

三 论坛议题聚焦

(一)姚永军:王庄镇"三化"发展实践情况的报告

鹤壁市浚县王庄镇位于浚县北部,总面积110平方公里,耕地9.8万亩,管辖51个行政村,7.4万人,是全国粮食高产创建示范镇。2011年小麦和玉米单产均创全国最高纪录,是河南省粮食生产的三强乡镇,也是我省粮食生产区发展的一个缩影。近年来我们坚持以科学发展观为指导,以做大做强工业经济为主抓手,全力推动王庄镇中鹤集团沿产业链扩张,积极探索"工农互促,城乡共荣"的发展模式,积极探索和破解"钱从哪里来,人往哪里去,民生怎么保"等社会问题,实现了工业化、城镇化和农业现代化的协调发展。我们努力工作的最终目标是通过龙头企业带动产业支撑,逐步实现产业向园区移动,农民向城镇集中,土地向公司集中,统筹"三化"协调发展。现在我简单介绍一下王庄镇近年来"三化"协调发展的一些具体做法。

在实际工作中,我们紧紧围绕"做强一个企业,带动一个产业"的工作思路,不断加大扶持力度,大力培育龙头企业,积极建设工业园区,全力促进工业化。一是抓好龙头企业的帮扶。我们始终坚持以做大做强中鹤集团为抓手,引导帮助企业制定产业发展路线图,加强对外合作,拉长产业链条,提高精深加工水平,促进了企业的不断发展壮大。目前中鹤集团年加工转化原粮75万吨,拥有玉米淀粉、小麦淀粉、谷原粉、小麦专用粉、营养挂面、糖果、玉米食用油、大豆制品、生物饲料等18条生产线，形成了相对完整的小麦、玉米、豆类加工等产业链。二是积极引导企业扩展经营领域，紧紧抓住国家和省市大力发展"三农"的良好机遇，积极引导中鹤集团向农业开发、集约种养、粮食收储、粮油贸易等相关产业拓展。先后成立了浚县中鹤粮油贸易公司等从事农业产业化经营的子公司，现已发展为跨行业、跨领域经营的大型企业集团，是"国家级农业产业化龙头企业""全国食品工业优秀龙头企业"。目前，中鹤集团总资产已达到15亿元，员工3500多人。截至2011年上半年，中鹤集团实现产值11亿元，上缴税金1800多万元。三是推进产业积极发展，充分发挥龙头企业的示范带头作用。以中鹤集团为依托，王庄镇规划建设了5.8平方公里的浚县粮食精深加工园区，引导企业向产业园区聚集发展，努力培育"骨干企业支撑有力，产业链条延展有序，竞争优势逐步凸显的"食品工业集群。目前，园区建成面积已达到1.5平方公里，入驻企业11家。按照规划，到2015年，要完成投资25亿元，入驻企业25家，年产值达到50亿元，安排农民进园务工2.5万人。建成集生产科研、加工销售、综合开发、仓储物流于一体的全国知名食品工业基地，这是园区将来的发展目标。

我们立足农业生产实际，围绕企业发展需求，积极引导中鹤集团抓流转、建基地、拓领域，努力把产业链条延伸到田间，把农业大田建成工业的第一车间：一是认真抓好粮食高产创建示范区建设。品牌是企业的形象，质量是企业的生命。为达到中鹤集团食品产业无公害、食品安全的目的，努力建设绿色清洁粮基地，实现农业的标准化生产。王庄镇在全镇粮食生产核心区规划建设了5万亩粮食高产创建示范区，积极建设"田成方、渠相通、路相连、井渠配套"的高标准农田。努力增强农业抵御自然灾害的能力，提高土地的产出率和粮食的优质率。2011年，示范区小麦和玉米单产分别达到614.2公斤和751.1公斤，均创全国最高纪录。二是大力发展专业合作组织。我们立足实现中鹤集团优质安全粮仓这一目标，真正把发展农业专业合作组织作为加快农业现代化的重要手段。镇里引导中鹤集团组建了全省规模最大的农机合作社——浚县鹤飞农机合作社。合作社充分发挥资金、装备、技术、信息、人才等方面的优势，与群众结成利益共同体。以实现双赢为目标，企业与农户签订合同，对农户耕地实行免费耕收，并以市场同等价格收购农户余粮，而农户的责任是将余粮卖给企业。积极用精细耕作方式取代粗放耕作方式，提高了农业的技术装备水平和"三农"的组织化程度，加快了传统农业向现代农业的转变。目前，合作社拥有大中型农机具310台套、质保机械120部，带动农户1800户，吸纳300多名农民成为产业工人。三是加快土地集约经营。中鹤集团以浚县鹤飞农机合作社为纽带，以推动土地经营权流转为抓手，积极探索"公司+合作社+农户"的经营模式，大力发展土地规模化经营，积极推广大型机械和良种良方，实现了土地的规模化种植、科学化管理。目前，合作社已通过反租、代种、转包等形式流转耕地15000亩，计划到2013年流转耕地5万亩。另外，我们正在请有关专家规划设计，在探索土地流转后，把示范区建成工业的景观镇。

我们按照"以产形城、以城促产、产城一体"的发展理念，以中鹤集团为主导，加快新型农民社区建设，努力实现农村基础设施城镇化、农民生活方式市民化。目前，我们新镇区的整体框架基本形成，2011年新打通修建道路6条，总里程86公里。

社区建设进展顺利。总投资5亿元。目前，150幢楼、4500套住宅正在建设，其中60套已经建成。同时水电、供热配套设施也正在安装，绿化、美化、亮化工程已经启动。到2011年春节，我们计划搬迁一个村，让群众在新房里过春节。

启动配套公共设施。除了建设新型农民社区外，我们投资了6000万元建设镇区中学和9500万元建设社区服务中心，自来水厂、污水处理厂、社区大的电力规划也在紧张筹备中。另外，我们马上还要进行镇区小学和休闲广场的开工建设，搬迁方案也基本确定。

以上就是我们协调"三化"发展的一些具体做法。下面我将"三化"建设启动以来我们取得的一些初步成效向各位领导、专家、同学介绍一下。

一是土地的集约经营。从源头上保证食品安全。农民搬进社区以后，土地交由企业经营，为中鹤集团建立了优质清洁粮源基地，企业通过推广良种良方和大型农业机械，实现了农业的规模化种植、科学化管理、标准化生产，保证了粮食的品质，为企业打造从大田到餐桌的食品安全链条把好了第一道关口。企业的质量价值、品牌价值和信誉价值得到提升，为企业提高产品市场竞争力打下基础。

二是农民集中居住，节约了发展成本。农民搬进社区，集中居住，有利于道路、供电、供水等基础设施的集中配置；有利于学校、医院、养老中心等服务设施额度配套建设，整合了公共资源，节约了建设成本。农民搬进社区，集中居住，原村庄宅基地得以置换，初步测算，经过15到20年的努力，通过优惠政策、优美环境吸引群众自愿搬进中鹤新城，能置换出土地面积2.6万亩，除去新城建设用地1.2万亩，还可节余1.4万亩耕地。如果按30%用于工业建设，70%用于复耕来算，不但可新增耕地9800亩，还可新增建设用地4200亩。通过新城建设，土地没有减少反而增加，这从根本上突破了制约企业发展的土地瓶颈，又为确保国家粮食安全作出了积极贡献。

三是"三化"协调发展实现了农民利益最大化。农民搬进社区，集中居住，基础设施实现全覆盖，居住条件大大改善，农民拥有和城市一样的生活环境，以后我们还要搞"引黄入王庄"工程，建设生态水系，形成一个"园在城中，城在产业园"的生态小镇。社区有健全的公共设施，农民可以享受和城市居民一样的就学、就医、养老等社会保障。目前，我们正在两个村搞"村改居"，即农民变市民，从根本上打破城乡二元结构，缩小城乡差别。土地由公司经营后，农民在不用任何投入的情况下，每亩耕地每年可获得1200斤小麦的现金收益。而农民可以收地租或到中鹤集团来务工，还可以外出打工或者在镇区内灵活从事第二、三产业，从根本上实现了土地收益不减少，劳动力、土地、优质粮源等生产要素的优化配置。这将推动中鹤集团快速扩张，带动餐饮、娱乐、商贸流通等相关行业的蓬勃发展，为农民就业提供广阔的前景。按照企业发展规划，到2015年，中鹤集团将成为年产值50亿元的大型企业集团，可拉动农民直接就业1.5万人，相关产业发展将提供3万人的就业岗位。到时候，王庄镇的农民不出家门就可实现就业，而且收入将大幅提高。目前，中鹤集团职工平均月工资1700元，在此务工农民年收入1.5万~1.8万元，远远高于农民"农忙种地、农闲务工"的劳动收益。

在推动"三化"协调发展的实践中，我们也总结了四点体会：第一，领导重视是基础。近年来,省市领导非常关心王庄镇的"三化"建设,给我们提供了许多好的意见和建议。市县领导对王庄镇的工作"高看一眼,厚爱一分",在各种重大问题上对王庄镇的发展从土地、资金、项目上给予了很大的倾斜,给我们的发展提供了良好的外部条件。第二,实现共赢是根本。互利共赢是调动积极性,形成合力的首要条件。工作中我们始终坚持把群众利益放在第一位,无论是社区建设、流转土地,还是谋划拆迁和补偿等工作都充分尊重群众意愿,赢得了群众的信任和支持。在发展过程中,无论是征地还是拆迁,没有出现群众上访等不稳定因素。第三,龙头带动是关键。龙头企业是加快"三化"发展的引擎和动力。工作中,我们始终按照"立足高起点,瞄准高水平,创造高效益"的指导思想,积极引导中鹤集团扩展经营领域,拉长产业链条,实现企业由单一的农业加工发展为大型企业集团。正是中鹤集团的快速扩展,才带动了相关产业的蓬勃发展,提高了人口的聚集程度和"三农"的组织化程度,为土地集约经营、新型农民社区建设,创造了良好的条件。第四,投入到位是保证。资金支持是搞好各项工作的后盾。如果没有充足的资金做保障,统筹推动农村"三化"建设就是一句空话。工作中我们始终坚持狠抓投入不动摇,采取政策倾斜、资金支持的办法。镇财政每年都把企业上缴税金最大限度返还,不管班子如何调整,不管经费多么紧张,都严格落实不动摇。正是由于我们采取市场运作、多元融资的办法,不遗余力争取各类项目,千方百计投入建设资金,才保证了中鹤集团的健康发展,保证了中鹤新城建设的推进。以上就是我的工作汇报,不足之处,还请批评指正,希望和各位老师一起探讨。

另外,我想就本人跟农民打交道过程中具体遇到的问题给大家一一作以解释。我建议咱们再次去采访调研的时候,不要按政府给你们设计好的路线去看,那看到的只是一些表面的问题。想了解农民实实在在的问题,你得从地图上任意找到一个村,直奔这个村去,才可以解剖农村农业农民的深层次问题。针对我们王庄村的"三化"协调发展,我们提出的口号是"三化"协调发展的实验区。实验,就好像我们在实验室做实验一样,允许成功,也允许失败,我们也是谨小慎微的。我们有充分的心理准备迎接失败,有可能失败。

关于土地问题，我们王庄怎么做的呢？我们的土地，是让农民自愿给的，从来不强迫。1200斤小麦可以让农民自己算账，跟农民讲什么大道理他们不懂，他们只算经济账。1200斤小麦，不用耕种不用打药不用施肥不用播种，一亩地一年纯收入就是1000元左右。而且我们给的1200斤小麦的价格是随着市场价格浮动的，这样他们都非常容易接受。所以我们用两年时间，完全依靠群众自愿，流转了15000亩土地，这也是群众对这项工作认可的一个最有效的证明。这就解决了农村的土地问题。

关于农村工业化问题。农业属于一个高成本、低附加值、劳动密集型企业。我们中鹤集团就是一个粮食深加工企业，这是一个劳动密集型企业。为什么要建设粮食加工园区呢？就是为了把镇区的农产品加工企业全部向园区集中，然后让农民从土地中解放出来，实现二次创业，让他们变成产业工人在厂里面上班。农民一家几亩地，我不知道以前给他们算人均纯收入时专家学者是怎么算的。但是在我们王庄，一人平均2亩地，一家4人，就是8亩地。各位专家算算一家平均每年的收入有多少？但是我们实际收入，一个月1700多块钱，一年就是两万块钱，两口人四万块钱，养活两个孩子，那直接人均收入就是一万块钱（我不知道我算的正不正确，我就是这样理解的）。我们粮食加工区到2015年就需要2万人左右，目前是3500人，所以我们社区建设的一期工程完全能够满足农民变成产业工人的需要。

关于社区建设问题。我们从去年开始建设社区，当然我们的规划是从2007年开始做的，到2008年年底，基本上做了一年半时间，我们的规划才做得完善。就农村而言，如果你们要到那些没经过事先打招呼的村去看的话，垃圾遍地、污水横流、柴草乱垛、鸡群乱跑；如果你们到小学去看的话，学生没有老师多，或者一个老师就教七八个学生；如果你们到诊所去看的话，只有国家建造的空荡荡的房屋，而没有病人在那看病。国家以前小而全的形式已经不再适应现在的农村了。我们以前村村建学校，村村建卫生室，村村建安全饮水，把这些公共资源无限制消耗在大家庭里面，如果我们建社区的话能把这些资源完全整合起来，农民就地实现市民化，这也符合我们鹤壁市八次党代会的精神。我们对农民进行了一项测算，从老家搬到社区一家的成本就是3万块钱左右，但是如果翻盖房屋的话没有

10万块钱就翻盖不出来。另外，在搬迁过程中，农村搬迁是利益引导的。

3万元成本以外多出来的钱企业来拿，这是企业的社会效益，这是企业家胸怀的问题、社会效益的问题，另外，他们拿这个钱属于暂时性的。企业看重的是社会效益、经济效益。虽然经济利润暂时受到了影响，但是如果我们市场化运作起来的话，从长远效益来看企业是不会大赔的。我们的社区是逐步分批推进的，如果你的房子好，不愿搬，你还可以在老区居住。如果你房子非常破，就打算这两年盖新房子，我们社区提供了非常优厚的条件及非常优美的环境，那么农民他们就搬到社区。并且在他们搬到社区的过程中，我们也会对老房子进行评估，新房子是按照旧居享受安置价和成本价的，充分考虑了群众的利益。但是王庄镇模式其他地方可以复制吗？不可以。为什么呢？王庄镇有一个中鹤集团做依托，可以先期拿出来2亿到3亿的基金做前期运作，后期2亿到3亿资金能够逐步抽回。并且中鹤集团负担几千万块钱，作为企业老板、土生土长王庄人的老板，为家乡做贡献，他心甘情愿。王庄镇就是这样一个情况。

今天见到各位领导、各位同学内心比较激动，也欢迎各位专家时时刻刻、方方面面关注咱们王庄，多支持王庄工作，多为我们王庄"三化"协调发展这块试验田浇浇水、施施肥，以利于我们的茁壮成长。谢谢大家！

（二）王作成：对城镇化如何引领"三化"协调发展的探讨

河南省有些地方发展比较快，有些地方发展比较慢，各地的条件差异比较大。总体来看，这几年，特别是近十年，河南省的城镇化速度还是比较快的。对这两次的人口普查，"六普"和"五普"比较下来，平均每年城镇化率提高1.5个百分点，10年河南就增加了1500万城镇人口，每年新增150万的城镇人口，这个速度还是比较快的。但是如果从横向进行比较的话，河南省的城镇化率还是比较低的。按第六次人口普查的数据，目前河南的城镇化率是38.8%，在全国排在倒数第四、五位，跟全国比起来差了10个百分点左右（"六普"全国平均城镇化率是48%多）。河南省城镇化率这么低的一个水平和我们经济总量在全国排在第5位、总人口排在第1位的情况存在很大的矛盾。我省的常住人口是9400万，加上在外务工的一两千万流动人口，我省总人口要超过1亿。虽然存在一些在外务工人员把家人带出去的情况，但大部分的家人还在河南，也就是说这些人的配套设施建设、养老、补助、救济负担都还在河南省。

从上述方面讲，河南省和四川省的情况很相似。在城镇化水平这么低的情况下，如果我们做进一步分析，还会发现两个60%现象：一是河南省60%的人口在农村，这是实实在在在农村。因为我们的城镇化率是按照常住人口来计算的，只要在城市居住半年以上，就会被算成城市人口。二是60%的城镇人口是生活在省辖市之下的县城和镇里的。这种城镇化率和城镇化结构会带来一系列的问题：产业和城市发展相分离，第三产业发展不足，等等。上次中原经济区调研组来的时候说了一个数据让很多人感到震惊，就是我们河南省第三产业的比重在全国倒数第一（低于30%），大家感觉不理解。其实，大家想，60%的城市人口生活在农村（就是县城和镇、村里面），这个地方的第三产业有多少内容呢？所以我认为，我们应该把提升新型城镇化水平作为一个重要目标。

另外，新型城镇化应该着力解决过去的工业化、城镇化积累并暴露出来的一些问题：第一是城市的移居移业的问题。我们大家生活在郑州、洛阳、开封这样的大型城市，交通的拥堵、环境的污染等这样的问题，是新型城镇化应该解决的。第二是农民的就业和居住分离的问题。有一部分农民从农村转移出来到城镇里面就业，但他的家庭还在农村，这种分离本身也不是以人为本的发展，不符合科学发展观，同时也不利于产业的发展和人本身的发展，这些问题应该在新型城镇化的过程中予以解决。第三就是在城镇化过程中农村如何发展的问题。城镇化过程中出现了很多新的问题，比如我们大家经常说的空壳村，有些村子里面剩下的人比较少，但是这一部分人本身也要生存也要发展，他还要在这个地方生活，对这部分人采取什么政策，这部分人又怎么给转移出去？当然像姚镇长讲的王庄镇这方面是一种探索，但是现在相当一部分农区它们还不具备这种条件，当地没有企业，而当地政府也没有财力把人转移到某个地方去。如果转移到一些地方去也会出现一种情况，你把人给搬出去，他们的就业还是一个问题，这种问题怎么解决？还有暴露出的空壳学校的问题，现在许多农民的孩子去县城上学，而农村的配套设施还要建，学校还要建，还要教，但是老师在流失，学生在流失，学校的基础设施却还在，没有老师没有学生或者说老师和学生非常少，这种问题怎么解决？这也是在新型城镇化过程中需要考虑的一些问题。第四个问题就是农村居住地的粗放使用。在目前工业化加快发展中，我们正处于中期阶段，不管是城市建设还是工业的发展都需要大量的土地。在这种情况下，农村居住区粗放地使用，每家垒一个院子或者很多坑塘还没有整理，像这种土地的粗放使用和发展的需求间的矛盾怎么解决，就是卢书记讲的地从哪里来的问题，也是应该在新型城镇化里面来解决。实际上，在这么多年的城镇化和工业化过程中暴露的这些问题，如果积累下去会阻挡工业化、城镇化和农业现代化进程，会消解新型城镇化的使命，这也是需要新型城镇化解决的问题。

新型城镇化应该和国家提出的科学发展观结合。对于河南、对于中原来讲就应该是和中原经济区、"三化"协调的定位紧密结合，应该有一些新的理念。目前国际国内的发展环境已经发生巨大变化，而且这种变化还在持续，这种变化还不可预测、不可把握。从国内来讲的话，国家以开放带动沿海地区加快发展已经进入以扩大内需为主导，而且发展方式也进入加快转变的阶段。这个阶段的发展和原来的发展比，理念、方式是完全不一样的，这是国内的情况。从国际上来看，国际金融危机的冲击和影响虽然还在继续，有些东西还没有找到破解的途径。特别是虚拟经济、虚拟社会带来的新的问题，这些都需要去解决，而且危机可能还会持续一段时间，国际上都在想办法解决这些问题。这是我们目前现在不管是工业化还是城镇化还是农业现代化，都需要面对的一个非常迫切需要考虑的问题。而这些问题直接影响到我们自己怎么样走"三化"协调的路子，怎样走新型城镇化的路子。如果仅仅从城镇化这样的角度来考虑这样一种背景，再具体到河南省现在面临的一种国际国内区域结构在发生的巨大变化，河南处在快速承接产业转移的阶段，这个阶段又会给我们带来许多新的发展机遇。因为我们在分析经济形势的时候，会发现一个新的现象，即在目前的经济增长理念里，我们将近四分之一的增长贡献是由我们近年来承接的产业转移在推动的，而不是靠我们原来的产业回升和扩张。承接新的产业转移的大开放和产业基地的扩建，及其进一步的扩散，都是我们面临的新变化。在这种新变化之下，我们的新型城镇化应该有一些新的理念。这些新理念至少要考虑四个方面：一个方面是要适应资源、环境的制约（可能是长期的一种状态），要想方设法破解这样的难题。第二个方面应该考虑与工业化、农业现代化的协调推进——城乡之间的协调、工业化与城镇化的协调、人与自然的协调。这种协调的理念应该树立起来，不能停留在口号上，应该有实际运作的层面。第三个方面，应该进入现代层次的建设，而不是盲目单纯的扩张、不注重城市功能的完善、不注意宜居、不注意生态。应该改变过去的这种粗放式发展的城市建设模式，特别要强化城市的管理。第四个方面就是要考虑整个城市体系的建设，要统筹城乡的发展，考虑城市体系的建设，涵盖大城市、中小城市甚至包括镇、农村社区，对省里面提的五级体系统筹发展的问题，要统筹地考虑。实际上新型城镇化的核心也是统筹，不是说从一个极端走到另外一个极端，要统筹考虑发展问题，进入一种新的发展方式。我个人就有这几点想法，不一定正确，请大家批评指正。

（三）孙德中：新型城镇化如何引领"三化"协调发展

从2010年5月份开始一直到现在，我们部门一直在关注农业方式转变，并把它作为一个调研的重点。从近期来讲，从6月份开始，省委主要领导提出新型城镇化建设引领"三化"协调，然后我们又做了几个月的调研，从8月份开始，我们先后把河南省的县市按工业化和"三化"协调的程度分为四类：第一类，城市化程度比较高，非农就业率在90%以上的县市，河南大概有十几个，我们把它作为第一类地区，这一类新型城镇化怎么引领。第二类，工业化程度比较高，但是城乡二元结构比较明显，我们把它划作第二类地区，这一类地区新型城镇化怎么走。第三类，传统农区，即工业有一定基础，城市化也有一定的水平但是自身发展的内在动力不足，这一类地区怎么做。第四类，传统农区，就是主要承担国家粮食安全任务的传统农区（农业县），它们的新型城镇化怎么引领。基于调查，我们认为第一类新型社区是可以做的，第二类可以部分做，第三类是必须是拆村并区或者是拆村并城跟产业集聚区或新区结合起来做，第四类我们认为不具备做的条件，我们希望这些地区不要去推广这一类，否则未来十年我们会形成一个非常严峻的困局，像上一轮河南发展乡镇企业一样，陷入巨大的县乡债务，这是我们调研的核心观点。

就新型城镇化引领"三化"协调发展，河南提出来以后要做这种调研，也是因为提出来以后省里面不管是领导还是学界对此有不同的认识。一种观点认为河南现在还处于工业化快速进展阶段，我们还是应该强调工业的引领作用。另外一种观点强调新型城镇化。而且对新型城镇化而言，我们的专家又有两种理解，我们的书记在不同的场合讲了，在视察郑州的时候还是强调中心城市带动。去我们的舞钢，他看到了新型社区，他在那里强调新型社区是新型城镇化的切入点，新型社区是城乡统筹的结合点，是农村经济的增长点。但是因为不同的地方不同的专家关注点不一样，所以对新型城镇化道路也形成了不同的理解，有人认为新型城镇化还应该是城镇化，还是中心城市带动，有的人认为所谓的新型城镇化就应该是农村城镇化。由于学界有不同的理解，所以就有争论，实际上我觉得这两种理解都有问题，它的问题在哪儿？我个人的理解是新型城镇化就是基于原来的城镇化，是针对我们传统城镇化的理解而言的。我们过去是城乡分割，现在新型城镇化就是城乡统筹，这是最核心的东西。这个新就新在把农村也纳入城市化进程，在推动城市化进程中考虑"三农"问题，考虑农民的利益。当然它体现在很多方面，比如说它的动力。过去说的传统城镇化是以工业化为动力，现在新型城镇化是以新型工业化为动力，推动的机制和主体可以分很多，我认为最核心的两个就是城乡统筹和城乡分割。还有一种观点，对河南来说，河南新型城镇化引领"三化"协调发展确实是切合河南实际的。因为河南的城市化水平刚才专家也说了，尽管我们现在统计的城镇化率已经是虚高，但是基于这个前提，我们依然还是中部倒数第一，实际数据比统计数据更低。因为我们是把常住城镇六个月人口都算城镇人口了，所以这个比例应该是虚高了，但是说高了之后我们是全国倒数第五，中部倒数第一。所以基于这一点，新型城镇化对于我们工业化的这种推动，对农业现代化的引领作用，根据我们的调研情况看确实是比较有成效，那么怎么引领呢？

结合调研我有这么几个看法。第一，新型城镇化还是应该强调中心城市带动，就此我有三个观点：一，这种带动应该就全国而言，我们过去强调中原城市群带动是就域内而言，而对河南来说需要考虑域外的问题，为什么有这种考虑？是因为我们有1400万的劳动力转移，其中域外有700万

（原来的数据比现在更高），也就是说我们有700万的农民工现在在中心城市（主要是沿海城市地区，从城市群角度来说是中心城市）就业，既然国务院支持中原经济区建设，那么政府应该推动农民工的市民化。如果这个问题能够解决的话，按一个农民工带三口之家来算，700万就有2100万，2100万对1亿人口的意义大家一算就知道了。我们把它彻底转移出去，那么河南的人口城市化率一下子提高20多个点是很轻松的事情，这个就是要强调域外的带动，要推动农民工市民化。二是域内，我个人还是主张强调中原城市群的支撑，这一点一定还要明确。实际上省内专家应该比较清楚不同的讨论有不同的提议，国务院指导意见非常清晰，还是传统的中原城市群。所以我说的中原城市群也是传统的中原城市群，还是应该强调它的支撑作用，真正地把大量传统农区和我们的粮食主产区的劳动力往这边转移。这种趋势本身也很明显，刚才刘老师也说了，实际上从历年的统计数据上看很清楚，从常住人口到沿海发达地区大城市人口转移的这种趋势，不管我们是否倡导家门口就业，但是实际上它还是要大量地往外流，因为这种经济规律不是简单地一倡导就能扭转的，这就是中心城市群带动。三是城市体系，刚才也说了，焦点比较多的就是河南新型社区。刚才我也说了要分成四类，要有条件地搞，没条件的一定不能做。

第二，在新型社区推动的过程中有几点需要特别强调，第一个就是一定要保护农民的利益。从我们目前的情况看，农民利益的保护并没有引起各级政府部门的重视。实话实说，因为农民本身也不知道自己的利益所在，比如说，现在各地在做城乡统筹，动力在哪里？不管是政府也好还是外来资本进入，实际上都是盯住土地的利益，无论是耕地还是现成的农业建设用地（宅基地），四川那边可以挂钩，河南这边也可以挂钩，把农村建设用地转成了城市建设用地，这个巨大的利益按国家的规定是百分之百或者说是百分之七八十（各地政策不一样）。从对河南的调研来看，实际上农地增值利益农民没有一点收益，他的土地增值收益是没有保障的。所以我特别强调这一点，但是怎么来做这一块儿呢？这不能靠政府的恩赐，一定要靠确权，这是第一个前提。如果农民缺权，农民的利益很难得到保障。第二个一定要考虑县乡和农户的承受能力。我们做了一些调查，比如说河南新乡是新型社区做得最早的地方，我们测算了一下，那里五千人左右的社区，新乡有 800 到 1000 万个。但我们现在去舞钢、新乡、潢川（近两年开始建新型社区）了解到，五千人的社区基础投资大概需要 1500 万元，这个主要是政府投的。像刚才说的王庄是靠外来资本的进入，所以它不存在这个问题。但是对大部分地区来说，都是由政府来投的，一个就是 1500 万元，如果按我们河南现在平均一个县是 439 个行政村，如果平均每一个行政村是 1400 人，按照这个标准来做的话，测算一下河南每个县大概要建 100 个社区，一个社区 1500 万元，那 100 个社区大家一算就知道了，这个钱从哪里来？还有，就是要看农民的支付能力。在现有的价格条件下，河南的建房成本平均下来 1 平方米 600～700 元，建好社区后一般给农户的面积有大有小，平均下来大概是 200 平方米，这样的话他的建筑成本就在 12 万～15 万元之间，各地大概都是这个水平，可是河南人均收入是五千多元（2009 年的数字是 4800 多元），按一户四个人算，也就是两万块钱，所以弄一套新房基于拆旧房子还行（这两年河南新房子进入了新一轮的更新），有的房子是新建的，你把它拆掉了，农民的这个成本是很高的，这是一个需要考虑的承受能力问题。第三个是居住生活方式的转变怎么和他的生产方式、生活方式有效适应问题。为什么我们主张在非农产业比例高的地区做？因为它的生产方式已经变了，它适应这种居住方式。我们传统的分散的农业居住方式不是因为它想分散，而是因为这和它的生产方式是高度相关的，那么现在生产方式没变而居住方式变了，这个是很麻烦的事情。比如说农业生产资料的保存、农业生产工具的保存、粮食的收晒。我们在跑的过程中（你不要听政府官员怎么给你说，你得跑田地问农民听他怎么说）发现是有很多难处的，比如这些工具和粮食上不了楼，怎么弄？新区房子的使用时间目前都还很短，生产方式、生活方式和居住方式怎么有机统一？另外新区建设一定要考虑城市化的趋势。根据我们现在了解的情况看，都是按现有人口规划的，这样的话我可以做一个合理的判断，即如果现在大面积推广的话，未来十年将会有大量的新型社区变成空心村，这个是非常可怕的事情。第四个是我们在具体的建设过程中也有一些制度约束。比如说各种资金使用问题，水利和交通是按照原有自然村的布点来的，你现在集中，以后涉及的各部门不干，这是其一。其二，河南的补贴政策是给农民的，它不是按地补的，地转了他还能得到补贴，但是新的种地的人得不到补贴。其三，就是社区，既然把它拉入城市的五级体系，那怎么界定？他是农民还是市民？我们调研中发现大部分还是农民，但是你又说它是五级体系的一个末端。其四，就是社会保障的一系列东西。

归结到最后一点，如果是新型城镇化引领特别是新型社区建设做得不好，它将是对农民的最后一次剥夺，导致农民成为流民。这是我最后的观点。

(四) 苗长虹：如何同步推进"三化"协调发展

中央的文件里面明确提出要同步推进"三化"，从理论上讲，我觉得在一个大国的发展模式里，所谓的"三化"协调从经济学来讲实际上是一个均衡发展的问题，是一个大国发展最根本的问题。有一段时间发展经济学的争论是均衡发展和非均衡发展，在实际的操作过程中非均衡发展在过去是占主导性的。但是现在我们已经进入一个新的历史阶段，新就新在：在新的历史时期下同步推进"三化"，是我们大国崛起的一个最根本的要求，不仅是站在中原经济区的角度，而且站在全国的高度看也是这样。大国崛起和其他小的国家还不一样，尤其是我们这样一个和任何国家都不一样的国家，因为我们有13亿人口。这13亿人口的农业基础问题、农业现代化问题，是很难解决的。"三化"协调放在全国的背景下思考的价值就是新的时代化下的均衡，我们很多问题都是处在一个不平衡的状态下，根源还是在我们的"三化"，包括我们的需求结构、生产结构。

看一下省里面的统计资料：我们国家的服务业（就是第三产业）水平无论是从就业还是产出水平来看都是非常非常低的，像印度、墨西哥的第三产业水平也在50%以上。为什么我们这么低？这是需要来思考的，我们要想服务业是干什么的、工业是干什么的？在计划经济体制下我们已经建立工业体系，改革开放以后我们又成为世界工厂，相对其他国家来说我们工业水平应该高一些，但实际上我们高得有点离谱。因为发达国家比如说德国，也是一个世界工厂，外延性很强，它的第三产业水平明显要比法国低。我们的水平实际上是太低了，河南这一块儿更低。从产出的角度来讲，我们只有30%的水平是很低的。实际上第三产业的发展是直接与民生相关的，其本身体现人的生活质量，工业品生产出来后要么是出口要么是在终端市场来销售，但总会变成我们的福利。第三产业水平低，意味着我们的经济有很大问题，最根本的问题是我们的内需不足，第三产业占比低，这和我们真正的城镇化水平低有关。在"十一五"期间，我们每年的城镇化水平提高1个百分点，"十五"期间是1.5个百分点，但是我们真正的城镇化水平有这么高么？没有，是虚高，表现在我们的行政区划调整上，很多中心城市进行行政化调整，把户籍一变，这个人就变为城镇人口。再如农民工，在城镇生活半年以上就可以成为城镇人口，实际上这里面有很多问题，我们真正的城镇化水平更低。不是基于其他指标，而是基于我们第三产业发展水平低这样一个数据。我不看数据，数据都是政府统计出来的，如果按我们的统计来看明显偏高。但是考察结果出来了，水平就降下来了。

当然政府有发展的冲动，国家要提升城镇化水平，那么各个地区都要提升城镇化水平。但是要真正提升城镇化水平，关键是要新，新在哪里？新的第一个方面，就是放在城乡统筹新的时代背景下思考这个问题。没有城乡的统筹，就没有未来要建立城乡发展一体化新格局的要求，就无所谓新型，这是很重要的一个新的概念。第二个新，体现在我们的确到了"三化"协调新的时代背景下。过去我们发展水平低，相对来说"三化"之间的关系可以往后拖，但是在新的阶段下，原来的发展路径从长期发展来讲已经走不通了。在这个背景下，我们的城镇化在"三化"协调里是重要的短腿，所以要提升其水平和质量，这是第二个新的概念。第三方面，我们这一轮城镇化，已经触及我们最深层的矛盾。最根本的就是就业，然后是居住、户籍以及与户籍相关的社保，然后是土地制度。我们这一轮城镇化进程，要破解我们过去长期以来没有触及的深层矛盾。如何解决呢？我觉得我们应该把城镇化看做长期历史过程。我总体感觉现在很多做法实际上像是做运动的方式，如果以运动的方式能解决我们在发展中的一些问题，那我们可以像原来的人民公社，对不对？但实际上从长期的结果来看，这里面有很多问题。比如，我觉得运动化的背后实际上我们没有站在农民的立场上思考，没有站在人的主体上看待新型城镇化。首先我们是站在政府的立场上，当然从国家战略上讲，要解决内需问题。但从政府实际利益上讲，归根结底是土地问题，发展要土地，建设要土地。说实在的发展过程中确实需要土地,但是另一方面我们要看到我们的土地利用率很低。每次开会,所有领导都要谈我们缺乏建设用地指标,很多项目无法落地。但是实际上我们的建设用地管理非常粗放,这就表明我们只从眼前的利益来看,并没有注意到长远。我们实际是在用粗放发展的方式发展,而最根本的问题并没有得到真正解决。目前这种理论,从政府利益上讲,首先这个土地放在哪?然后刚才德中也强调了,资本最看重什么呢?看重的是土地升值价值;城镇的很多实验区、开发区,看重的是什么呢?还是土地的升值价值。而资本的价值来源于什么呢?它不仅来源于生产,它还来源于租金。因为土地的稀缺性,完全可带来租金。而这种租金变现以后,这个地方该如何发展?它长期的发展没有后续动力,因此并没有真正解决我们面临的深层次的问题。

新型城镇化要从农民就业的角度来推进。实际上我们看西方自由流动体制下,哪里能提供好的就业岗位,人就往哪里流,而不是像政府想的:提供一个很好的社区。最关键的是,从长期来看,你能不能给他提供一个真正的就业机会。因为就业机会不是靠政府来提供的,而是由市场创造的,由企业家创造的。所以我觉得目前很多模式,在政府操作过程中,虽然短期我们能看到很多好处,但是长期来看,发展的负面效应可能会进一步体现出来。那么从这个意义来讲,真正的新型城镇化,不管是做新型社区也好,做中心城市也好——刚才林老讲了产城联动,河南在做产城融合——实际上都在做,都是形式化的载体方面的东西。

最后我觉得我们面临的最根本的问题,就是我们的制度能不能形成根本性的突破。一个是土地制度。土地制度这个方面怎么解决?有没有一个最终的解决模式?没有的话,这个中间过程中会滋生很多问题,例如土地整理,你整理出来的土地是谁的?很多地方都存在这个问题,说是集体的,但是集体的利益怎么去保证?很多问题并没有得到真正解决,眼前大家都在推,就像我们的金融市场一样,在高速增长的时候,大家都能获益也就没什么问题,但是一旦风险积累到一定程度,问题出来了,这个问题谁去解决?所以最根本的还是土地制度、户籍制度。这些改革最根本的还是要形成一个人能自由流动的机制,如果没有这样一个机制的话,很多资源的配置都是浪费的,是基于眼前的。前一段在长垣做调研,它做城乡规划,想把县城做到70万平方公里,它总共有90万人口,有十几个规划的新型社区,算一下总体人口、整个容量,未来怎么做?从总体看,河南总人口,普查的常住户籍人口是1亿多,实际人口是9400多万,这里面就有问题了,很多地方人口是净流出的。人不在这住,这是一种长期的浪费,该怎么办?我觉得从这个意义上讲今天的命题很好,但是这个道路该怎么去走,这实际上就涉及更深层次的社会保障制度。

我们现在是各地在解决各自问题,这实际上是全国性的问题,这就给各地问题的解决形成了很大的负的外部性。我们的社保能不能从全国的层面实行真正的改革?这是关系城镇化的最关键环节。按照户籍统计,我们有2000万人口在省外,就给河南省本省的发展问题减少很多的压力,对不对?这2000万人口为外地作了贡献,外地却不承担责任,将来老弱病残回到河南让我们承担社会责任,这从道义上讲也说不通的。归根结底,这个问题的解决取决于下一个阶段,真正的市场制度,就是生产要素自由流动的机制能不能得到真正的建设。如果不能得到真正的建设,各地方都这样自己去做,它所导致的后遗症,会给发展造成很多漏洞,后果非常严重。另一个方面,在新社区建立过程中,地方政府的融资平台风险问题还是值得我们重视的。大家都在做,但是钱从哪里来?实际上背后可能还是公司拿的比较多,但是地方政府在这个方面可能还是有很多债务的,这个债务,就是风险。

(五)高保中:关于"三化"协调发展中的问题探讨

第一个问题是,中国城镇化和工业化之间到底是一个什么样的关系。现在还有很多争论,但从数据来看,中国城镇化是严重落后于工业化的。有学者曾经总结世界城镇化的过程,说当人均GDP突破1000美元时,城镇化率应该达到65.8%,到3000美元时候,应该在80%以上。就就业结构来说,当人均GDP超过1000美元时,非农产业就业应该达到84%以上。在制造业这个就业结构上,应该在36.8%以上。对GDP结构而言,如果人均GDP超过1000美元,非农产业产值应该占87%,制造业应该占37%。从目前中国的结构来看,GDP结构比较符合这样一个发展规律,但是就业结构和GDP结构中间产生了一个很大反差。也就是说,在非农产业中，其所占GDP比率比较高，但是其所占就业比率比较低。这就从另一个侧面反映出，中国的城市化水平和工业化相比是有偏差的。

第二个问题是，中国要想发展，城市化速度应该怎么样呢？那么从中国的发展速度来看，这几年的速度是降低了。从历史来看，英国的城市化率从30%到70%用了100年，大概是从1800年到1900年。美国用了80年，从1890年到1970年。而日本只用了40年，从1935年到1975年，但实际上日本城镇化快速发展期只有30年，也就是从"二战"后的1945年到1975年。另外，韩国只用了30年，大概是1960~1990年。我们发现城市化速度越往后越快。中国城市化起步比韩国晚，但是速度却低于韩国，并且这几年城市化的速度、吸收农村人口的数量是在逐渐降低的，这就引起了非就业增长的问题。一方面经济高速增长，另一方面吸收就业的能力在逐渐下降，进而导致城市化的速度在逐渐降低。

第三个问题是，城镇化发展的模式。中国的学者在争论城市化模式的过程中形成了几个观点，例如一个观点是优先发展小城市，一个观点是优先发展大城市，一个观点是优先发展中等城市，还有一个观点是城乡一体化发展、城市和乡村融合的模式。关于到底采取那种模式，现在的分歧还是很大的。但是基本的原则是城市的规模应该和城市的职能相匹配，城市规模的大小和城市职能相一致。每一种模式都有自己的道理，所以没必要争论必须要坚持某一种观点，实际上任何一种模式都有自己的道理，每一个地方可以根据自己的特征选择自己合适的模式，并不必都用一种模式。

第四个问题是，城市化的动力。现在好像一说城市化就是政府的事，实际上城市化的本质是生产要素的流动和聚集。现在讨论时，无论是政府，还是很多学者，一说城市化就和政府联系起来——政府应该怎么办，政府应该做什么，应该建设什么样的框架来推动城市化。实际上，从生产要素角度讲，城市化应该是自然的历史过程。只要是生产要素自由流动的限制取消了，背后的市场经济的动力自然会使生产要素聚集，到底采取哪种模式，要看哪种模式对生产要素的自由流动更有利，最后聚集的结果，就形成一个城市化模式。

所以说政府该做什么？政府不应该亲自参与城市化建设和推进，而应该制定规则、制度。政府更重要的职责是减少在生产要素流通时的障碍，至于生产要素具体怎么流动，是它自己的事情，根据自身利益最大化，自然而然会做出自己正确的决策。政府不可能为各种各样的生产要素安排出路，并且也安排不好。要是真正安排的话，效果可能适得其反。如刚才孙主任所说，若建立社区，将来这种生产流动的结果可能和现在的设计不一致，最后出现很多空心社区，这可能是一个必然的结果。例如以前的新农村建设，政府规划一个美好的前景，农民就应该到新农村去，最后会发现——现在还不能下结论，但是经过十年二十年后——会发现失败的案例会比成功的案例多得多。这就是说，城市化的动力是什么？到底是由政府来主导，还是由生产要素自己来做具体的决策？

第五个问题就是，服务业。刚才苗老师、王总统计师讲到，中国包括河南，服务业比例过低。但是我们在谈到服务业的时候，并不能把服务业当做一个整体来谈，实际上服务业本身的结构更重要。因为现在生产性服务业，还有一些其他的，由收入分配问题所引起的被迫在服务业的就业，这两个问题可能也很重要。现在服务业就业比率比较低，且在这里很多人是被迫在服务业里就业的，也就是非正规就业。咱要是把这部分也扣除掉的话，服务业就业的这个比率会更低。那么什么才是真正的服务业呢？除了生产服务业外，生活性服务也是服务业，所有的服务业都是相互服务的。比如说在美国、在日本，你为我服务，我也为你服务，那么这个服务的价格和你在工业、其他产业工作的价格应该是相同的。但是你看中国的服务业，实际上中国的服务业不能称为服务业，而应该称为伺候人的行业，价格非常低。实际上就是为很多找不到工作的人而设，就纯粹是伺候人的服务。这样的服务业并不是真正意义上的、和现代工业相联系的、和现代生活相联系的服务业，实际上并不能成为服务业。所以，我们在研究服务业的时候，要从它的服务业结构来看，到底有多少是和现代文明、现代经济进程相匹配的服务业？有多少是由收入分配不公或其他社会问题所引起的、被迫在服务业中就业的？这要区分开来。

（六）彭凯翔：土地制度与城市化的关系

大家都在讲城乡这个问题，它的根在哪里呢？从学理上来说，就是刘易斯提出的二元经济论，他认为传统经济里是存在二元经济的，在这样一个情况下,就存在一个城乡的分隔,现代部门与传统部门的分隔。但是,这样一个二元经济论是否就是传统经济的特点呢?实际上,我最近在做19世纪到20世纪初中国一些地方的工资数据研究,发现不仅城乡之间的工资是相称的,而且传统部门和当时新兴的现代部门的工资也是相称的,也就是说不存在所谓的二元经济。那二元经济是怎么来的呢?我个人的意见就是它其实是两次世界大战后现代国家体系的一个产物。而且我这个观点不仅是由中国的数据得出来的,而是从世界市场整合得来的。无论是从劳动力市场,还是从商品市场,都可发现在过去一百多年里,这个市场是U形的:在"一战"前达到一个顶峰,然后再下降,到现在才回到了现在的这个水平,也就是说这样一个二元经济只能谈得上是政治构架层面上的一个问题。

我们不说中国大陆,以中国台湾为例来看一下它是怎么消除二元经济的?国民党到台湾后做了一个土地制度的改革,这个土地改革最核心的后果就是它允许土地的买卖,但对土地的租赁做了很多限制。台湾在工业化过程中发现这个土地制度给工业化造成了很多障碍,就是说造成了我们所说的两个市场的分割,那么这个障碍是怎么消除的呢?实际上,这个制度在当时是很难改的。但是大家发现慢慢的越来越少的人去讨论这个制度障碍,为什么?随着劳动力的层次提升,其边际收入越来越高,很多人根本就不要农村的地了,也就是说,最后政府成立了一个租赁办公室来处理这些闲置的土地,但是很多人根本就不去管这个事,不去要求这个权利。所以在这样一个破散后的体系里,我们奇怪地发现,这个制度障碍比传统时期更强。但是很多人出于工业化的原因,边际收入改变后,对这一部分的产权争执减少了,这就是科斯所描述的。那么我想这对中国可能也是一样的,所以在这里我们说统筹发展,是在现代社会条件下才能有的。为什么?因为最终它是以工业化来解决这样一个问题的。这里所说的工业化,当然,我想按照台湾地区的体系来看,它最主要的含义就是劳动力的边际收入提高了,这个边际收入为什么会提高呢?这里面一个是宏观经济学里讲的内生分化理论,就是能力资本引进去了;另外一个方面是卢卡斯城市化模型讲的规模经济的存在。因为这两个因素,最后劳动力边际成本提高了。其实中国好多地方,包括在我的老家,大片大片的土地根本没人要了,我们虽然不能像台湾地区那样(台湾是允许卖地,但对租赁有限制,大陆是允许租赁,但对卖地有限制),但是我们有一种变通的方法:让农民退出来。就是通过户籍的变换,户口的变换。当然最后的变化,它实际上不完全是从土地、身份的变化开始的,现代社会农村的变化很可能是跟在其他变化后面的,是一个联动的过程。我就讲这么多,谢谢!

(七)宋丙涛:为什么要城市化

刚才保中老师在讲时提到一些政府在这里面应该做什么事情的问题。实际上我想问两个问题,第一个就是城市化的内容是什么?第二个就是我们为谁建城市?

我们知道,现在我们所在的开封,起码在1000年前就是一个大城市,当时有100万人口,那么当时的开封是为谁而建?为官方而建,作为当时的国都,为皇帝而建。当时100万人住在开封里面,可以这样讲,100万人口是围着皇帝转的,为皇帝服务以及为皇帝身边的人服务,就是刚才保中讲的一大堆的伺候人的一层一层的服务。它构成了一个城市的体系。这是一种层次。实际上,中国在改革开放以前,甚至到现在为止,还有一部分城市仍然是这样的一种层次。它为谁而建?是为官方而建。我们的省会,它仍然是为官方而建的,这是一种城市模式。

第二个问题是,我们为什么要城市化?按道理说我们不需要住在城市,如果我们有些老师、同学、朋友去过国外一些很好的庄园,比如丘吉尔的庄园看看,会发现那里很舒服,为什么要住在城市里面呢?绝对有人说不一定要住在城市里边,绝对不想住在城市里面,不管是丘吉尔的庄园(我们都知道他过去有个农场),还是英国女王伊丽莎白的城堡,那些地方确实很舒服,不是说那个地方不好,没有伦敦好,没有纽约好,绝对不是的,按道理说我们应该住在乡下的,问题是我们住不起。要城市化的一个很重要的原因,从经济学上讲是为了规模效益。而这个规模效益,就是要降低成本。降低什么成本?大多情况下是降低公共产品的提供成本。

我们为什么要城市化?前面讲了为谁建城市,就中国和全世界的传统意义而言是为官方而建的,是为官方服务的,从现代意义上我们讲是为民,是建为民提供服务的城市。这个"民"有两层含义:第一是居民,他们要住在城市里边，因为它的公共产品的成本较低（包括我们的用水、用电包括道路，甚至包括政府提供的一些济贫服务）。我需要政府帮助我的时候，如果我住在乡下，政府去给我送药、送一些救济品是很困难的；如果我住在城市，政府救济我，这个成本是很低的。这就是公共产品，这就是现代意义上的城市为什么而建的答案。实际上还有第二个"民"，这个民就是民营企业。我们的城市为什么而建？在这个现代意义上它可能和第二个服务对象——市场经济主体相关，我们讲的典型的市场经济主体就是民营企业。这民营企业在城市里面，为什么？如果前面这个贫民都移到城市里来，民营企业在城市里面能招到工人了，而且成本很低，这个大家现在已经意识到了。我们现在的农村再大，大到几万人，要建一个企业集团，那是不可能的，但是在城市就没问题，招几十万工人没问题。更重要的是，我们说了，我们为谁建城市？为民建城市，这个民是什么意思？是生活在城市里的贫民。他们被城市化了，他们不是想城市化，而是被城市化。什么是被城市化？中国生活在城市里的贫民，哪怕极为贫穷，他们也会想到去买馒头，而不是在家里蒸馒头，他们都会想到去买他们的一些生活必需品，但是他们几乎每一个生活必需品都是买来的，这就为我们刚才讲的第二个民营企业提供了巨大的市场。

我刚才听到凯祥讲他研究台湾，我研究了一部分但不是很全面的英国当年的伦敦，为什么能引领工业化、引领产业化的一些过程。我看了一些文献，一个很重要的原因就是很多学者争论的，他们有一个勤劳革命，还有一个消费革命。经济学家拿到了很多材料，但都不是很准确，其中一份材料上讲，伦敦市的市民进行了勤劳革命，而伦敦旁边的郊区的农民没有进行勤劳革命。什么是勤劳革命？就是比以前干的活更多了，为了挣更多的钱而干更多的活。为什么？因为住在伦敦市的贫民，不管是穷人还是中产阶级，他想买东西，但为了买东西他就需要更多的钱，而生活在郊区的农民就没有这个想法，它就没有勤劳革命。实际上我们刚才讲的为谁建城市？为民建城市。他住进城市以后，就会想到柴米油盐这些东西是必须买的，粮食是必须买的。如果仍然住在农村，就可以自给自足，不一定全部，但大多数是可以的，但是到城市以后，没办法，必须买。我们讲这个城市就是为民营企业而建的，因为大部分生活在城市里的人必须买，这就有了巨大的市场；有了市场，企业才会扩张；企业扩张了，才能进行工业化生产，形成规模。这就是当年英国的产业化过程给我的启示，我们可以借鉴一下，做一些尝试。那就城镇化引领"三化"协调发展这个题目我就简单讲到这里，谢谢大家！

（八）郑祖玄：关于土地制度与工业化关系的意见

我觉得中国的土地制度是工业化的一个障碍，我国的土地在利用方面存在一些额外的限制，并且这种限制不能通过市场化手段进行消减，这就成了制约我国城市化工业化的一个重要的力量。从根本上来说，这导致多方面问题。城市化过程中，农民的利益如何保障？农民的权属如何体现？这些都要分层次、分层面地加以解决。

农民的利益如何保障？我觉得可以通过建设来解决。虽然你确定了权属，但只要没有产品交易的权利，其财产权是没有办法去定向的，没有定向的财产权就没有机会成本。所以，我的一个观点就是，让他们拥有交易的权利是很重要的事。让稀缺性资源由市场去配置，没有什么做不到的，只要金融方面做一些创新的话，很容易将产权分离，并且进行公平交易。这是一个建设方法问题，类似重庆的方法，可以去尝试，当然也包含很多缺陷，我们在这里也不过多展开说。我觉得这个才是关键，工业化过程中要解决的最主要问题是什么呢？是什么东西限制了资源、资本进行市场配置，我们就把这些障碍拆除掉。因为由市场配置资源，把稀缺性体现出来，那么这些问题就自然而然地解决了，不需要去做额外的其他事情，交给市场就行了，原来由政府设置的障碍拆除掉就可以了。这就是我的观点，谢谢大家！

（九）邵亮：新型城镇化最重要的是提供公共服务

工业化一定会产生一个问题，那就是政府代替农民做决定后，农民不一定喜欢。也涉及了宋院长说的，这个城市并不一定是人们需要的，城市的工作是服务，是生产。这些理论决定了我们的新型城市到底是什么形式？我想要补充的一点就是，从理论上来说工业化有一个非常致命的弱点，那就是它一定导致收入不平等。这个收入不平等在目前西方社会里被处理得好的，就是瑞士、瑞典、丹麦这些少数的欧洲国家。因为它们已经发展到一定程度，政府可以增税，可以解决问题。但是在其他地方，它们就不处理这个问题，虽然它们的 GDP 也很高，但它们的贫富差距是很大的。为什么这半个世纪会发生这些严重的经济危机？就是因为收入分配不平等，穷人太多。穷人太多，最后就是消费不够。你的生产规模过大，消费不够，那就是浪费，这就出问题。河南省最大的特点就是人口多，土地多，我们要生产粮食。我们要发展中原经济区、建设新城镇的话就要结合这个特点来做。做什么呢？我们这个新城镇不是工业化的新城镇，而是农业化的新城镇，对于新城镇而言，最主要的就是公共服务。政府不要去帮农民盖房子，应该去提供邮政、电信、金融、税务、技术、灌溉等这些公共设施，不要抢夺农民的土地，因为我们的人口太多，你把这些人的土地拿走，让他们去企业当工人，但是企业 90% 的利润是分不到农民手上的。最后再过十年、二十年，农民只会越来越穷，对吧？我们不需要一个大企业在那里生产，我们只需要一个服务工人的城镇在那里，为农民服务。农民只要有土地就不怕出太大问题，因为他不需要借太多的钱。我们把服务做好就行，比如说技术方面、教育方面。但现在我们的教育很差劲，我们有相当多的职业技术学院，但是没有一个农民去上课，这叫职业技术学院吗？在美国，所有的社区学院，它的课程绝大多数是为工人和农民所设的，它的学生全都是工人和农民，费用很低，几十块钱一门课程。我们有没有几十块钱的一门课程在技术学院里？没有吧！农民也不去学，对吧？只有提高农民的素质，让他去种地，别让他去做工人，他就会富起来，他们富起来，就不会再变成穷人！我们走工业化道路，就不要去培养穷人！就像长江、珠江三角洲似的，最后工厂倒闭，工人跳楼。这就是我要说的，谢谢！

（十）郭兴方："三化"协调发展要从制度上有突破

"三化"协调这个命题成立不成立？"三化"协调、经济的发展本身是一个产业升级、资源流动、人口向城市集中的过程。这个过程应该是个自然的过程，如果是市场化的运作方式，就不存在"三化"协调的问题。现在对用新型城镇化引领"三化"，国内学术界几十年来并没有多大的争议，这涉及目前深层次的制度。我非常赞同苗老师说的，和我的意见差不多。

现阶段各地方各自搞一套，也可以搞，比如某个地方做好了，但是最后政府一改革，这种机制就会变。所以我们在改革的过程中，首先还是要做一个长期的规划，比较有前瞻性。我们要看五十年之后，我们的产业是什么样，我们的人口居住安排是什么样，我们的生活状况可能是什么样。如果我们现在没有这样的案例，我们可以看日本是什么样，看看美国是什么样。就是说，我们在单个突破的情况下，必须做好规划，千万不能一个地方搞一个样子。因此，我认为对于协调发展，政府应该从根本上、制度上有所突破，建立一种劳动力在全国范围内流动、就业和社会保障的通用体系。一旦农民工进城，让他们有一个稳定的预期，他们可以通过市场，把他们的农村宅基地、宅基田在市场上交易，以调整他们在城市中"安营扎寨"的需求。政府必须给他们这样一个预期，无论他们在哪里生活，都有一个完善的社会保障体系，这样才行得通。如果各地随便搞，就要有一个前瞻性，也不是说不可以搞，但是我们不能保证他们的就业和"三保"。大学生毕业我们都不能保证他就业，你说是让他扫垃圾啊，还是让他当公务员？微观性东西，我们是绝对不能保的。我在这一点上非常赞同苗主任的意见。

（十一）宋伟：城市化的目的是什么

刚才宋丙涛教授提到城市化的目的是什么，到底城市是为谁而建的。由此我想讲下我个人的一个小经历。我在本科毕业的时候曾经在深圳一家企业做一个工程师，那时候，我就有一个感受。大学毕业在那儿工作，一个月2000多块钱，当时深圳城镇房价就1万多元了，就是说以我每月2000块钱在那儿干下去的话，想融入那个城市，是不可能的。但当时我还是一个工程师，钱还不算少，那很多一线的工人，是多少钱呢？一个月1000多块钱。那时候，想融入这个城市更是不可能的。这就是说，在过去那个年代，沿海城市要搞"三化"协调，把打工的人吸纳到城市，是不具备这个条件的。后来演化为很多这种所谓的富士康跳楼事件，为什么呢？年轻的农民工，他需要融入城市，却又融入不了，很难受，也就是说城镇化不了。这就决定了如果我们再走过去就业空间和劳动空间分离的道路，是持续不下去了。现在我们河南进行工业化城镇化的时候,这个条件我们具备了,可以"三化"协调了,为什么呢?我们的地价还比较低。我算了一个账,大概现在的农民工,就像是在富士康的农民工,一个月能赚2500元的话,小两口就是5000块钱,一个月存2000块的话,一年就是25000,四年就是10万,一个小户型的房子首付10万块钱够了,这样他真正完全地城市化了。这样的话,把城镇化和工业化结合起来,这些人能够在这居住,就实现了城镇为这些人而建。更多人城镇化了,就有了劳动力,企业将来也有消费者,就有市场了。我们就应该向着这个趋势走,而且只有通过这样的城镇化引领"三化"协调,需求问题、个人问题才能逐步解决。

耿明斋:很感谢林凌先生和刘世庆教授,他们介绍了四川成渝经济区推动城乡统筹的情况,河南和四川面临着许多共同的问题,特别是在产城联动方面让我们受到很大的启发。省内的专家学者就"三化"如何协调发展及其涉及的土地制度、公共服务的提供、城镇化的目的等问题纷纷做了论述,在此感谢大家,谢谢!

第二章

当前宏观金融环境与河南中小企业发展

——第二届论坛

参与嘉宾

宋建国　　郑州日报社党委书记、社长、中原报业集团董事长
耿明斋　　河南大学中原发展研究院院长、经济学院院长
王耀宗　　河南新乡高远公路养护设备股份有限公司董事长
陈彦东　　河南三力机械制造有限公司董事长
张建平　　郑州一帆机械设施有限公司总经理
郭松杰　　河南省松光民爆器材股份有限公司副总经理
张华平　　荥阳市市长助理
张树忠　　河南省金融学会秘书长
王作成　　河南省统计局总统计师
高树印　　河南省发改委财政金融处处长
郑祖玄　　河南大学经济学院副教授、博士
孔少飞　　河南省农村信用联社风险管理部副总经理
王　攀　　郑州市郊农村信用联社信贷部客户经理
李国民　　河南大学经济学院博士

论坛时间　2011年11月12日8：30
论坛地点　郑州日报社

一 论坛主题背景

报社主持人：在中原经济的大背景下，不仅省内大型企业起着举足轻重的作用，中小企业也起到了不可磨灭的作用。当前中小企业遇到了哪些困难与难题？制约中小企业发展的瓶颈是什么？今天，由"中原焦点"协办、河南大学中原发展研究院主办的第二届"中原发展论坛"，将以"当前宏观金融环境与河南中小企业发展"为题，为我们做出解答。

下面请中共郑州市委宣传部副部长，郑州日报社党委书记、社长，中原报业集团董事长宋建国先生致词。

宋建国：今天，由河南大学主办的"中原发展论坛"在中原报业传媒集团（郑州日报社）隆重举行，作为协办单位，我感到非常荣幸。在此，我谨代表中原报业传媒集团，向莅临本次论坛的各位领导、专家学者和嘉宾表示热烈的欢迎！本次论坛是在中原经济区上升为国家战略的大背景下举办的，对于探索解决当前经济社会存在的现实问题、促进经济社会又好又快发展具有现实而深远的意义。中原报业传媒集团将全力配合好此次活动，积极融入、主动作为，努力把自身打造成为社会各界的宣传窗口、舆论阵地和服务平台，为促进中原崛起作出应有的贡献。预祝本次论坛圆满成功！

报社主持人：感谢宋部长的关心与支持。本次论坛将针对"当前宏观金融环境与河南中小企业发展"这一主题，请各位领导以及专家学者为河南中小企业在发展中遇到的金融问题进行诊疗。接下来请嘉宾上场，他们是本次论坛的嘉宾主持人河南大学经济学院耿明斋教授，河南省发改委金融处处长高树印，河南统计局综合处处长王作成，荥阳市副市长张华平，河南省人民银行金融学会秘书长张树忠。

耿明斋：感谢宋部长给我们发表了一篇热情洋溢的讲话，也感谢中原报业传媒集团对我们的支持。我能感觉到中原报业传媒集团在整个中原崛起过程中捕捉重大问题的敏感性和作为省会媒体对社会发展、中原崛起的责任担当。我们"中原发展论坛"是由宇通公司冠名的、专门就当前经济社会当中的一些重大现实问题和理论问题进行专题探讨的一个学术研究平台。

今天我们选择的主题是金融环境和中小企业发展。我们知道最近一次金融危机以来，全球各个国家，包括中国政府都采取了大力度的救市措施，带动了经济回升，但是也由此引发了一些更深层次的问题。过去两年以后，大家对此进行了反思，逐渐认识到单独靠大规模资金注入的救市措施并没有从根本上解决引发危机的深层的结构性矛盾。因此，二次探底不期而至。

最近炒得很热的话题就是欧债危机，首先是希腊的危机，它蔓延到意大利，对全世界的金融市场、宏观经济的运行环境乃至经济增长造成了很大的冲击。我国由于4万亿元的巨额支出，很快引发了一轮通货膨胀，所以从2010年开始就进入紧缩通道。随着收缩的加剧，现在商业银行的准备金率已经提到21%了，这是历史上从来没有过的高度。所以我国企业的生存环境日益变得严峻，特别是中小企业的生存越来越艰难。最近和很多企业家聊这个问题，他们给我的回答都是：2011年我们企业遇到的资金短缺的严峻程度可能超过2008年。

首先是温州民间融资行为暴露出问题，其次由担保公司暴露出来的问题也越来越多，我们河南也有类似问题，好像安阳的问题还比较大。因此我们想通过这个论坛弄清楚，目前中小企业生存环境，特别是它的金融环境究竟是什么样的，困难出在什么地方，及其原因。

那么，接下来，我们想共同探讨一下究竟是临时紧缩导致了问题，还是我们金融体系本身也存在问题，或是我们临时的管理举措造成了问题，以及解决问题的办法。当然有一些根本性的问题是中央的事，但是有些问题可以在市一级、省一级的层面有一些解决方案。

今天请到的嘉宾，特别是台上几位都是专家和政府部门的相关业务部门的负责同志，还有企业家。这三个问题我再重申一下，就是第一，中小企业面临的生存环境究竟什么样？第二，形成这个问题的原因是什么？第三，解决问题的办法是什么？

首先,关于中小企业面临的生存环境究竟什么样,我想这个问题企业家最有资格说清楚,有请。

二 主讲嘉宾发言

(一)王耀宗:当前金融环境对中小企业的发展既是危机也是机遇

最近几年国际金融环境的变化,特别是美债危机引发的中国国内的经济调整,相对来讲,给中小企业的发展带来了一些困难,因此有关中小企业的讨论比较多。作为中小企业的一个具体经营管理者,我觉得中小企业是国民经济的基础。早些年有一个数据,中小企业吸纳了90%甚至更多的就业人口,国民经济真正的基础还是中小企业。

中小企业和宏观环境之间应该是良性互动的,中小企业的发展更多地得益于宏观金融环境的持续向好。河南新乡高远公路养护设备股份有限公司成立时间不长,能够感觉到宏观环境对我们发展的促进。我们这个企业是2004年成立的,2006年才开始有产品对外销售,但是从2006年开始到现在,基本上产值是一年翻一番,没有宏观环境的持续向好,没有下游市场的持续向好,也就没有中小企业的持续发展。所以,我们这两年实际上得益于宏观经济的良好发展。

但是,从2011年以来确确实实感到一些困难。2008年的金融危机和2011年的经济波动区别很大,2008年的金融危机实际上对中国国内的影响并不大,更多地停留在资本市场,停留在境外,并没有传导到国内来,而2011年的金融危机实实在在是我们内生的经济波动。现在,虽然说这次波动好像和国外的美债危机、欧债危机有关系,但是我感觉关系并不大,因为我们的金融体系实际上是和国外相隔离的,所以我们更多地感觉到来自产业链上下游之间和企业金融大环境的变化。

我们企业上半年每个月有三四千万元的订单,但是从七八月开始就减少到七八百万元。我们感觉更多的变化来自我们经济内部的一些因素,来自我们自身经济增长的回落，来自我们本身需求的回落。这种状况从下半年以来已经持续了四五个月了，作为企业的一个具体经营管理人员，我也在思考，最大的一个疑惑是，到底这种衰退、停滞会持续多长时间。我们也在寻找自己企业的解决方案。

我们提到中小企业发展，这是最近一个热点问题，我想谈一点个人的看法。要解决问题要先分析问题的具体情况。现在舆论界对中小企业的看法不是特别准确。特别是最近《财经杂志》有一篇封面文章叫做《拯救中小企业》，我觉得这个标题有点夸大事实、有点骇人听闻。实际上大量的中小企业现在面临的困难仅仅在经营层面、宏观环境方面，而不是内生的。我觉得现在遇到的困难更多的来自需求的衰退。不仅是我们企业的订单减少了，我们接触的另一些企业也面临这样的情况，它们的生产能力闲置得比较多，一些企业是半停产状况。即使是这样的状况，我也觉得这是一种正常的状况。作为企业来讲，它有周期和波动性，这种状况并不会给中小企业带来一些毁灭性的打击，并不必然造成中小企业的倒闭。

现在有两种说法，一是中小企业会迎来一个倒闭潮，另外一个是现在整个中小企业都有问题。大家知道中小企业的数量非常大，地域差异也非常大，所以将个别地区、个别企业出现的问题放大到整个中小企业群体，是有点夸大事实，特别是讲到温州的一些情况。这些情况更多源于企业自身出现了问题。一个稳健的企业主是会在经营过程当中控制自己的经营风险和财务风险的，会采取一些措施应对目前的宏观经济环境和企业自身的经营问题，而不会不理性地制定一些经营策略。

所以，整体来讲，我对中小企业的个人感觉还是比较正面的。从我现在接触到的一些企业界的朋友来讲，大家都说困难，但这个困难还是在正常可控范围内，不像现在媒体经常讨论的一些热点问题、敏感问题、老板跑路的问题。可以这样讲，老板跑路的企业都不是由宏观环境造成的，更多地是和自己过于激进的经营策略有关。所以，从目前中小企业的发展来讲，它面临的困难更多还是在理性和客观的层面上谈论它。现在我们能看到的很多东西从做企业的角度来讲还是有些偏差，今天我们是在媒体讲这个事情，不排除有些媒体捕捉这种热点的敏感度，一定程度上夸大了目前中小企业的经营状态。

所以，上半年一方面感受到了这一波的寒冷——本来上半年我们还有很大的投资计划，到下半年全部砍掉了；另一方面从企业自身来讲，我们对这次金融调整还是持相对客观理智的看法，我们并不认为这是对中小企业毁灭性的打击，我认为这恰恰是给中小企业一个喘息的机会。

耿明斋：谢谢王总。我听出来三个要点。一是就高远公司的案例来讲，陡然变冷，来得很突然，从两三千万元的订单到七八百万元，一下子有几倍的落差，进入冬天这么一个状态。二是主要是由经济波动、市场需求不足所造成的，而不是金融环境所致，不是金融本身的问题，不是融资的问题，可能每一个公司在这个环境下它的感受都不一样。三是现在社会上的专家也好，媒体也好，对中小企业的生存状况报道、讨论有误解，有偏差。实际上经济活动进入低谷，对于优质的中小企业的长期发展而言可能是一个再洗牌的过程，把握好这个机遇可进一步提升自己企业的质量。一部分过于激进的企业可能在这个过程当中就会支撑不住，或者就会出现一些问题，但是从整个企业发展来讲未必是坏事，各个公司面临的情况可能不一样，按你的说法我们今天没有切入主题。

（二）陈彦东：资金周转是制约本企业发展的瓶颈问题

我们河南三力机械制造有限公司从 2005 年开始主要做重工机械的产品，基本是国家基础建设方面的产品，如高铁、高层民用建筑下面地基的装机等。从 2012 年六七月份以后，我们的订单也在减少，下滑的速度比较快。现在我们短期内遇到的问题是，订单客户也在订，但是目前订货的定金数量不是太多。现在设备已经生产出来，但是客户没有提货，在短期内形成了非常大的资金挤压。因为这些设备小的是四十多万元，大的是三百多万元到四百多万元。现在遇到了这样一个瓶颈问题，这一块和我们国家基础建设的宏观调控有非常密切的关系。现在有些个体老板，比如说定金交完了，但是工程这一块因为资金短缺就是迟迟开不了工，就没有能力再提设备。所以就我们的现状而言最迫切的就是需要解决这样的问题。

耿明斋：你能不能提供一些数据，比如说高远订单数量陡然减少，大概是什么样的情况？比如说上半年正常的情况是一个什么样的状态，最近一个季度是什么情况（环比）？

陈彦东：我们上半年经营额5000多万元，但是从6月份到现在1000万元都不到。

耿明斋：你现在的问题和高远公司还有一些不一样，你是货已经出来了但是提不走，因为他没有钱，支付不了；或者是这个货，对方现在已经不紧缺、不需要了，想暂时压一压；或者有钱也不想接，是不是有这样的情况？

陈彦东：也有这个可能。

耿明斋：那就你来讲，你现在的货走不了，就不好再去生产更多的货。你是不是需要更多的资金，才能进一步地维持正常运转，因为你资金周转发生了问题，有没有这种需求？就是说，融资的环境对你现在有没有影响？融资这一块对你来说是不是约束因素？

陈彦东：正常的资金周转可以维持产品的升级换代，但是目前设备一积压，就影响了产品的升级换代和研发。

耿明斋：你的资金短缺主要影响了产品的升级换代和研发？

陈彦东：我们主要做出口零部件的加工，对美国、比利时等国家出口。现在出口的订单比前几年多了，但是恰恰在设备上需要更新。

耿明斋：要满足出口的需求，需要有更好的设备。

陈彦东：对。国外过来的图纸对技术和设备的要求特别严格，他们过来考察后，基本上是你有什么样的设备就给你什么样的订单。

耿明斋：也就是说你要接到更多国际上的订单就需要更好的设备。

陈彦东：对。

耿明斋：你要补充这个设备也遇到了资金的困难？

陈彦东：是的。就是机械这方面的生意不是很好，可是零部件供应这方面需求又起来了，起来之后又需要我要更新一些设备。

耿明斋：你正常的融资渠道是什么？你从哪里得到资金呢？或是正常的融资渠道提供不了，还是你要得不强烈？还是成本高？

陈彦东：现在我们再出去贷款的可能性非常小。

耿明斋：为什么？是信誉问题吗？

陈彦东：信誉现在没问题。银行这一块最近我们需要还的贷款有600万元，我们手头现在只有这么多钱，为正常的生产经营就不敢投资了，只能先保证银行的还款。短期内遇到了这样的问题。

耿明斋：你们贷款来源主要是哪些银行和金融机构？

陈彦东：我们直接就来源于银行，像浦发、交行。

（三）张建平：矿山机械领域受到金融环境的影响

我主要是负责项目发展和资本运营。郑州一帆机械设施有限公司主要是做矿山机械，有一部分力量也用到建筑机械上。我们上半年的情况和三力差不多。6月份之前订单也非常多，我们现有的生产能力是严重不足的，有很多交货推到8月份、9月份。所以我们在8月份、9月份生产上的下降不是特别明显。但是从市场上的销售来说，从7月底开始和上半年比较有一个变化，上半年月销售收入接近2000万元，但是7月份下半月后下降到每月1000万元以下了。这个情况在需求方面和金融环境有一定关系，国内客户受到当前国家对楼市、基础设施建设、高铁的政策的一定影响。

在9月底、10月初我们对企业的经营策略进行了调整，因为现在国家资源整合的力度还是很大的。我们的研发一直走在前面，从2008年开始，我们一直很关注矿山设备的更新换代，资源整合以后对设备的要求更高。我们还在建筑垃圾再生利用方面做了一个新的拓展。传统的业务有所下降，但是从9月份以后，新开拓的业务上升比较快，包括建筑垃圾处理等。资源整合以后，我们的合同订单和原来相比有一个变化，原来的合同订单都是一两百万元，300万元就算比较大的，但是资源整合以后订单比较大，一次800万元都会出现。另外，虽然我们国内这一块有所下降，但是国外这一块的销售增长还是比较快的，因为我们产品的主要出口方向是印度、俄罗斯、南非、拉美等地方，外贸这一块相对来说受影响不是太大，增长还是比较快，我们做的工作也比较多。

现在有一个问题，在发展过程当中，国内很多客户因为金融环境一收缩，资金来源没有了，有些设备前期定金已经交了，但是迟迟不提货，对我们的库存影响比较大。还有一个问题是上半年我们一直存在产能不足的问题，现在我们也在积极扩展，可能对金融方面也有一些需求。当时我们考虑的渠道比较多，所以目前来说对我们的经营没有影响，但是对下一步的发展可能有少许的影响。我们通过多种渠道融资，和银行合作是一个方面。我们合作的有国有银行，例如工商行、交行。还有，今年年初我们正在做上市，另外我们和一些私募谈得也不错。所以，下一步在银行合作方面可能会受一些制约，但是我们在别的途径也在开展工作。

耿明斋：谢谢张总。我发现前面三个企业共同的地方都是机械加工、装备制造，遇到的问题都是市场萎缩，再一个是都有新的增长点，企业的内在质量都不错。他们现在遇到的融资方面的问题都是进一步发展升级方面的，融不来资发展可以稍微放缓一下，但是生存应该没有太大的问题。比如说这两家在国际市场出口领域还是比较顺利的。

（四）郭松杰：河南松光民爆器材股份有限公司的情况

各位专家好，我来自河南松光民爆股份有限公司，我们的主要产品是民爆。现在民爆受国家行业控制比较严。当前企业发展比较平稳，但是就企业来说，融资这一块比较困难，特别是中小企业。现在国家存款准备金率已经提高到21%，太高了。就银行来说，对比较优质的中小企业想支持，但是没有办法，想给你放贷但是没有额度，这是目前企业融资比较困难的问题。

耿明斋：不是银行不愿意贷款，而是银行没有额度，因为准备金率太高了。你们有没有其他的融资渠道？例如民间的担保公司、借贷等等。

郭松杰：我们公司资金相对来说比较宽裕。

耿明斋：你们主要是向哪个银行贷款？

郭松杰：主要是工行和中行。

耿明斋：资金对你们有什么影响？

郭松杰：基本上影响不太大。

耿明斋：你们主要是做什么产品的？

郭松杰：民爆，主要是矿山开采。据我了解，融资这一块主要是银行没有额度，放不出来。

耿明斋：银行一松，准备金率一下降就会缓解这个问题。

三 论坛议题聚焦

（一）张华平：创新融资平台和金融产品，化解中小企业融资难问题

我们和企业接触比较多，因为长期在基层，又从事企业上市和融资这一块的工作，现在我的感觉是，从宏观经济环境和金融环境来说，对中小企业整体上还是比较严峻的。中小企业由于天然的一些弱点，比如管理不规范，规模比较小，科技含量比较低，市场占有率也不高等等，这些种种自身的原因促使它在经济环境发展当中抗风浪的能力更弱一点。从银行贷款的角度来说，总是喜欢具有较强抗击风浪能力的大船，所以对小船的影响比较大。从融资渠道来说，由于中小企业自身的弱点，银行贷款对它的门槛就比较高，而私募这一块比银行更高，上市就更不用说了。所以，从这三个角度来说，中小企业面临着很大的现实困境。

大量中小企业都来自原先的乡镇企业，由个体户脱胎换骨而来，在发展的过程当中主要靠自身的积累实现发展。当然靠自身积累有一个过程，不可能有跨越式或大幅度的膨胀提升，所以一开始它和银行打交道就少。由于它自身发展的环境，所以在发展的过程当中土地绝大多数是租赁来的，而租赁的土地就预示着没有土地所有权。比如你要扩大再生产，就要多租一些地，而你建的厂房和所有的设备投入都不可能变成自身的，所以在给银行提供抵押贷款手续的时候没有土地证。由于这些问题，你在这上面盖的所有房屋也就没有所有权证，所以在抵押物上受到非常大的限制，这是很多中小企业面临的最大困难。中小企业大部分在乡镇，所以涉及面非常广。没有土地，都是占集体的建设用地或者耕地。耕地也不多，基本上都是原先村边的宅基地，利用村边的废弃地搞的生产厂房和经济活动，这也是一个硬伤。

从银行的角度来看也有几个问题。一是门槛对中小企业确实有点高。就金融机构来说，总想降低成本、增加利润，这个也在情理之中，做一个

大单子和小单子在成本上差不多，但是收益的差距非常大，所以大家都愿意做大的。二是从风险担当的角度看也愿意做大的，大的毕竟风险小一些。三是刚才说的中小企业自身的一系列问题，也促使银行相对来说对中小企业的关注度会降低。

对金融机构而言这三个方面是原因，但是从解决问题的思路来说，需要金融机构设计出符合中小企业特点的信贷新产品。新产品要降低门槛，并不是说对坏账的容忍度降低，而是在中小企业发展的过程当中要看它的市场，要看它的信用，要看它产品的质量，再要看它经营者的人品。从这几个角度去考虑，可能工作量要大一些，在贷款条件的设计上可能会更复杂一些，但是更有用。因为按照现在的贷款条件，绝大多数中小企业都被挡在门槛之外，应该说有70%的中小企业。

以荥阳市为例，有一万多户中小企业，其中生产性的有7000多户，规模以上企业按照现在国家统计局的标准，销售额2000万元以上314家，1亿元以上有210家。荥阳中小企业的整体实力还是非常强的，这些企业数量非常大。但是，其中真正和银行打过交道的企业不足30%，我说的是信贷方面，并不是经银行渠道往来的。也就是说有70%的企业没有和银行打过交道，不贷款，只靠它自身的发展积累。从这个角度来说，银行是有广阔市场的，能达到2000万元以上的规模，或者达到1亿元以上的规模的企业都是有实力的，也是有信誉的。这些企业都非常值得银行去占领市场。但是按照目前银行的贷款标准，这些企业都贷不到款，我说的是几大国有银行。

这几年，我感觉股份制的银行比较好，像广发、浦发等，尽管它们的分支机构都在郑州，却直接给荥阳提供了大量的资金支持。虽然荥阳的工、农、中、建考察了一部分中小企业觉得做不了，但是这些股份制银行却觉得都能做，所以我觉得国有银行在信贷的灵活性上和股份制银行相比还需要改进。

耿明斋：我注意到大概中小企业融资的问题在你那里表现出来的，一个是渠道少，二是门槛高，三是银行不愿意给，四是企业没有抵押品。另外一方面的问题，包括土地制度、历史遗留问题，也是影响企业融资的一个硬伤。前一段我到北京参加一个城市化的研讨会，一个村在集体的土地上搞了各式各样的商业项目，但是最大一个问题是不能抵押，只有国有的土地才能商业化，才能够抵押，这也是一个深层次的制度问题，集体土地为什么就不可以商业化呢？

张华平：而且这个层面比国有企业的面要广太多了。

耿明斋：你们的融资渠道少要说得具体一点，怎么渠道少呢？现在有国有银行、村镇银行、担保公司、民间借贷等，渠道怎么会少呢？

张华平：渠道少是从基层的层面说，从国家的层面说，你说的一样不少。但是深入到基层没有了，就是下面没"腿"。

耿明斋：哪个没"腿"？

张华平：比如说私募机构下面没有，中小企业找不到他们。

耿明斋：村镇银行的情况是怎么样的？你们那儿有吗？

张华平：荥阳有一个。

耿明斋：经营的情况怎么样？

张华平：刚开始。

耿明斋：还没顾上给中小企业融资呢？

张华平：对，才批的。

耿明斋：在今后解决中小企业融资的问题上，它能提供什么帮助？

张华平：根据我现在的认识，它会更好地促进中小企业的融资，表现在几个方面：一是它本身是村镇银行，面对的对象是众多的中小企业。二是通过它的服务加剧了和其他商业银行之间的良性竞争和互动，也会促进其他银行在对中小企业服务上降低门槛。三是通过前两个方面的互动，整体服务中小企业的氛围会有更大的提升。

耿明斋：现在村镇银行的背后不还是大银行吗？

张华平：但是它的自主权比较大。

耿明斋：大银行控股多大比例？

张华平：50%以上。

耿明斋：哪些可以银行控股？股份制银行可不可以控股？地方的商业银行可不可以？信用社可不可以？

张树忠：信用社不太需要。

耿明斋：只要是商业银行，不管大小都可以。

张华平：主要还是强调规范管理的问题。

耿明斋：是不是有一个规模的限制？

张华平：没有。

耿明斋：银行控股以外的股份私人可以入吗？

高树印：可以，但是有限额。

耿明斋：比如说51%商业银行控股，剩下的49%我一个人入股行不行？

高树印：不行。

耿明斋：按你的分析，将来村镇银行该是解决中小企业融资问题的一个比较好的平台和渠道。

张华平：但是现在国家对各个县区设立村镇银行有数量限制，目前一个县级单位就是一个。

高树印：分支机构不让设，可以设储蓄所。

耿明斋：只能在荥阳市的范围内，其他地方不让设？

高树印：对。

耿明斋：信用社不是农村中小企业的一个重要的融资渠道吗？现在信用社与中小企业融资是什么样的情况？

张华平：在县级范围内，信用社不管是存款还是贷款一般总量都是第一的。

耿明斋：在整个贷款总额里面占多大比重？你说的第一是什么概念？

张华平：应该占40%。

耿明斋：还算比重比较低的，我们到相关市一级的单位了解，信用社占70%多。

张华平：现在一部分县级市的县商业银行的总数比较少，我们那有10家商业银行。

耿明斋：对，它比较特殊，它靠近郑州，经济发达。

张华平：其他远郊的县区只有四五家商业银行。

耿明斋：信用社的融资也难吗？

张华平：也有要求，但是相对于其他各家商业银行来说容易一些，因为它毕竟"腿"伸得更深，和农村的中小企业联系更密切，人员相对更多一些。因为其他商业银行,特别是上市的银行效益比较突出,人员相当紧张。

耿明斋:一般的中小企业有没有民间借贷?

张华平:有,民间借贷只能说一个感觉,因为没有统一数据。但是中小企业之所以这么活跃,和民间借贷的活跃也是分不开的。从2010年到2011年,我组织了几次银企交流活动,其中有一部分企业家在会上说他不找银行,需要钱的话打几个电话,找几个朋友弄几十万、上百万就可以了。从这个角度来说,民间借贷还是很活跃的,但是民间借贷成本比较高,年息大概10%。

耿明斋:10%不高,我听担保公司的同志讲,担保公司的融资年息20%~30%。

高树印:它的民间借贷是朋友之间的,1分比较低,1.5分还是比较多的,朋友之间说我需要资金了,你能不能借给我一点,10万、20万的,按1.5分给你算利息。

耿明斋:也就是说民间借贷是中小企业融资的一个重要渠道。

高树印:通过担保公司就高了。

耿明斋:我们去年在许昌调研遇到一个温州的林老板,在许昌搞一个工业园,我们问他融资的问题怎么解决。他说很容易,我打个电话几百万元就过来了。

高树印:这是这个老板的信誉好,信誉好成本就低,很容易就拿到钱了。

张华平:如果信誉不好,5分也没人给。

耿明斋:现在看来,目前中小企业发展遇到的困难有两方面:一是整个经济发展的周期,特别是今天来的几个企业比较集中地反映出了这个问题,但是企业缺乏代表性,都是在装备制造行业,这属于周期性行业,对周期性反应比较敏感,冷周期对企业的影响比较大。二是金融环境本身的问题,金融环境本身造成融资环境不宽松也还是和宏观经济运行周期和环境有关系。

(二)张树忠:正确认识中小企业融资难问题,应紧抓机遇、加快发展

就河南省来讲,整体来看不是太好。表现在两个方面:一是河南省整

个金融行业改革发展相对滞后，比如说金融增加值占 GDP 的比重全国是 4%，河南是 2%，金融行业整体的发展相对滞后必然会导致竞争不太充分。二是和金融结构有关系，河南省的金融结构是以大银行为主的间接性金融结构，全国直接融资和间接融资是 8∶2，河南省基本上是 9∶1 的情况，所以以大银行为主的金融结构，相对来说中小金融结构不优，导致贷款更多向一些大项目和大企业集中。这在一定程度上和河南省整个政府多少年来主导的发展思路有关系，比如说省政府多少年以来一直热衷于大项目和大企业，从政府的角度对中小企业环境的培育相对不够，所以这样一来就导致政府的发展理念和以大银行为主的金融结构相互强化，导致银行贷款多少年来向大项目、大企业集中比较严重。比如说河南省的基础设施相对比较好，高速公路全国第一，大多是一些银行贷款的结果。

就目前来讲，我个人认为现在河南省中小企业发展面临一个比较好的机遇，特别是随着全国性的中小企业出现了一些问题，比如说温家宝总理到温州去视察时看到的一样，人民银行、银监会以及国家的金融管理部门就有缓解中小企业融资难一系列的政策出台，再加上河南省中小企业进入了一个快速发展期，所以国家新政策出台与河南省中小企业步入快速发展期正好相契合。比如说产业转移，外需转内需，再加上河南省这几年民间公司很活跃，应该说从河南省中小企业融资的角度来讲这是历史上最好的时期，这和中小企业加速期也相契合。

今天论坛的主题是"金融环境与中小企业融资"，我觉得这个主题非常好，从全国来讲是很热的题目，对河南来讲具有非常特殊的意义。刚才各位嘉宾也都谈到了这些，包括欧债危机、货币政策等，但是我总感觉这里面有误解的地方，表现在两个方面。

一是现在有一种流行的观念，由货币政策导致了中小企业融资难，由中小企业融资难导致了企业经营困难，甚至倒闭潮。误解的地方是货币政策是一个短期的政策，而中小企业融资难在我国，甚至在世界上是长期存在的，而在河南省尤为严重。所以把当前的企业经营困难归结到货币政策恐怕有不太全面的地方。如果看贷款新增量的话，2011 年前 9 个月或者前 10 个月我们全国性的贷款新增量每个月都在五六千亿元，这个贷款量要超过金融危机之前 2007、2006 年经济高峰时候的贷款量，而且这些新增贷款量当中，中小企业占比都高于平均水平，所以不能直接说由货币政策导致了中小企业融资困难，甚至导致了倒闭潮。

二是沿海出口导向型企业的困难和河南的企业困难有一定的差别。比如说我们国家改革开放以来，连续30多年高速增长，很大一部分靠外需拉动，我们参与国际分工的出口，特别是沿海地区的浙江、广东，更多是一种低成本的结果，比如说能源、土地、环保、汇率、出口退税等。但是长期来看它不具备可持续性。随着各种成本的提高，企业到了一个必须要进行产品升级换代的关口。再加上金融危机以后，出现了一些内外交困的情况。

其实这种调整从金融危机以前就开始了，特别是2001年我们"入世"以后。比如说农民工的工资翻了一番，过去那种依靠要素投入推动粗放型增长必须要转向集约型增长，包括"十五"期间我国都提转变经济增长方式，现在市场自觉地根据经济规律开始出现这样的调整，因此，沿海出现的问题和我们河南省的情况不太一样。

河南省的中小企业长期以来发展滞后，据我了解到的一个数据，全国平均每万人拥有中小企业83家，河南38家，而浙江是300多家，河南省的中小企业长期发展滞后带来了一系列的问题，比如说财政收入问题。我们的GDP和浙江省相比差了20%左右，可是财政收入、居民收入都差了一倍左右，当然这个逻辑关系未必能成立。我的理解是他们那边更多是挣老板的钱，我们更多是挣打工者的钱。

昨天郭省长在中原经济区发布会上讲，河南的劳动力成本比沿海地区低30%，产业转移给河南的中小企业带来了比较大的机遇，又赶上人民银行、银监会、证监会等一系列的政策不断出台，加上财政上的营业税、增值税起征点的调高，再加上我们最近几年民间借贷非常活跃，应该说河南省的中小企业现在面临一个非常好的情况。

（三）王作成：产业转移给河南省的中小企业带来了新的机遇

刚才张处长说了河南中小企业发展到了机遇期的问题，2011年的情况刚才几位企业家已经讲了，现在面临一个需求不足的问题。之前我们是讨论要素供给不足的问题，但是现在大家面临的是需求不足的问题。从宏观环境来看，刚才专家们也提到国际的危机，从美国的次贷危机到现在的债务危机都在不断影响和深化，现在很多大型企业到欧洲的出口订单大幅度减少，前一段从广交会上可以明显看出来，短期的多了，长期的少了，这说明整个国际需求在大量萎缩。

就国内而言，由于国家的调整，包括房地产政策的调整，整个经济的增长速度也出现了朝下走的趋势，我们前三季度全国各个省里面有18个省的增长速度是降低的，有5个省是和上半年持平的，这是一个外部环境整个朝下走的紧缩趋势。但是在这种环境之下，河南的经济增长速度是朝上走的。这个时候大家就会想到，河南的发展相比全国的经济增长是滞后的，但是仔细分析就会发现，2011年河南经济发展的特点，就是承接外来产业转移的情况非常好，其对于经济增长的贡献明显增加。今年9月份和去年9月份相比，河南新增的企业对河南规模以上工业的贡献率达到了26%，也就是说1/4以上的增长是新增量的增长，这就意味着河南的发展确实到了一个新的阶段。

我注意到昨天上午在国务院开的中原经济区新闻发布会上，郭省长在回答记者问题的时候提到一个概念，就是现在整个中国现代化的进程从东部向中西部转移，就是中西部现代化步伐在加快。这是一个客观现象，而这种客观现象就给我们目前的发展提供了一个新的机遇，给我们中小企业的发展也带来了一个机遇。因为这些新引进来的企业本身在国际上，或者在东部沿海都是比较成熟的企业。这些企业的发展理念、营销水平都有别于我们传统的发展理念，而这些新的东西对我们中小企业的发展理念也是一个冲击。从政府层面的管理，到企业层面的管理都会出现一些新的变化，这是一个新的形势、新的特点，也是中小企业发展新的机遇，因为我们能从里面学到一些东西、对接一些东西，搭上快车道。

（四）关于金融行业的改革及民间借贷问题的讨论

郑祖玄：刚才王总统计师说得很精彩，在这个大背景下，现在产业转移确确实实给河南省的经济增长带来了亮色。我想到了当年熊彼特讨论的《非常信用论》，我们可以把产业转移认为是一种创新活动，因为毕竟它是把旧有的生产资源和要素从过去所在的地方转移到新的环境和市场，这都算是创新。但是熊彼特说过，创新的过程需要超常的信用发展。传统的银行信贷的信用发展水平建立在原有企业的现金流基础上，现在新增了大规模的新建企业，理应对金融经济的发展、货币的需求、贷款的需求的要求提高很多。金融深化的过程，在未来一段时期，也应该是河南省发展一个很重要的层面。

从沿海地区过来的企业在管理理念上和我们有区别，我想还包括经营层面的重大区别，以往河南的企业更多是资源开发类性质的企业，对这样的企业而言，经营环境比经营行为本身还要重要，盈利不盈利看大的环境，而自身的经济化管理还要次于级别的考虑。这样一来，新的管理经验、管理理念的到来会不会在将来财务杠杆上对河南省的民营企业也有刺激呢？

刚才大家已经讨论过，河南省的民营企业在发展过程中较少地依赖外部金融资源，更多地依靠自身的积累这样的发展过程。这样的发展过程怎样纳入竞争过程当中呢？如果不借助金融环境和金融资源，恐怕很难和外来一系列新进的企业竞争。在竞争和整合的过程中，金融行业的改革很重要，但是从本质上来说，在各个大的银行对河南省固有的金融体制以及对民营经济、中小企业提供足够的支持外，我们是否要考虑一下其他的融资手段、其他的融资方法、其他的融资技术和金融工具能否给中小企业提供一种新的发展思路呢？

张华平：我的感觉是企业融资是永恒的主题，只要企业生存就面临融资问题，但是现在我感觉融资难。

竞争不充分，金融产品设计也不丰富，因为它没有丰富的压力。另外，银行服务体系的转型也是个问题。这几年几大国有商业银行上市以后，服务质量大大提升，但是服务范围在基层压缩了。服务质量的提升有目共睹不再说了，但是为什么服务的范围在基层压缩呢？现在各大国有商业银行在县级以下的布局中，原来在乡里设的点，现在统统没有了。除了信用社和农业银行在乡里还坚持设有分支机构以外，其他所有的国有银行统统没有了，这就给中小企业的融资带来不便。同时，我们也看到在服务的方向上也发生了改变。它重点服务大型、高端的企业，对中小企业的服务力度确实下降了，从网点的收缩就可以看到，这是一个方面的问题。

目前情况，我感觉各大商业银行始终动力不足。同样是企业，国有银行考察了以后认为不行，放贷标准达不到，但是你找几个股份制银行可能就做成了。这里面体现的不仅仅是机制问题，不仅仅是条件和门槛的问题，实际上还是服务的方向问题。从今年以来，国家提出支持中小企业发展，包括国务院最近出台了文件，但是我感觉中小企业融资的困境并没有得到缓解，资金真正流向中小企业的寥寥无几，还是基本上流向比较好的大型企业。

这里面还有一个现实的问题，中小企业只要发展态势比较好，永远不缺资金，比如我刚才说的上市企业，它的名单一旦从河南省有关部门公布以后，银行会主动找它，所以它再融资的渠道和规模问题不大。难的是转型升级过程当中的企业和刚成立的企业，现在我觉得企业流动资金不是很大的问题，但这在扩张的过程当中是一个问题。银行在这方面比较谨慎，也使企业的融资受到一定影响。

王作成：这就是供求关系的问题。我们省里面整个市场主体发育的情况怎么样，能不能达到银行融资的要求？还有一个就是银行的发展能不能顺应企业的要求？

张华平：企业本身也有一个转型升级的问题，因为银行还是喜欢有市场、有前景的企业。刚才为什么说有市场、有高端产品的企业永远都不缺资金，因为银行会主动服务，其他的企业还是要靠自身的发展，这是世界的共通性的问题。

张树忠：我们曾经研究浙江民营企业发展的成长过程。伴随着融资量的增长，初创期是以内缘融资为主，然后是民间借贷、小型融资机构、大银行、上市，这样衔接得很好，层层培育了企业的信用文化。河南省现在相对缺乏的就是第二个环节，就是民间借贷，河南省与浙江这些比较活跃的地区有差别，而国外更多的则是一些直接投资的机构，像风险投资等。大银行为中小企业服务本身缺乏一个对称性，如果在竞争不充分的情况下，它的理性选择肯定是大企业、大项目。

举个很简单的例子，我们宇通公司一个亿的贷款，两三个信贷员一笔下去就完成了，但是贷款给信阳的100家企业的成本是非常大的，需要一些贷前调查等，所以更多中小企业的常规渠道是一些中小金融机构，包括城商行、农村信用社等。刚才张市长也分析了，中小企业，特别是微小企业存在一个存续期短、没有抵押品、管理不规范的问题，所以中小金融机构更多的是一些软信息的获得，比如说企业发展如何，老板的人品如何，信用程度如何。

大银行特别是四大国有银行在县里面设点的也有，它对周边的企业或者是老板的人品等软信息也有所了解。中小企业资金需求的特征是比较便捷、比较快，但是这些大银行需要层层往上批。再一个，支行行长、信贷员长期和中小企业打交道，但是经济效益好了以后行长就升迁了。因此，大银行更多是看一些硬信息，例如抵押品。现在河南省金融模式发展的方向就是大力发展中小金融机构，包括村镇银行、城商行、农村信用社等，对民间借贷采取更加宽容的态度后，这两年民间借贷的发展势头非常快。当然民间借贷本身就是一把双刃剑，整个金融行业都有金融风险，所以出现了问题以后不能"一棍子打死"，更多需要的是把握"堵"和"疏"的辩证关系。

据我了解，我们河南省的民间借贷从2009年到2011年第三季度都是20%~30%的增长速度。民间借贷有狭义和广义之分，狭义的民间借贷就是熟人牵头，企业之间或者像刚才说的老板打个电话就借来了，来自个人和个人之间、企业和企业之间，甚至企业内部的员工集资。另外一种是民间金融机构，比如说投资公司、投资咨询公司、典当公司等，一旦上升到契约集资的时候风险就会大大增加，所以现在省里面对各个地市的民间借贷进行清理整顿，一定要把握好这个度。

我感觉浙江人非常聪明，他们那边出现的问题更多不是源于货币政策或者融资难，而是源于需要产业升级换代，但是浙江打着这个牌子，温家宝到那里以后，浙江省和温州市政府直接给温总理提出来要建全国金融改革综合试验区。

对河南省目前发展非常好的民间借贷，政府一定要有一个清醒和更加长远的认识。比如说现在民间借贷被认为是"温州第一、鄂尔多斯第二、河南第三"。上升到契约借贷以后，政府的监管必须跟上，但是现在政府恰恰没有跟上，应该对中小金融机构进行分类监管，比如说这四个类型：典当、小贷、投资公司、投资担保公司。对典当行和小贷公司，政府采取的态度应该更多是鼓励，因为它更多的是用它自己的钱，不会产生比较大的风险。而小贷公司，政府不但要鼓励，而且要想办法在后续资金上给予帮助。比如说，现在银监会有个规定，小贷公司可以从银行批发到不超过它资本金50%的贷款。我们省只有国开行和交行在做，而沿海地区的银行都是争着给小贷公司贷款，所以政府应该引导各家银行给小贷公司贷款，重庆做得更积极一些，已经形成资产证券化了。

比如说，银行还会担心有不良贷款，而这些大部分中小企业是不能和正规金融机构，包括和农村信用社进行对接的企业，或者是淘汰下来的一些企业，肯定要有风险。金融行业为什么和其他的工商企业不一样，就是因为存在信息不对称、责任不对等的问题，恰恰河南省出现的问题就是有机构批、没能力管。

张华平：现在需要顶层设计，而下面的基层政府解决不了这个问题。

高树印：民间借贷就是熟人之间的借贷，现在应成立机构，像担保公司等，我觉得不能弄到民间借贷上，它只能是一个机构，它不是投资者，它只是一个中介机构，这一块确实应该由政府管起来，可关键是怎么管。

张树忠：主要是现在对民间借贷没有准确的界定。

高树印：现在主要是怎么管的问题，政府一管就管死了，就像融资性商贸公司一样，一管不让他们挣钱了，包括现在很多的机构，只要有一个监管部门就管得死死的。我的看法是，中小企业融资难，这是一个世界性的问题，具有普遍性。我觉得中小企业融资难有三个原因，一是中小企业小，没有资产，或者资产很少。二是它的技术不成熟，市场没打开，产品不丰富。三是法人结构不合理，自然人和法人应该分开。只要解决了这些问题，中小企业融资实际上也有很多种方法。金融业实际上就是一个服务业，金融机构就是提供资金的单位，中小企业融资难就在于我们的金融机构现在主要以提供钱为主，而不是提供更多的服务。从资金、技术上都可以给中小企业提供服务，但是银行现在提供不了，这是一个世界性的问题。

在我国中小企业融资更难，这和国外有些差别，因为现在我们的整个金融产业有问题，我们国家是以银行为主导的金融产业，我们都知道银行就是提供贷款的，但它同时对于资本市场也有作用，我们是大银行主导的金融环境。

孔少飞：我是省信用社的，搞风险管理的孔少飞。刚才张秘书长已经说了，农信社属于正规的金融机构，在农村生活时间长的同志都知道农村信用社。刚才我听了几位领导和嘉宾谈的问题，中小企业融资的问题，几位企业家好像对融资的需求不是太大，但是高处长说这是世界性的难题，所以总归为一点，作为金融机构的一个工作人员，我感觉中小企业贷款难确实是个问题，困扰着中小企业的发展。

刚才王总介绍说中小企业是市场经济的基础，从我自身的感受看：打个比方，从海洋的环境来讲，只有鲨鱼不行，还要有小鱼小虾。市场经济同样是这个道理。所以中小企业的发展和中原经济区的发展密切相关，如果中小企业的发展不稳，整个中原经济区的构建、整体经济发展肯定缺少一定的活力做支撑。

农村信用社属于中小金融机构，尽管河南省农信社资金规模达到4000多亿元，但是整体的经营是在县域，就是县区的联社农商行，所以和中小企业的对接比较紧密。刚才张市长谈到对银行的描述，一个是谨慎，一个是门槛，一个是竞争，一个是创新，我感觉张市长作为政府领导把脉非常准确。合规经营是银行必须坚守的，因为银行经营面临着很大的风险，具体到农村金融机构要面临很多问题，比如说贷款难的问题，它为什么要设立很多门槛呢？因为客户的信息不对称，就要求有其他的抵押作为补充。我们可以想象，自己把钱借给别人肯定有不踏实的时候，所以银行对金融的需求肯定会相对谨慎、合规和有约束性。

张市长刚才也谈到创新的问题，实际上我们面临的一个问题就是抵押物的不足，没有抵押的话要从银行贷款很不容易。刚才还谈到了担保公司，它可以提供担保，但是成本比较高，还有反担保的问题，企业用起来很不轻灵活。我一开始是学法律的，1995年我国《担保法》颁布的时候有一个反担保的问题，当时不理解，如果我有担保的话，担保公司还要提供反担保怎么能做起来呢？另外还有一个质押的问题。如果我自己有几十万、几百万元，为什么还要质押呢？所以，我感觉困惑的因素很多。

从某些方面来讲，担保公司尽管有许多不规范的地方，尽管对于中小企业而言融资成本很高，但是它也发挥了一定的作用。前几天网上有一个消息，对民间借贷是肯定的态度。其实从法律上讲，《合同法》颁布之前对民间借贷也是肯定的，只是在利率上有一个限制，关键就是刚才讲的什么叫民间借贷？比如说民间私人之间的借贷、担保公司和其他金融机构，例如典当行等，算不算民间借贷？我感觉只要能够保证资金的安全融通都可以采用，这是金融机构创新和服务的问题。如果担保手段不足，可以通过很多创新的手段满足企业，既能够把款放出去满足企业需要，又可以让公司的风险是可控的。但如此要受很多限制，比如说土地制度、物权法的规定等等。

刚才，高处长也谈到服务的问题，很多银行提出来服务的问题，包括微笑服务等等，这也是缓解中小企业融资难的一个重要手段。如果有担保问题解决不了，可以通过财务规划和整个融资过程确保资金的掌控，如果能做到这点，我们觉得对中小企业的融资难在一定程度上能起到缓解的作用。

耿明斋：你刚才讲4000亿元存款，那么贷款余额是多少？

孔少飞：我说的不太准确，可能就是两三千亿元。

耿明斋：你们现在是存款多贷款少。

孔少飞：对，肯定要保证一定的流动性。

耿明斋：作为金融机构一定是存款大于贷款，存款余额4000亿元，贷款余额大概3000亿元？

孔少飞：大概是这样。

耿明斋：你的存款余额在河南省整个总额里面占多少？

张树忠：市场份额第一。

耿明斋：河南省整个存款余额、贷款余额是多少？

张树忠：存款是2300多亿，贷款是1600亿。

张华平：关键是越往基层比例越高。

孔少飞：农信社在县里面都有网点，但是它没有全国性总行，如果跟工行比，在全国性上肯定是不行的。

耿明斋：还有一个问题，刚才张市长说你是多家法人金融机构组成的法人机构，信用联社经营实体是县一级的信用社，那么每一个地市都有一个联社吗？

孔少飞：都有一个办事处。

耿明斋：等于是农信社的办事机构，省里面是一个农信社，那你的三级管理架构相互之间是什么样的关系？

孔少飞：按照国务院 2003 年的改革文件的要求，各县级联社出资组建省级联社。

耿明斋：县级联社是省级联社的股东？

孔少飞：是的。

耿明斋：你们省级联社注册资本是多少？

孔少飞：当时每家是 50 万，一共有 140 多家。

张树忠：他们是一定程度上代表政府对这些农村信用社进行管理。

高树印：县一级信用社都是法人。

耿明斋：省信用社是什么性质？是金融法人吗？

孔少飞：是企业性质。

耿明斋：你是股份制、集体所有制还是什么？

孔少飞：注册的时候是股份合作制，这跟工商局也交涉过。

耿明斋：现在有多少个合作主体？

孔少飞：大概 144 家。

耿明斋：不是一个县一个？

孔少飞：每一个市区都有。

耿明斋：每一个合作主体出资都是一样的吗？

孔少飞：对，当时是平均出资，都是等额的。

耿明斋：各个县域信用社还有一个独立法人？

孔少飞：我们是两级法人，县里面是一级，省里面是一级，省里面的职能是管理、指导、协调、服务，不直接做经营，是这样的管理架构。

耿明斋：经营实体是县级，县级联社是什么性质？县级叫联社还是叫什么？

孔少飞：它也叫联社，信用合作联社，或者是农商行，新中国成立初期是农民入股组建的，后来管理体制变化很大。

张华平：和供销社一样。

耿明斋：现在是什么样的说法？比如说县级联社作为一个独立法人，它的产权所有的主体是谁？

孔少飞：都是私人股东。

耿明斋：县级有没有明确股东？都是私人股东吗？

孔少飞：有，是的。政府银监会2003年的改革方案确定的。

耿明斋：举例说我们滑县联社股份有多大，股份是不是也有限制？

孔少飞：是的，最大是5%。

耿明斋：就是不能由大股东控制住？

孔少飞：对，当时坚持合作性质，所以都是小额分散的股份。

耿明斋：那就是高处长讲的，你最初的入股人找不着了，但是股份里面是不是还有一部分没有加上？

孔少飞：股份还是有的。

耿明斋：比如说有你孔少飞的吗？有我耿明斋的吗？

孔少飞：如果你当初入股了，现在是有的。

耿明斋：那你们应该找一找，说不定很多农民还是股东呢？

高树印：从理论上讲现在很少。

张华平：当时都是5块钱。

耿明斋：股东名册现在还有吗？县级联社的管理层是由省联社派的吗？

孔少飞：有，是提名，股东大会要进行选举。农信社其实是长期演变的一个机构，将来我的报告里面会涉及这个问题。

耿明斋：现在河南早就酝酿规划要搞中原发展银行，现在我们是不是依托农信社搞这件事？

高树印：城商行的发展模式有几种：一是发展模式非常好，自己能够做到。二是合并到一起。现在一个省辖市政府一个银行，我们省现在有17家，我们就是各自发展，可能发展最好的是洛阳，资金最大的是郑州，但是我们的规模和别人无法比。

耿明斋：现在浙江商业银行的发展模式是什么？是不是各个商业银行集合起来，然后变成一个大商业银行？

高树印：有些是几个大的银行合起来。

耿明斋：现在城商行的产前主体都是各个市政府吗？

高树印：现在政府都不想失去控股权。

耿明斋：现在全国的农信社都是这种结构吗？

孔少飞：都是这样，除了北京、上海有几家农商行之外。

耿明斋：将来随着规范化的运作，有没有什么方向？

高树印：服务县域这一块肯定已经定了，不能把这些都合到一块。

耿明斋：不能真正合起来变成一个法人？

高树印：对，现在信用社可以改成农商行，这样就管不住了。

耿明斋：基层信用社变成农商行就从你这个体系里面脱离出来了？

孔少飞：对，但是还在大的体系里面。因为，从国务院把农信社的风险防控职能放到省政府以后，省政府为了防止风险就成立了农信社。

王攀：我是河南农信社郑州市郊农村信用合作社信贷管理部的一个科员。我在信用社干了很多年，管理客户信贷方面的业务，我可能对这一块的想法比较多。其实中小企业融资难的原因刚才几位领导和嘉宾已经说得很详细，我想从银行第一线的角度谈一下这个问题。

第一，从客户自身的角度来说，我个人感觉刚才几位企业的代表他们说他们的情况和国家谈到中小企业融资难的问题有差别。他们的情况是有局限性的，中型企业和微型企业应该分开来谈，比如说一些发展好的中型企业，银行会主动找他贷款，但是一些初创型的微型企业或者农村很小的企业，我们会去调查每笔贷款。

耿明斋：你刚才说中小企业贷款不是难的问题，而是信息成本高的问题，和金融环境没关系？

王攀：可以说和金融环境没关系，如果有关系，就是中小企业故意隐瞒自己的发展情况，这是大多数情况。

耿明斋：这就是人和人之间的关系多了。

王攀：第二，从银行自身的角度来讲，银行在中小企业融资的问题上存在脱节。为什么这样说呢？专业银行和股份制银行的客户重点不在中小企业身上，而在大客户身上，这中间存在市场定位的问题。从信用社的角度来说，我们更多是把目光关注"三农"，因为国家对我们在支农方面有优惠政策，没有一个金融机构专门针对中小企业提供针对性的服务。

耿明斋：给中小企业贷款，一个是考虑信息成本，一个是考虑管理成本，比如说一个小的贷款管理成本很高，你们不愿意贷？

王攀：对于大型金融机构是这样，但是我们做得就是中小企业的金融贷款。

郑祖玄：你们是做小企业的贷款，但是你们好像对制造业不感兴趣，对种植、养殖感兴趣，这一块是你们的重点？

王攀：因为"三农"是我们的重点，我们对农业更了解，把握更准。

耿明斋：具体到你们信用社，"三农"占多大比重？

王攀：我们现在实体贷款70多个亿，"三农"贷款加起来有60多亿。

张树忠：农户贷款、企业贷款这样分，农村信用社在县以下，无论是中小企业也好，"三农"也好，它是绝对的主力，它根据当地的经济发展状况有所区分。

耿明斋：可以直接给农户贷款吗？

王攀：可以。

耿明斋：在60多亿的贷款里面，面向农户的有多大比重？面向中小企业的有多大？

张树忠：它主要是针对郊区，比如说"三全"就是他们扶持起来的。

耿明斋："三全"在你们那贷款多少？

王攀：这种中小企业受合规的限制和很多政策的限制，一个企业的贷款不能超过贷款余额的10%。一个是服务重点不同，另外，他们的营销能力也可能达不到。对一些非"三农"的中小企业我们可能判断能力不足，我们没有这方面的专家团队，所以对这方面的着力点不够。

第三，信用环境。中小企业更多是家族性的企业，老板"一言堂"的情况很大，怎样惩治他们欠账不还？因为很多是个人租的地，设备只有几十万元，一些企业几乎没有固定资产，贷款以后对个人没有很好的监管方法，个人拿着钱走了，找都没地方找，这还是因为监管不规范，所以对这样的情况银行是拒贷的。

耿明斋：信贷紧缩对你们有什么影响？

王攀：影响很小，现在专业银行的存款准备金达到21%，而我们只有15%。

高树印：我们国家中小企业的生存环境一个是金融环境，一个是其他的环境。我们的产业政策考虑你所在的产业资源消耗多少，实际上产业政策应该更多从产业组织政策上考虑。我们国家的一些大企业，尤其是央企,把市场基本上垄断了,现在国家出台反垄断政策。如美国等一些发达国家,私有企业可以自己做大。现在我们的中小企业在很多领域受限制,很多领域进不去,所以我们的中小企业长期发展困难,这是产业政策上的问题。还有一个就是财税政策,国内可能达到 1 万元就要纳税,我们的财政税收政策对中小企业发展不利,对有些个体经营者实际上完全应该免税。还有一个就是融资成本的问题,中小企业融资难一个是很难贷款,另外一个就是融资的成本很高。

耿明斋:正规的商业银行向客户放款,不经过担保公司环节不是可以降低融资成本吗?

孔少飞:客户贷款的时候需要担保公司提供担保,但是客户要给担保公司提供反担保,担保公司接受客户的担保措施,然后用自己的资金实力向银行担保。

耿明斋:这种措施对银行来讲,损失的是银行的贷款?

孔少飞:他如果还不了,担保公司是要还钱的。

张树忠:中小企业,特别是小微企业和正规的金融机构,包括银行、城商行、农村信用社发生借贷关系的时候,就要做好承受高息的思想准备。因为我们刚才说,中小企业融资难,有金融发展滞后的问题,恐怕自身的原因也占很大比重。对银行来讲,它考虑的首先是这些微小企业能不能拿到贷款,其次才是利率的问题,不能说现在讨论支持中小企业就应该把利息降低。

耿明斋:现在信用社的利息是什么样的水平?

王攀:按照今年央行最后一次调息,我们上浮 50%,不会再增,也会就客户的信用程度给予优质客户一定的优惠政策。

耿明斋:你们是不是也和担保公司连接?

王攀:我们很少和担保公司合作,一般直接对客户。

李国民:我想说两个问题,第一是微型企业问题。因为融资难主要难在微企,凡是河南上规模的企业融资都不成问题,怎样解决微型企业的融资难呢?多年实践已经证明现有两个渠道,直接渠道和间接渠道。包括商业银行、小额贷款公司、农村信用社、国家政策扶持等一些渠道,这些是直接融资渠道。间接融资渠道对中小企业的融资不足。现有的直接融资渠道的问题是，通过股票、债券对中小企业有一定规模的融资，但是仍然不足。也就是说两个渠道都不足。微型企业的融资渠道就是合作金融，合作金融最大的好处就是熟人社会，但在还贷的时候有巨大的压力。

耿明斋：你说的合作金融是什么？

李国民：就是不以盈利为目的金融单位，兰考县的鹤庄做得比较好，他们的政策是"股一贷六"，这是一个内部风险机制。更大的风险机制就是熟人，因为我对你很了解，再加上你的还款有保证，如果你借钱不还，这个圈你就待不下去了，也就是说熟人金融对信用的监督保护很有作用。但是，为什么发展不了合作金融？主要是制度的推行有困难。

耿明斋：现在高处长在推动合作金融吗？

高树印：没有。

李国民：合作金融还有一个好处就是能够降低金融成本，没有公司运营的费用。

耿明斋：讲得很深入。还有哪一位有问题要提问？

郑祖玄：关于创新型的金融产品或者金融工具应对中小企业的需求，我也有自己的看法，我们可以拓展信托这样的金融工具，利用这样的金融工具做业务。当然，信托是一方面，我们现在也有很多企业涉足这个领域，包括一些集合信托的发展都很不错。现在对银信合作这一块监管当局的态度捉摸不定。另外，今年有一个新的动向就是资产证券化，未来这会大大减轻银行在中小企业贷款方面的顾虑，令其可以更加大胆地向中小企业贷款。如果真的出现问题，也可以通过资产证券化的方式把资产从资产负债表中脱离出去。

耿明斋：就是某银行给某企业贷款，这个贷款可以变为证券，一旦贷款发生问题，就可以把证券卖了？

郑祖玄：不是，而是在发生问题之前，在它的期限、流动性，和它的资本、资本金有相应冲突的时候。比如现在银行资本金是很紧张的，如果这类东西消耗比较严重，或者银行想降低一定程度的风险，或者银行预期到经营环境有所变化的时候，可以把这部分的资产转手给信托公司，然后由它们做一系列的证券化产品，把这个证券化产品直接出售给公众。我认为这是一个很好的办法，因为随着价值本身的变化，我可以知道这一类资产的质量如何,知道这类资产风险是多大。它带来了一个风险揭示机制。你没有二级市场就很难有一个真正的价值发现,当你拥有一个二级市场,就会拥有一个很好的价值发现过程,有了这个价值发现过程,那么监管当局也会知道诸如此类的资产的质量到底如何,并且也会随时调整自己相应的政策。我觉得这是一个很好的发展前景,只要这个东西不做得太过,只要不把衍生品扯得太深,我想这也是解决中小企业贷款方面问题一个可供尝试的选择。

张树忠:目前,重庆小贷公司的资产证券化就放在交易所里面。

郑祖玄:金融交易所的参与人是谁?只能是法人吗?

张树忠:是一些企业,具体的我不知道。

耿明斋:我们今天揭示了太多的问题,我有一些疑问,第一,比如说刚才张处长提到的民间金融现在要有一个规范的管理,什么是民间金融,这个概念怎么界定等等。几年前我参加各类学术活动,印象最深的是国家发展银行的一个行长说,为什么中小企业融资难呢?根在我们的金融结构,现在四大国有银行贷款的对象就是小企业,但是为小企业服务的金融供给不足,然后延伸出了一些临时性的机构,这个问题非常希望张处长给我们培训一下。第二,从政府的角度来讲,我们有金融办、金融处、财经处,在解决这个问题上政府是怎么想的,你们想干什么事,想怎么干?第三,我们今天讨论的是金融关系和中小企业发展。目前有一个说法到了快淡化的时候了,我们的金融环境就是因为4万亿元一下去,钱放得太多了,我们的外汇储备太多,外汇账款太多,然后就紧缩,一紧缩银行的指标没有了,现在整个宏观的金融环境背景即整个经济的运行环境,究竟处在一个什么样的状况?请几位专家包括地方政府的领导,就这些问题把个人最想说的话,在各自见长的领域给我们说一说。

张树忠:我一开始发言的时候谈到,目前河南省中小企业发展机遇期一个是产业转移,一个是外需转内需。另外,从政策层面,国家出台了一系列的政策。关于缓解中小企业融资难,河南省该如何抓住国家出台的一系列政策?刚才我们更多是讨论民间借贷的问题。如何抓住国家的政策?有几点:

第一,对这些大银行、金融机构,人民银行也好,银监会也好,出台了很多督促或者引导它们往中小企业放款的措施和政策。比如说要求它们成立中小企业信贷部，在存贷比的管理上对中小企业放款可以不受限制，在不良率的容忍上等一系列政策。

第二，城商行是给中小企业放贷的主力，因为它相互对称，城商行目前都是政府财政控股，在它的贷款结构里面有10%~20%都是政府的大项目。比如说郑州市盖一个广场，在对国家银行不具备影响力的情况下必然要到城商行，所以它有一部分款放在大项目上，它本来应该服务的中小企业遭遇到借贷难，形成贷款空间上的挤压。

第三，农村信用社现在是向县域以下中小企业放款的绝对主力，但是农村信用社也面临一些问题，特别是机制的问题。所以我们的农村信用社的产权改革到了非常关键的时间点，农村信用社的根本问题是解决产权的问题。

第四，直接融资。现在人民银行也好，银监会也好，为了落实国务院的政策出台了一系列措施。比如说中小企业绩优票据、企业债等，河南省怎么组织中小企业融资？这是正规的金融贷款。对民间借贷，简单来说政府一定要有一个清醒的认识。要分析河南省为什么最近两年民间借贷不能非常快发展，我国经济发展走到这样一个阶段，无论是学术界也好，政府部门也好，老百姓的认同度也好，走到这样一个阶段了，政策方面应有所松动。

中小企业借贷难是世界性难题，在中国可能更难，因为我们的金融机构、金融市场和国外相比不是很完善，大型企业融资都难，更何况中小企业？到资本市场融资，尤其是股市、债券融资，中小企业也需要很高的标准。我们刚才说的创业投资是我国这两年才开始发展的，这一块和东部沿海地带发达地区相比较，我们还是最慢的。有几个原因：第一，我们的人才对行业的了解不是很熟悉。第二，政府的支持不该像沿海地区一样，包括上海市，它的金融环境非常好，但是它在创业投入这一块市政府拿了30个亿支持创业企业的发展，创业企业就是一些非常有前途的中小企业。刚才说了中小企业融资难就因为资产少，但是创业投资作为股权投进去以后，就可以置办一些资产，创业投资一进去银行就进去了，所以在资本市场这一块应该加大发展力度，我们整个金融体系还是有问题的。第三，在政策上，我国中小企业的发展有问题。我们现在做规划都是按部门分，实际上真正在市场经济过程中，是按市场结构，有四种市场结构，有垄断，也有竞争，是公平的市场结构。现在我们的产业组织者就是中小企业，在整个竞争当中处于弱势地位，政府应该适当向中小企业倾斜。我们在财税和其他金融政策上，最近这两年开始往这转，但是转的力度还不够，具体到我们管理的几块，其中之一是创业投资，从国家来说政策已经很明确了，对创业企业的投资之一是政府引导基金，很多省也有政策，但是我们省现在还没有。

王作成：刚才几个专家讲得都很实在，都是专门讲金融方面的，讲一些运作方面的，不光是政府层面、监管方面，还有企业层面。我现在说的可能是背景方面的。刚才讲，现在河南的发展有两股力量在起作用。一股力量是国际国内下行的影响在传导，就是紧缩这股力量。另外一股力量是在承接产业转移上有一些新增的增长点在支撑，这两股力量共同作用形成了河南的现状。

下一步国内的大环境有两句话可以帮助判断：一是经济运行的本身是偏紧的，二是政策环境有望宽松。经济运行偏紧主要是因为国际、国内需求不足的状况短期内不会改变。另外，经济下行的影响会逐步加剧，刚才说有些企业在七八月份已经感受到了，到明年上半年这种形势可能会更严峻一些。但是因为我们有一些新增量在弥补这种状况，所以可能会出现一种宏观看好、微观报忧的状况。从政策方面来看，国家的政策有望宽松，国家对微型企业的政策开始出现一种定向的宽松，而且随着国际金融危机的发展，特别是欧债危机，如果再进一步延伸，那国内这方面保证的动力就会更强了。

张华平：今天一上午就金融环境和企业发展主题，各位专家、学者以及各位领导，包括我们的企业家都提了很好的意见和想法。我觉得，作为一级地区政府，首要的职责是推动区域经济协调发展，而一个区域的协调发展离不开众多中小企业的健康成长，而这些中小企业的健康成长又和融资息息相关。从这个角度来说，地方政府有几件事可以做：一是在原先已经做好工作的基础上加强银企的合作交流，搭建好平台和桥梁，这也是促进银行和企业之间相互沟通、信息对称的重要手段，以此促进银行和中小企业的交流。第二，从政策层面看，我觉得作为一级地方政府，还是有些文章可做的。比如说建立政策资金、风险资金，这些都是地方政府可以做的工作，通过风险基金的建立使银行面对坏账的时候心里更踏实一点，能够有处理的手段。对此我们也在考虑，但是这件事也是一个很慎重的事情。对一些符合产业政策，具有发展前景的企业进行贷款贴息，这也是可以做的。

另外，提一个建议和想法，由于税收政策是省级及以上才有，我觉得，为支持中小企业上级政府应该加大税收扶助政策力度，因为它和大企业相比贷款力度大，所以在税收政策上建议我们的上级领导，不管是哪一级金融机构，只要涉及中小企业的就给予优惠，让它在支持中小企业上放下包袱，减轻压力，以更低的成本为中小企业提供服务。

耿明斋：我感觉讨论很热烈，也很深入，个人觉得收获非常大。因此有了以下几个方面的新认识：一是从宏观经济角度和企业感受的角度看，现在宏观经济的运行进入了新一轮的下行周期。上一轮金融危机的时候我们就有这种认识，危机伤害的可能还是结构不太好的，像河南省能源、原材料、初级加工业和装备制造业，今天来的几家企业的共同感受是率先往底下沉。

二是对于已经建立社会信誉的中小企业来说，难在发展资金上，而且难的原因主要还是市场的需求萎缩，由宏观经济下行所造成的。过去没有真正建立起社会信用，信用基础还不牢固的中小企业，特别是小微企业困难是常规性的，和宏观经济的运行环境没有太大的关系，对这一块要加大解决的力度。

三是我们重点讨论了解决中小企业融资难的办法和途径，一是从金融体系的改造、民间金融的体系规范化角度，张处长给我们做了比较系统的梳理。二是从政府的政策引导方面，河南省高处长给我们传递了一系列的重要举措出台信息，政府主要从引导的角度出台一系列政策，还要开全省金融工作会，郭省长到任以后对金融的问题非常重视，而且有一系列具体的政策出台。政策上可能想松动，但是实体经济还有一个往下走的过程。

第三章

2011年宏观经济形势及其对河南经济持续增长的影响

——第三届论坛

参与嘉宾

|陈佳贵| 中国社会科学院原副院长、经济学部主任
耿明斋　河南大学中原发展研究院院长、经济学院院长
汤玉祥　宇通集团董事长
李政新　河南省人民政府发展研究中心办公室主任
郑祖玄　河南大学经济学院副教授、博士
张　磊　美国宾州爱丁堡大学博士
宋智勇　河南大学经济学院博士

论坛时间　2011年12月23日9：00
论坛地点　中原发展研究院会议室

一 论坛主题背景

2011年世界经济增速放缓，国际贸易增速回落，国际金融市场剧烈动荡，贸易保护主义抬头，欧洲债务危机不断加剧，金融市场动荡难平，美国经济复苏乏力，新兴经济体增长态势良好但通胀形势严峻，经济运行表现各异。在各种表象之下，宏观调控政策两难、经济内生动力不强、就业压力长期持续等深层问题亟待解决。

2011年，经济全球化和区域经济一体化深入发展，国际产业向发展中国家转移、东部地区产业向中西部地区转移的趋势不断加强，国家促进中部崛起战略加快实施。国务院制定下发了《关于支持河南省加快建设中原经济区的指导意见》，中原经济区正式上升为国家战略。建设中原经济区，目标是富民强省，活力是解放思想，动力是改革开放。

面对新形势、新要求，河南省今后的发展：一是科学发展。不能单纯追求GDP的增长，而是要把提高人民群众的生活质量作为一切工作的出发点和落脚点。二是转变方式。转变发展方式，就是要努力实现经济增长由主要依靠投资、出口拉动向依靠消费、投资、出口协调拉动转变，由主要依靠第二产业带动向依靠第一、第二、第三产业协同带动转变，由主要依靠增加物质资源消耗向主要依靠科技进步、劳动者素质提高、管理创新转变。以领导方式转变加快经济发展方式转变。三是遵循规律。各地各部门既要有全局意识又要突出个性，把本地本单位发展的"小战略"与中原经济区建设"大战略"有机衔接起来。四是基层基础。有效加强教育、科技、文化、法治、精神文明建设等，不断夯实中原经济区建设的思想基础、工作基础和群众基础。

二　主讲嘉宾发言

陈佳贵：

(一) 2011 年经济形势保持平稳快速发展

中央经济工作会议已经开过了，一些大的方针已经基本上定下来了，但是为什么要这样定？以后会怎么发展，还有待进一步研究和落实。大家都知道，今年我国经济总的形势是比较好的，经济平稳快速发展，工业增长态势良好，就业人数增加超出了预期，城乡居民收入有一定提高，物价上涨的幅度趋缓，经济态势总体良好。

刚才讲的这些问题当中，我认为有两大亮点值得大家注意。

第一个是粮食产量突破了 1.1 万亿斤大关，保持了八年连续增产。我国粮食突破 1 万亿斤是 2007 年，达到了 10320 亿斤。之后几年增幅一直不大，经过四年的努力，今年才突破了 1.1 万亿斤大关，达到了 5.7121 万吨，已经提前达到 2020 年粮食规划指标。原来计划是要到 2020 年才突破 1.1 万亿斤大关，这就为保障人民生活、抑制物价过快的上涨创造了一个比较好的条件。我认为这是值得重视的第一个问题。

第二点是财政收入突破 10 万亿元大关。今年的财政收入已经突破 10 万亿元。我国的财政收入突破 1 万亿元用了 50 年的时间，1999 年是 11444 亿元，突破 1 万亿元后，增长到 2 万亿元用了四年的时间；由 2 万亿元增长到 3 万亿元也是用了两年的时间；由 3 万亿元增加到 4 万亿元只用了一年的时间；升至 6 万亿元也只用了一年的时间；2010 年超过 8.5 万亿元，比 2009 年增加了 1.5 万亿元；2011 年突破 10 万亿元，有可能接近 11 万亿元，比上年增加 2 万亿元，这应该说是一个很大的成绩。10 万亿元的财政收入是什么概念？最近我到俄罗斯，了解到俄罗斯现在的国民生产总值是 1.5 亿美元，也就是 10 万亿元。也就是说，我们的财政收入已经相当于俄罗斯的国民生产总值。当然俄罗斯的人口少，只有 1.5 亿人，人均超过了

1万美元；我们现在人均比它低，我们只有4000多美元。

财政收入大幅度增加，为办其他事情创造了良好的条件。2006年全国取消了农业税，所以财政收入的增长为我们办其他事情创造了很好的条件。

据统计的数据来看，1999年以来财政收入的变化，1999年突破1万亿元，2003年突破2万亿元，2005年突破3万亿元，2007年突破5万亿元，2011年突破了10万亿元，应该说这个变化是很大的。

（二）经济发展中的深层次问题不可忽视

但是，经济发展中一些深层次矛盾依然存在，比如说结构调整问题、转变经济发展方式的问题、体制障碍的问题等。这些问题应该说还没有取得实质性的进展，特别是体制障碍问题。我们在人大讨论的时候，大家都认为金融危机以来，这些年经济体制改革不但没有取得进展，而且在某些方面还往后退了。一些行政性的措施增加了，这些行政性的措施看来在一时起到一定的作用，但是把一些深层次的矛盾掩盖起来了，把它的爆发时间往后推了。但是问题还是存在，比如说体制问题、转变发展方式问题，这些深层次问题没有多大变化。

而且，最近几年来，还出现了一些新型问题，比如说高耗能产业的发展速度加快，特别是今年上半年，它比一般工业的增长速度快。另外，货币政策适当调整以后，小企业、微型企业经营环境趋紧。这是最近大家提得比较多的一个概念，这是怎么提出来的呢？前两年，全国人大财经委组织了一个调研组，我参加了，调研中小企业贷款难的问题，我们在很多地方进行了调研。在调研过程中，大家说中小企业贷款难。实际上这个概念不是太准确，当时中型企业并不难，中型企业还是比较大的，和大型企业地位相当，真正难的是小型企业。所以，后来我们向国家统计局、工信部的同志建议，建议对企业的规模进行重新划分。后来就出台把中小企业分成小型企业和微型企业的文件，所以现在银行和政策支持的重点都在放了小型企业和微型企业上。因为我们国家现在工商注册的企业有1000万家，要是把中小企业放在一起算的话，99%以上都是中小企业，如果只算小型企业、微型企业，至少也是95%以上。这些企业实际上向大型银行贷款基本上是贷不下来的，它们很多都是向民间借贷。所以，最近大家可以看出来，对小型企业、微型企业政策支持力度也在加大。另外，物价上涨幅度回落的基础还不牢固，还在进一步波动，有反弹的可能，国际经济大环境恶化、出口增速大幅度下降，这些都是新问题。

（三）如何正确应对经济形势的变化

所以，2012年，我国面临的国内外经济形势更加复杂严峻，我们要认真分析、正确判断当前的经济形势，确定相应的宏观经济政策，积极应对国际经济形势的变化，认真解决国内经济中出现的新问题，促进经济平稳较快发展。

下面，我简单地讲四个问题：第一，对经济形势的分析；第二，稳增长；第三，控物价；第四，政策分析。

1. 正确认识当前的经济形势

有一个意见认为，我们当前面对的国内外形势与2008年下半年的情况非常相似，因此对宏观经济政策进行重大调整，应由治理通胀转变成保通胀，防止经济出现硬着陆和出现第二次探底。我认为这些意见应该引起我们高度重视，并进行认真分析、正确对待。

我认为，我国当前的经济形势与2008年下半年有很多相似之处，有三个方面。

第一，面临同样复杂多变的国际经济环境。美国经济恢复乏力，日本经济由于受核电站事故的影响复苏受阻，欧洲一些国家的主权债务危机还在发展，主要发展中大国面临通胀压力，所谓的"金砖五国"都面临着经济问题。这些问题必然对我国的经济产生不利影响，尤其是给我们扩大出口带来重重困难。

第二，经济增长速度都出现了下滑。我国从2008年第四季度开始，经济出现下滑，2010年我国的经济增速达到10.4%，2011年第四季度达到10.8%。而今年我国的经济增长速度逐季下滑，一季度9.7%、二季度9.5%、三季度9.1%、四季度可能向9%靠近。

第三，宏观经济政策都是由偏松转向偏紧。2008年上半年，为应对经济快速增长，我们实行了积极的财政政策和适度从紧的货币政策，这种政策一直延续到2010年的第三季度。从2010年第四季度起，国家把积极的财政政策和适度宽松的货币政策调整为积极的财政政策和稳健的货币政策，同时减少了赤字，2011年减少了1000亿元的赤字，而且央行还连续六次提高存款准备金率，三次提高银行的基准利率，收紧了银根。

但是，不同之处有如下四点。

第一，美国经济恢复乏力是2008年金融危机的持续，并不是新问题。一些研究金融危机和经济危机的专家早就指出，历史上发生的经济方面的危机，一般都会持续数年，有的甚至长达10余年，才有可能调整过来。当时我们国家采取了很多的刺激措施，把它调过来了。但实际上美国的经济危机是上次金融危机的持续。欧债主权债务危机是美国金融危机以后发生的新问题，但是它与美国金融危机向全世界传播也有关系，而且欧洲主权债务危机的形成很复杂，涉及发展方式、经济结构、福利制度和生活方式等问题，要解决起来也需要很长的时间，它必然要对我国的经济，特别是出口和引进外资产生很大的影响，我们需要高度关注。

前两天，中国社科院里召开了一个欧债危机与养老制度研讨会。在这个研讨会上，有三种对立的观点，一种观点认为欧洲的主权债务危机就源于福利制度。还有一个意见认为，这不是因为福利制度，而且因为其他情况。还有一种意见认为有复杂的原因，比如说经济结构的问题。德国为什么情况比较好，就是因为它的制造业比较好，但是福利制度没有影响吗？福利制度绝对有影响，这种高工资、高福利绝对有影响。我去欧洲看过，四个企业有两个老板告诉我，搬到中国来了，而且生产的产品和我们差不多，就是服装、家具等，因为在欧洲，两个企业一个快破产了，另一个属于半开工状态。他们的工人都在三四十岁左右，工资是1000多欧元。那是什么概念？1000多欧元相当于人民币10000多元。我们当时沿海的工人才1000多元，包括我考察富士康的时候，问那些工人，还是1000多块钱。像这样的工资水平，肯定会有影响。我们国家现在的劳动力全是20多岁的人，而欧洲都是四五十岁的劳动力，它的劳动力能有多高？有些退休的人比不退休的人工资还高，这怎么可能持续？这是不可持续的。

第二，金融危机之后，出口对于我国的经济增长贡献率已经大大下降。2008年之前的几年，出口增长对我国经济增长的贡献率一般在2.5个百分点左右。2009年出口对我国经济增长的贡献率下降到了负的3.7个百分点，去年也只有0.8个百分点。2011年上半年出口贡献率是负的0.1个百分点，全年很可能也是负贡献。因为我们去年外贸顺差是1830多亿美元，今年根据我们的预计大概在1500亿美元，差300多亿美元，你没有增长，肯定贡献就是负。所以，换句话来讲，近几年我国的经济主要是靠内需来拉动的，出口增幅下降，会对我国经济带来一定的冲击，明年肯定会带来冲击。但是，我们认为不可能低于2009年，2009年是负的3.7个百分点。

我们来看最近几年进出口增长贡献率，所谓进出口就是出口减进口剩下的一部分，它对经济增长的贡献和变化情况。最高的是2005、2006、2007这几年，都在2.6、2.5个百分点，现在基本上是负的。

第三，今年我国经济增速回落幅度大，仍在合理区间。从年度来看，去年我国GDP增速10.4%。如果今年我国GDP的增长率达到9.2%左右，只比去年回落1.2个百分点。从季度来看，今年一季度我国GDP同比增长9.7%，二季度是9.5%，三季度是9.1%。从去年一季度到今年三季度，已经连续七个季度保持在9.1%和9.8%之间。即便第四季度的增速降低到9.1左右，仍在合理区间，仍在9%以上。但是，2009年第一季度增速曾经下滑到6.2%，下降了3个百分点。根据国内外机构的预测，明年我国经济仍可能保持9%左右的增长率，我们预测是8.5%～9%，最近我看很多机构说是8.5%左右。也就是说，明年我国经济仍可保持9%左右的增长速度。在主要发达国家经济不景气的情况下，这已经是一个很高的速度了。当然，明年国家的预期目标不会定到9%。而我的看法，也不会定到8%。因为整个"十二五"期间是定8%，所以明年计划的预计目标不会超过8%，很可能是7.5%左右。因为没开全国人大代表大会，不好公布，但是我们预测是这样，我估计会定到7.5%左右，实际上可能会在8.5%～9%之间，这已经是一个很高的数字。

第四，社会对国际经济变动可能带来负面影响的思想准备已经比过去要充分

企业、居民不会像2009年那样张皇失措，国家应对国际经济环境变化

的经验也更加丰富，采取的措施会更加得当。2008年的时候可以说是一片惊慌。我们召开国际座谈会，一些国际金融机构的高层也来参加座谈。他们都摸不着头脑，不知道明年会发生什么事情，他们说我们搞金融的人认为要赶快拿现金放到身边来，也可能明天就取不出钱来。从国家来讲，也是这样的。已经到11月份了，马上要增加1千亿元的投资，发改委第一次讨论会最多就拿出了800亿元的项目出来，拿不出1000亿元，因为来不及准备，然后又去努力，最后才出来了1000亿元的投资来刺激。那是1929年以来最大的经济危机，大家不知道会怎么样。但是现在我认为，已经过去这么几年了，大家对这个问题的看法到位了，应该会沉着应对。

第五，2012年我国面临的经济形势与2011年比也有较大的变化。我们刚才分析了和2008年、2009年有什么不同的地方，那么与2011年比有什么不同的地方呢？从今年整个一年来看，原来我们经济增长速度比较快，当时我们主要是面临物价上涨过快的压力，因此抑制通货膨胀是宏观调控的主要任务。2012年在经济适度回落的基础上，我们既要稳定经济增长速度，又要继续抑制通胀，用简单的话来讲，宏观调控的首要任务是稳增长。同时，要加大调整经济结构的力度，深化经济体制改革，进一步改善民生，维护社会稳定。所以，经济工作会就说稳增长、控增长、调机构、促改革、惠民生。

2. 保持经济平稳较快发展

当前，我国经济正朝着宏观调控预期方向发展，经济增长速度已经回落到一个合理的区间，我们要使经济增长速度在适度回落中逐步趋稳，最好能保持在8%~9%之间。国家可能会定为7.5%，但是很可能实际是8%~9%之间。这一段时间，我国经济合理的增长在7.5%~9%之间，但是8%~9%是最优区间，9%~10%是次优区间，但是超过10%就肯定要控制增长幅度了。明年8%~9%之间应该是比较合理的，为什么"十二五"只定7%？去年只定8%？明年只定7.5%？这应该说不是一个主观的数字，定这个指标是经过多方面专家论证的。在这样的情况下，我国的资源、社会是能够承受的，不会造成很大的压力，如果超过10%压力就会很大。所以，保持在这样一个增长速度区间，可为深化改革、治理通胀、进行结构调整、转变发展方式创造一个良好的宏观环境。我们不能重复过去经济速度一慢就叫、一叫就放、一放就热、一热又紧的怪圈。而且在短期内形成这样一个问题,这是人为造成的,应该避免这种情况。

经济增长速度过快,结构调整和转变发展方式是很难取得实质性进展的。就像企业里面的产品一样,如果企业里面的产品都能够卖出去,价格也比较好,你让他开发新产品,我估计也很难。因为他没有市场压力,我们国家的市场也是一样,经济增长过快,调整结构、转变方式就谈不上,为什么要转变?为什么要调整?虽然大家说产能过剩了、产能太多了,但是现在有销路,能赚钱。但是,如果政府投资少一点,基础设施建设慢一点,一下子就表现出来了。大家还记得朱镕基当总理的时候有一段时间钢要配额生产,让你生产多少,你就生产多少。煤炭为什么要从中央下放到地方?亏损太多,卖不出去,现在为什么要生产?赚钱,其中一个重要的原因就是有需求。主要就是基础设施太多、建设太快,如果慢下来,增长过剩的问题可能就会暴露出来。所以,经济增长不能太快,要适中,才能为结构调整和经济发展方式转变创造条件。但是,怎么稳增长?

(1) 刺激和扩大居民消费

我们国家有14亿人口,销售是拉动经济增长最稳定、最持久的动力。包括在金融危机的时候。其他因素波动都很大,投资波动很大、出口波动很大,唯一就是消费波动很小。为什么?因为我们有14亿人口,消费是拉动经济增长最稳定、最持久的动力。长期以来,扣除物价上涨因素,我国社会消费品零售总额的增长率大体保持在13%,对促进经济增长作出了巨大的贡献。2011年前10个月,我国消费品零售额增长17%,但是如果扣除价格因素,则只增长了11.2%。刚才我们说大体上应该在13%,这只有11.2%,低于正常年份的增长速度。

原因我认为主要来自以下三个方面。

第一,居民收入增长速度慢于经济增长速度。2011年前10个月,我国城市居民的收入扣除物价因素的影响后只增长了7.8%,低于GDP的增速,我国GDP的增速是9.2%,更低于政府的财政收入。2011年前10个月政府的财政收入是26.8%,企业实现利润是19.5%,农民的现金纯收入虽然达到13.6%,要比GDP高,但是农民的收入占国民总收入的比重不高。因为大家都知道，农民的收入按人均计算只有城市收入的1/3。因为它比重不高，所以它的影响也就占比小。要是把城市和农村加起来算，也没有超过 GDP 收入、财政收入和企业利润的增速。

第二，一些大宗消费受阻。如汽车等大宗产品的销售处于调整期，有的还实行了限购，所以增速放缓。由于实行限购政策，商品房销售量大幅度下降，与商品房有关的卫生器材、家具、装修材料等产品的销售也随之下降。最近，北京市汽车限购和商品房限购，影响北京市 GDP 2 个百分点，全国各个地区大体上不完全一样。

第三，高物价对消费也产生了影响。物价一高，老百姓想买也不买了，想换也不换了，消费量肯定就下来了。因此，要刺激和扩大居民消费最根本的措施还是稳定提高城乡居民的收入，真正做到居民收入与经济增长同步，这在"十二五"规划里面讲了，而且说居民收入增比率要高于 GDP 增长率，但是今年是低于 GDP 增长率的。另外，要切实提高居民收入在国民总收入当中的比重，提高劳动者的劳动报酬在初次分配中的比重，我们现在只有 38%，发达国家要达到 55% 左右。同时，要完善社保制度，2012 年新农保要覆盖全部农村，其中一个措施就是 60 岁以上的老人可以领养老金。另外，要减轻城乡居民的负担，出台完善刺激居民消费的政策，例如家电下乡等等，使居民消费稳定增长。

（2）要稳定投资增长速度

我们对投资既爱又恨，过去我写文章说"成也萧何，败也萧何"。在经济不景气的时候，增加投资特别是政府增加投资能快速拉动经济增长。2009 年投资对 GDP 增长的贡献率达到 92%，后来带来一系列消极因素，现在进行调整。在经济增长过快的时候，压缩投资也能见到成效，当然搞得不好也会带来负面影响。

今年前 10 个月，我国城镇投资增速达到 24.9%，对拉动我国经济起了积极作用，由于消费增长需要较长时间的努力，这不是一年半载的事情，是一个长期的工作。今年出口对经济的拉动比较弱，明年全世界的经济将处于低迷状态，出口形势不容乐观。再加上 2009 年以来，一些建设项目还没有完成，必须要继续投入，为了解决经济发展的问题和增加经济发展的后劲，还需要上一些新的项目。在这种情况下，2012 年还必须稳定投资增长速度,特别是要进一步落实鼓励政策和引导民间投资健康发展,这才能增强经济的内生动力。投资增速最好不要低于 2011 年。因为 2012 年消费拉动不能立即见效,出口前景又不是太好,如果投资压得太厉害,可能会有所影响,所以要保持投资增速。

(3) 要努力扩大出口

2011 年的前 4 个月,我国进出口总额增速达到 24.3%,这是一个很高的水平。但是由于出口只增长 22%,进口增长了 26.9%,进口增速高于出口增速 4.9 个百分点,贸易顺差与去年同期比较,增幅缩小,全国可能比 2010 年减少 300 亿美元左右。因此,2012 年要转变贸易发展方式,努力扩大出口,增加一般贸易的比重。我们现在出口贸易的比重太大了,那是只赚一些辛苦钱、加工钱,真正的技术掌握不了。要增加高新技术出口产品比重,增加高附加值产品的出口比重。现在贸易壁垒、贸易保护主义非常严重,如果仅仅靠数量增加出口非常难,所以一定要增加高技术产品出口。

3. 抑制通货膨胀仍是宏观调控的一项重要任务

今年把抑制通货膨胀作为一个首要任务是非常正确的,而且也见到了成效。今年 CPI 会高于 5%,2011 年 7 月份以后的物价回落,除宏观调控的作用外,也有翘尾的原因。

(1) 我国农业的基础不牢固

农业的基础设施差,还没有根本改变靠天吃饭的状态。我国现在从事农业生产的人数是 38%,但是农业提供的产值只占 GDP 的 10%,38% 的劳动人口只提供 10% 的产值。另外,我刚才讲粮食突破了 1.1 万亿元大关,这是件好事,但是从另外一个方面来讲,人均粮食产量没有多大变化,还是在 800 斤左右,因为粮食产量增加了,人口也在增加。所以这些年我们粮食产量、人均产量基本上没有多大变化,还是在 800 斤左右。所以,长期来看供求矛盾长期存在,农产品价格还要呈现上升趋势,如果遇到自然灾害,供需矛盾会更加突出。

(2) 成本上升仍是推动价格上涨的重要因素

提高居民收入在国民收入中的比重,提高劳动者的工资收入在初次分配中的比重是国家既定的大政策。随着这一政策的逐步实施和劳动力人口增速的下降，职工工资必然呈现上涨的趋势。大家最近也看到，沿海招工难，我前不久到四川出差，四川省政府通知各地市，要求他们做工作，把农民工留在本地工作，因为本地的工业化也很快，需要劳动力。我们以前是空喊要提高农民工的工资等，行政的办法不解决问题。但是如果供需矛盾发生变化，这就是刚性的，必须这样做，不然招不到人，这也是一个上升趋势，会推高产品的价格上升。另外，还有价格改革运作，我们的资源价格也在改革。去年和今年为了控制物价上涨，采取了很多行政性措施，不让涨价，长期不可能不让它涨，成本还要上升，这些基本的因素应该说没有大的变化。

（3）输入性通胀的压力仍然很大

原油、铁矿石、粮食、油料、棉花等大宗进口商品价格仍在高位波动，推高国内商品的价格。另外，美国实行量化宽松的货币政策等措施，也是形成输入性通胀的因素，会对我国的价格产生影响。

所以，治理通货膨胀、稳定物价仍然是明年宏观调控的首要任务。当前我国物价总水平既受供求关系影响，又受成本上涨因素的影响。我个人的看法是，PPI受供求关系影响要大一些，CPI受成本上升推动的因素要大一些。随着经济增长速度的回落，企业对能源、原材料需求的减少，以及我国制造业生产能力相对过剩，企业之间竞争激烈，PPI总水平的下降容易一些，也会先于CPI的下降。CPI受成本推动的因素要大一些，而且粮食等产品是刚性需求，对CPI的上涨控制难度要大一些。CPI的上涨还直接影响城乡居民的生活，特别是低收入群体的生活，我们绝不能掉以轻心，我们更应该重视CPI的变化。

前些年另一些学者提出要把核心CPI引入我国，用核心CPI考察我国的通胀。什么叫核心CPI？就是除了能源和粮食之外的CPI。但是我国如果把能源和粮食除掉以后，CPI肯定很低，我国的恩格尔系数很高，这样不反映真实情况，所以现在提得也少了。

4. 根据经济形势的变化，适时适度对宏观经济进行微调

明年的政策要不要继续大力调整？这是大家关心的一个问题，也是一

个有争议的问题，现在国家要继续实施适度的财政政策和稳健的货币政策。我国现在处在结构调整时期，许多国民问题急需解决，我国赤字占 GDP 的比重还没有超过 3%，今年的财政赤字是 9 千亿元，今年的 GDP 肯定要超过 43 万亿元，债务余额占 GDP 的比重也还在控制范围内，包括银行注资、地方债务等加起来，也没有超过 50%，比国外还是要低。所以，实行积极的财政政策既有需要，也有条件。特别是欧洲、美国，它们不是不想实行积极的财政政策，它们是债务太多，需要压财政。但是我们还有基础，我们可以进一步实施积极的财政政策。

但是，要严格控制赤字规模和债务余额规模，特别是要加强对地方债务的监管。现在我们的地方债务在 10 万亿元以上，当然这不是不可能，有一部分还是有偿还能力的。另外，反对搞形象工程，反对铺张浪费，避免出现年终突击花钱的现象。过去很多人认为，财政部把增收的幅度定得很低，超出的部分现在有这么几个思路：第一，可以用于教育。第二，建立经济调控稳定资金，把一部分钱转到稳定资金里面。今年财政赤字减少了 1000 亿元，实际上没有减少，而是把去年的稳定资金拿出来。今年的稳定资金肯定要增加一块。第三，社保资金。第四，另外还有一些开支，这是固定的。第五，弥补赤字。按照《预算法》的规定，超收的部分要优先弥补赤字，但是财政部舍不得花钱，今年至少要拿 5 亿多元来弥补赤字，9 千亿元可能会减少到 8.5 千亿元。但是，如果这个解决不好，就可能会引起年底突击花钱，因为钱不花就要放到明年的预算里面。我估计明年会出台一些措施，进行结构性减税，鼓励中小企业加快发展等等。

关于稳健的货币政策这个提法本身就是比较中性的，关键在于实际操作时的走向。物价上涨过快的趋势已经得到初步抑制，经济增长速度也回落到合理区间，货币政策在操作层面可以适当放松。所以，不在于提法，而在于实际操作。比如说明年的货币政策提法不会变动，但是操作层面的趋势肯定是要适当调整。现在已经提高存款准备金率，同时要利用利率、汇率杠杆，既要考虑宏观经济形势的变化，又要处理好储户、工商企业和商业银行之间的利益关系，不能偏向商业银行，使他们获得垄断利润，而损害储户和工商企业的利益，打击实体经济。我们今年的通货膨胀率还是在 5.5% 左右，实际上就是 2 个点的负利息，一方面是负利率，另一方面对储户限制了上限，但是对于企业的贷款利率是有一个幅度的，可以适度放宽。央行就是帮助商业银行在赚钱，商业银行现在在炒作一个问题，什么问题呢？我问今年的利润是多少，有一个商业银行的高官说实在不好意思说，40%左右的利润增长，而且还是在经济环境这么恶化的情况下。我说原来都是20%，现在实行的保证措施，一方面对低收入群体进行补贴，但是现在利息这么低，你为什么不能提高利息呢？真正受损害的是广大的老百姓，老百姓受损失和富人受损失是不可同日而语的，而且中央没有允许中央银行管理利润分配问题，这个问题应该要解决，但是现在没解决。人民银行有它的苦衷，因为人民银行屡次变动存款准备金率，决策权也不在它那里，这些问题是体制问题，也是需要迫切解决的问题，如果这些问题不解决，以后一定会出问题。

所以，面对国际国内经济复杂的形势，2012年的宏观调控政策，在执行中应该以稳为主，这是我们早就提出来的。要认真分析国内外经济形势新变化，把握好时机，针对经济运行中出现的问题，对宏观经济政策进行微调，我认为经济增长速度回落到8%～9%之间，通货膨胀率降到4%左右，宏观经济政策就应该回归中性。

三 论坛议题聚焦

（一）耿明斋：及时合理调整经济结构

陈院长对我们当前的经济形势做了一个比较精辟的分析，和2008年下半年相比，相同的地方有哪些，不同的地方有哪些。我听了以后，认为最大的不同是那个时候是直接往下掉，现在是稳步回落的过程。那个时候大家心里没准备，惊慌失措；这个时候大家心里有数。明年基本经济政策的方向应该是在稳增长的基础上，向合理的区间回落，我非常同意陈院长的意见。昨天晚上我们和省政府发展研究中心的王永苏主任讨论最多的就是这个问题。大家对这个问题也有争议，有不少人认为可能今后几十年还有一个10%以上的超高速增长，按陈院长的分析，10%以上是过热，8%～

9%是最优，我们应该追求最优的增长。我觉得很合理的一些认识是，比如说消费的增速是一个过程，出口的增长未来会受到很多的约束，所有这些都无法支撑我们超高速的增长。而且在结构调整的时候，只有不合理的增速降下来，经济才有可能趋于稳定。本来我认为对2008年经济增长不应该那么紧张。

陈佳贵：这是调整结构的最好时机。

耿明斋：对，慌里慌张反而恶化了原来很好的调整基础。

陈院长对整个国家的宏观经济分析给我们很多思考，我们这次的主题是宏观经济及其对河南经济持续增长的影响。今天汤总的出席应该能给我们提供更多的真知灼见，他作为微观的经济主体，对市场的感受最深。我原来在宇通公司作独董的时候，也经常讨论这个话题，得到一些启示。刚才我说了，作为微观经济活动的主体，宇通公司是从市场上打拼出来的；是河南省的国有企业里最早真正完全按照市场机制，完成市场化的改造的；也是我们河南豫商企业的龙头，真正有技术含量。通过市场推动发展的有很多大企业，比如说陈院长了解到500强中有部分是靠挖煤走出来的。但河南的煤有挖完的一天，所以真正的实业是我们宇通公司这样的。

（二）汤玉祥：实体经济是国家经济发展的支撑力量

我来的目的是想听一听经济学家对国内外经济形势的判断和政府下一步会采取的措施，和我脑子里形成的东西是否一致，这决定着我对下一步公司的经济操盘。

第一，陈院长基本上把现象和问题以及建议都表达得比较正确，和我的想法基本上差不多，但是他没有讲国家下一步会怎么样做。比如说从今年年初起国家对经济的调控方式一直趋紧，一直到下半年。这个趋紧带来了一些经济实体或者经济环境的恶化。我认为国家可以通过一定的方式，把调控的频率降低、周期加长，这对调控的危害性会比较小。不然经济实体会天天操心调控方向，不知道你会往哪个方向走。而且下一步如果准备不好的话，很可能对公司造成伤害。这就是很多企业家手里面抓住大把资金的原因，这样做会造成效率的降低和成本的提高。

第二，我们改革开放30年来，一次分配的比重逐步下降。合理的应该是60%以上，特别是对我们这个发展中国家而言。我国现在存在很多经济结构的矛盾，比如说价格矛盾、物价矛盾、增长动力矛盾，这都是需要通过提高一次分配的比重来实现的。现在我们内部也在讨论，比如说前30年，我一直当企业一把手，这个分配是在国家严格控制之下的，国家是有目标的下降。比如说原来我们每年都要和财政局的人讨论工资总额到底应该给多少。因为在宇通，这个问题很严重。但是财政局的意见是工业增长多少工资总额就增长多少，多一分财政都不会批的。

耿明斋：工资总额是财政上控制？

汤玉祥：财政。

耿明斋：你现在不是国有企业。

汤玉祥：对，但是我为了享受政策，在前期国家税收政策调整之前，我还是让财政管，因为有这种政策。

耿明斋：一直延续下来？

汤玉祥：对，如果不延续的话，就会出现各种经济不平衡的问题。在国家严格控制下，如果我们公司享受这个政策就可以少交一点税。但是，假如前面的10年，每年的经济增长10%左右，职工收入和老百姓的收入增长很少。我们是否可以把它定到经济增长10%，职工收入也增长8%~10%，CPI增长3%~5%。如果这样10年或者15年下来，目前存在的很多结构性问题就都没有了，还有就是价格的扭曲现象也会不存在，通过十几年的增长，完全可以调顺价格，而不是像现在天天调控价格。

第三，经济区必须有实体经济，比如说现在美国和欧洲已经恢复实体经济，为什么恢复？因为虚拟经济支撑不了经济的发展。我们现在来看，原来的经济理论是不对的，特别是冰岛出了事以后。国家的经济中，实体经济应该占相当大的规模，才能支撑这个国家平稳健康发展。我感觉目前我国的实体经济环境很差，实体经济的运营环境和经济环境很差。老板要对很多事情负责任，而且要协调和解决很多矛盾。现在中国的实体经济环境实际上在两极分化，一方面是国有企业相关的利益体环境和状态很好。原因是这些代言人掌控着中国的经济走向和改革方向，在保护这些利益体，造成了一种扭曲的状态。我为什么说它扭曲呢？无论是哪一种实体经济，都应该在同一个环境中做事，政府需要做的就是收税、管理、引导。

通过引导、管理和收税，来引导国家对相关实体经济的要求和发展方向。比如说结构不好，因为不赚钱的产业太多，污染的产业太多，这就造成了实体经济的扭曲。如果能放到市场上，你根本不用害怕。这样做的话，在2008年，根本不用投下4万亿元，也会把经济结构调整得很好。也就是说，中国下一步对国家的管理，实体经济应该如何做，才能发挥国家创造财富的能力、提高效率的能力和国家的竞争力，这都需要很好的沟通。如果实体经济不强，就更不用提创造财富的能力强。这我相信，如果能通过一定的方式，使得实体经济的效率提高，创造财富的能力增强，这恐怕是后20年支撑中国经济发展和提高竞争力的核心。

耿明斋：汤总提得这几个问题都是摆在经济学家和各地政府面前的难题，怎样给实体经济发展创造一个非常良好的环境，政府宏观调控为什么这么频繁？因为判断有问题。为什么不能有一个稳定的预期，有一个合理的政策措施呢？其实，刚才我们和陈院长讨论的也是这个问题。

陈佳贵：企业提出的问题很重要，涉及宏观调控，我的看法和耿院长的看法是一致的，稍微一慢就叫，一叫就放，一放就热，这就造成了刚才讲的经济扭曲，这是人为造成的，所以我是非常反对这样做的，地方债务的10万亿元是这个时期形成的。

耿明斋：还是从银行拿的钱。

陈佳贵：对，到2008年下半年，特别是2009年，银行说你为什么不贷？

耿明斋：2008年6月底还在紧缩，到7月份就放开了。

陈佳贵：这和对经济形势的判断有很重要的关系。因为那是1929年以来最大的经济危机，实际上当时有一些经济学家说这是人为的，慢一点，力度不要大，要稳定，但是那个时候有一些利益群体，首当其冲的是沿海出口导向型的企业，都是港台投资的企业，这些企业一天到晚吵，要中央政府采取措施，要出口退税、支持等，等于把这些企业救活了，但是在这个过程当中形成了很多不良资产，形成了很多该解决没解决的问题。那时候是个V字形。金融危机造成的影响一般是三到五年时间，甚至十年时间调整过来的。我说的调整是自然调整，不是政府强制调整。我们2009年就调整过来了，一下子9%以上，这是V字形，但是带来了很多后遗症，这些后遗症要经过很多年才能改变过来。这是行政措施，没有什么有效的措施，更多的是拿钱出来摆平，但这样长期是不行的，这就涉及政府宏观调控水平的问题。所以，搞形象工程、政绩工程，不是只有地方政府在搞，中央政府同样在搞。

刚才你提到的分配问题，我觉得这个问题比较复杂，因为现在不是一个所有制的问题，现在是多种所有制并存，国有企业、私有企业、股份制企业、外商企业等。国有企业的工资收入分配受到一定的限制，但是国有企业现在同时也受到了很多经济学家包括其他人的批评。批评国有企业，特别是一些垄断行业的高官工资高，垄断行业的平均工资也高，比如说电力等等。我为什么讲工资的调整，当时提出来"两个增加，两个补充"，包括刚才讲的收入增长要和GDP增长同步。这是"十二五"提出来的，但这是一个难题，国家的手段是有限的。对国有企业过去有手段，国有企业会增加工资，公务员可以增加工资，但是其他的不能管，也管不了，私人企业的工资管不了，合资企业的工资也管不了，这些企业的工资是由生产条件决定的。比如说，沿海一些企业为什么这么多年没有变化？因为这是由劳动力供给决定的，比如说现在沿海劳动力减少，不提高工资就招不到人了。

汤玉祥：政府是能够提高的，比如说制定一些职工收入标准，还有一个是对社保体系法治水平也是可以提高的。

陈佳贵：但是提高最低工资标准受到了私人企业和地方企业的强烈反对，你一提高最低收入工资标准，它也有对付你的方法，它肯定会比你高，但是只高一点点，甚至会做很多的手脚，把加班工资都计算在里面等等。我到富士康调查的时候，工人说工资只有1400元，还加上加班的工资。现在全世界出了问题的苹果手机都放到郑州来修，工人都说我们也想加班，因为我们想增加收入。现在又出现一个问题，我们的社会保障建设也在加快步伐，但是现在为了鼓励小型和微型企业的发展，又出台一个政策，让你免交或缓交社会保障费用，现在社保部说我们的面很宽，但是收缴率降低了。

耿明斋：社保最终是不是由中央政府买单？

汤玉祥：企业买单。

陈佳贵：表面上是由企业来买单，兜底绝对是政府。

汤玉祥：政府兜底的原因是原来的欠账，并不是现在造成的，比如说20多岁工作的员工，如果企业交的话交不齐。

陈佳贵：对，这就是老人老办法、新人新办法造成的，为什么政府有养老储备津贴，就是为了应对以后交不齐的情况，这是其一。其二，我们先收先付的这一部分，80%的账户没有落实，为什么呢？收缴的一部分是个人储蓄账户，一部分是先收先付的钱，但是先收先付的钱不够弥补以前的养老金，所以把个人账户的钱先用了。第三，我们现在时间比西方国家短很多，而且其中有一个通货膨胀的问题，往往最后不够。因为原来计算到60岁退休，现在平均寿命在延长，至少我们平均寿命为70多岁，女的甚至到80岁，他退休以后的二三十年是要拿钱的。最近一直在吵要把社保资金投入债权市场、股票市场运转，但是又害怕钱投入多了，万一拿不回来，最后也是国家兜底。欠账的部分和弥补的部分，最后都要国家兜底。欧洲采取的办法是延长退休年龄，什么意思？少支付一年、两年。我们国家为什么不执行这个？劳动力太丰富了，所以当前不可能延长退休年龄。有的国家，像法国，过去是62岁，后来又退到61岁，现在又要提高到62岁，引起了大罢工。但是中国不同，妇联天天吵着要使妇女的退休年龄和男人平等。我们说你不代表所有工人，在生产线上的一线女工人到60岁能干吗？你是对她的爱护，还是对她的摧残？到了50岁以后，又是更年期，怎么能干活呢？不可能。人的生命越来越长，这期间需要支付的养老金越来越多，但是我们现在企业负担很重，特别是养老金加上工资等等，所以只能延长退休年龄。所以，国家无论采用像英国一样的税制，还是其他制度，最后依然是由政府兜底，需要政府拿钱，尤其是在我们现在的制度下，所以现在为什么要加快养老金的储备，就是这个原因。现在个人账户没做实的还占80%，现在个人账户接近1万亿元，没有做实，全国只有五六个省可以做到收支平衡，其他的都是欠账，这个说起来就比较具体，有很多复杂的问题。

耿明斋：日本自民党政府倒台就是因为养老的问题。

陈佳贵：他们的福利是刚性，包括欧洲的债务危机，一旦让福利上去了，再让它下来就很难。比如说希腊的退休工资几乎是100%了，这很不正常，而我国只有50%。所以，福利制度非常难设计，现在我们没有，在建立，我们要把农村养老全覆盖。高了以后再想往回走是绝对不可能的，只能往前走，不能往后退，就像工资一样，只能往上升，不能往下降，下降就要罢工。

耿明斋：刚才陈院长讲到2012年的宏观经济政策是稳中求进，再说具体一点就是积极的财政政策和稳健的货币政策。

汤玉祥：我们直观判断，明年肯定流动性是合适的，目前对企业相关流动性的制约肯定会解决。

陈佳贵：不会比今年上半年更紧。

汤玉祥：我想问的是，国家对实体经济的管理、改革方向和方法是什么？

陈佳贵：关于实体经济以前不怎么提，这一次经济工作会议提出了，要保护和发展实体经济，包括我们三次产业的调整。有人认为我们的二产太大了，要压缩二产，发展三产，三产应该发展。但是有人要把现在的二三一，调整为三二一，就是第三产业第一位，第二产业是第二位，第一产业是第三位的，是不是全国都要调整为三二一？我认为不行，因为我们的工业化还要至少15年到20年才能完成，实体经济主要是二产、一产。

另外，对实体经济要从两个方面进行支持：第一，财政支持。就是所谓的积极财政政策，就是扩张性的财政政策，至少有两个内容，一是增加政府投资，二是减税。我刚才已经讲了这个问题，很多人提出了反面的看法，应不应该收这么多钱？能不能管好？实行积极的财政政策就是要减税，从原来的生产税变成消费税。现在我们的增值税是你购买设备没有减扣，但是实行增值税改革以后可以支持抵扣，这对企业是一个大支持。另外，对于小型企业和微型企业在这个基础上还要减税。第二，银行怎么样增加对实体企业的支持？贷款利息是不是要降低？经济学家吵了很多年，现在为什么允许大型企业发债券？因为中国的股市不健全，债券要发利息，到期要还。现在为什么大型企业喜欢贷款？因为它可以慢慢还，可以赖账，但是你如果在社会上发一些债券，你敢违约吗？你违约老百姓就会堵你的门。我认为主要是从这两个方面对实体经济进行一些支持。

特别是像中西部地区，千万不要提三二一这样的发展模式，我们现在属于工业中期阶段的上半阶段,和东部差 10~20 年的时间,你不能现在就提出发展三二一的模式,还是应该大力发展工业。从现在的二三一变成三二一肯定是错误的,我在参与制定"十二五"计划的时候再三和他们讲,"十一五""三产"的指标没有完成,"十二五"又定了比较高的指标。按照"十二五"增长的指标计算,到了"十二五"末全国肯定是三二一的比重,但是这完不成,因为未完成工业化的进程,肯定是落空。

耿明斋:德国的经济在全球的经济都不稳定的情况下比较坚挺,就是因为它的制造业发展得比较好。

汤玉祥:如果一个国家没有实体经济,最起码中国后 30 年支撑不了,所以这一次很明确地提出实体经济。

陈佳贵:这是 2009 年造成的结果。钱很多,有些转到资本市场,有些兼并民营企业。这是体制的问题,不但没钱,反而后退了,包括很多省委书记、部长都这样看,不是个别人的想法。可是你要做出抉择,要往前推进,没有人站出来说。

汤玉祥:但是这样对国家很不利。

陈佳贵:我们的经济总量发展到现在这样一个程度,从发达国家走过来的经验来看,比如说汽车、房地产、旅游、教育是拉动经济增长比较大的动力,发达国家都是这样走过来的。我们在 80 年代,甚至 90 年代,一点儿家电就可以拉动经济增长,现在不可能了,要靠大件的汽车、房地产、教育和旅游,但是现在房地产出现了刚才你说的问题。如果房地产放开以后价格猛涨,老百姓会受不了,这是不是办法的办法。汽车更是一个大问题,大城市现在已经拥堵得不得了,汽油也紧张,我们拿什么拉动中国经济的增长?

耿明斋:拉动经济增长的产业都出了问题,但是经济还没增长,要怎么增长?

陈佳贵:劳动力现在需要就业,原来最害怕经济增长速度下来,引起大量的失业,如果低于 7%,就业压力马上就会显现出来。每一个政府都是这样,美国政府也是这样,它现在没有就业的增长,所以这个压力就很大了,人民就要造反,要起来了。为什么前几年克林顿不敢?因为他怕下来太快,就像刚才我讲的,我们应该力度小一些,步子稳一些。现在有

2.5亿农民工来城市打工，如果这2.5亿农民工一下子失去工作的话，那影响是很大的。所以，我们一定要好好研究一下，怎样促进中国经济平稳快速增长，由什么来拉动？这是一件大事，你刚才讲了，消费怎么拉动？汽车不行了，大家都知道购房，商品房不单单属于消费，它属于投资，但是后面的一系列属于消费，这个怎么刺激？这个问题没有解决，如果这个问题解决了，我们可以申请诺贝尔奖了。

耿明斋：我们涉及的都是重大问题、现实问题、理论问题，这是说不完的话题。

（四）李政新：河南经济将保持平稳快速增长

陈院长一上午的讲话解决了我很多认识上不清楚、不系统的问题，我们这个论坛主要是讲对河南经济持续增长的影响，我简单说一下自己的看法。

我认为2011年河南经济发展的形势总的来看还是健康的，全国的增速大概是11.5%，这个情况比预期好一些。特别是刚才陈院长一开始说，我们经济增长的基础，包括粮食问题，全国是1.1万亿斤，我们是1/10，也迈上新台阶，延续八年的增长。另外，今年河南抓一些基础设施建设，抓改善民生，抓产业集聚区的建设方面，也有了很突出的成绩。需要给陈院长汇报一条就是全国的外贸出口中河南在加快，而且我们在中西部地区排在第一名，我们在招商引资和直接利用外资、出口方面的增速都是第一名，连续五个半年是50%的增速。原来我们的基数很低，所以在全年的外贸格局中，河南的份额还不是很大，但是总的来说全球的产业转移对河南的推动作用还是有的。

我非常同意刚才陈院长说的一个观点，就是4万亿元出台以后，我们当时采取了一些强化的行政性措施，我们这几年在经济调控的方面，特别是在措施上、体制上、策略上是倒退。当时很多地方用财政的钱买电解铝，我觉得这是一种非常恶劣的做法。但是，从宏观经济的稳定来讲，它还是有作用的，只是这种做法有后遗症，影响到之后怎样保持经济持续、健康的增长。这确实是有问题的。

刚才陈院长说2012年国家稳中求进的政策，同样给河南带来了很多积极影响。因为宏观的财政政策、经济政策我们省委管不了。但是国家整个指标调整到合理的范围内，给我们带来了一个很好的机遇。我们不用过分追求增长，就可以把结构的问题、体制的问题比较从容地摆到台上来。

我们上半年的增速是 9.7%，但还是排在中西部地区的倒数第一。中原经济区的指导意见出台以后，给我们定的是走不牺牲农业和粮食、生态和环境谋发展的道路。我们既要完成保粮食安全的任务，又要令城镇化率赶上全国平均水平，还要让我们的工业经济有一个足够的发展空间。在这种情况下怎么办？一是向国家积极地争取土地指标，但是光靠争指标是完不成任务的，因为我们每年需要 60 万亩的建设土地，但是国家只能给 20 多万亩。现在河南有 180 个产业集聚区，有些产业集聚区确实做得很好。但常德产业集聚区只有 11.7 平方公里，它能做到 500 亿元的销售收入，最大的方法就是节约集约。

在 2012 年的发展方式上，我们最重要的是要推动河南经济发展方式的转变。在一个讨论会上，我曾经提出一个观点，河南这几年工业的增长速度很快，我们的工业已经占到 54%，原来说河南三产比例低，现在越来越低。这说明河南工业化任务还远远没有完成，但是在高位运行的过程当中，我们确实需要转变发展方式。现在河南工业内部结构当中，加工类的工业占比高了，而属于制造类的占比反倒低了，河南当然也需要加工业，因为大量的素质不太高的劳动力需要就业。

陈佳贵：加工业和制造业有什么不同？

李政新：加工是从初级物料到成品，制造是从无到有，加工和制造在各个产业门类中都出现了，比如说食品，我们把麦子磨成粉就是加工，但是可口可乐通过一种配方制成，就属食品制造业。河南明年的目标就是利用国家稳中求进的环境，调整我们的经济结构。在这个过程中，要注重扶持微观实体经济的发展，我觉得没有这个东西的发展，对河南来讲是个大问题，我们现在的企业数、企业的活力，不是多了，而是远远不够。所以，在这方面，怎样能够做得更好？

我在发展研究中心工作。政府的研究机构要能够提出更多好的建议，能够让政府调控的着力点有所改善，而且让调控的方式更多地从政府直接干预经济、做经济安排，转变成更多地利用市场手段。现在很多地方政府一个重要的问题就是只考虑要素的增量,及怎样能够招商引资,但是忽视了要素配置的合理性,而且在配置的过程当中也习惯于政府直接安排。在这个过程当中,厂商代表的寻租行为越来越严重。这说明,像河南这样一个内陆省,怎样能够抓住国家好的政策机遇是一个亟须解决的问题。

现在,毕竟我们还有一个好的机遇,就是国家10月份出台的《支持河南加快建设中原经济区的指导意见》。尽管这个指导意见,很多人认为是空的,但是在这个指导意见下,我们省政府做了很多工作,现在每个省直厅局都和上级单位在落实一些政策。

陈佳贵:这个政策允许你们先行先试。

李政新:国家会进一步加大对"三农"的支持力度,前天晚上我们开了一个农业产业化的意见会,中国工商联的副主席也过来了,国家对于我们的农业支持力度肯定会加大的。另外,基础设施明年也会继续增加,国家现在也越来越认识到中原这个地方交通的重要性,上一任的铁道部领导对我们郑州的铁路建设的重要性认识不足,但是实际上绕不过这个地方,总不能飞过去。再一个,郑州机场截至11月底,客流已经达到970万人次,2011年突破1000万人次的客流是不成问题的。另外,省里也会对我们的一些战略性新兴产业加强指导和支撑。

现在大家可能认为那些比较粗放的产业,在河南现阶段还担负着工业化的重要任务。比如说铝煤电产业链,我们确实做了很多工作。举一个例子,今年黑龙江研究中心有一个主任领导来,我陪着他看产业集聚区,后来到洛阳还是看产业集聚区,他说你们的铝煤电我没看过,看了以后他很兴奋。在河南一个没有国家任何资金支持的工厂,现在发展为从电到铝型材加工。而且我们去的时候正好是浙江的投资商引进意大利的设备进行调整和生产。他觉得河南的铝煤电比黑龙江好。在这些方面,我们确实有自己的优势,我们需要增强信心,同时我们也要看到自己的不足,把河南的事情做得更好。

耿明斋:长期在政府工作,有很多很深入和系统的思考,我们多年也有很多合作和交流,由于时间的关系,今天不能把所有的问题都说透。请教陈院长,河南的经济怎样持续增长?我觉得这涉及三个方面的问题:第一,2008年以来,连续四年河南的经济增长相对速度在持续地往下降,就是和中部六省比持续往下降，今年稍微接近一点，南边四个省统统是往上涨。2008年以前河南是中部地区的领头羊，这个原因究竟是什么？怎么去看待这个问题？过去对这个问题的关注度低了，但这是一个长期的问题。

第二，河南的发展是靠资源支撑、资源起家的，靠挖煤、炼铝、耐火材料。我觉得过去河南经济能够有十几年的高速增长，就是因为呼应了那时候国家投资带动的大形势。河南离市场比较近，好卖煤，利润空间大。但是整个宏观经济形势变了，未来的增长由投资主导转向消费主导，粗放的增长在变化，变成集约的增长，这个过程是不可逆转的。在这样一个背景下，资源型产业继续扮演什么样的角色？会怎么样？

第三，劳动密集型产业会扮演什么样的角色？我们河南长期说这件事，你是发展高新技术还是劳动密集型产业？多数人老讲高新技术，但是也有一种主张，河南真正支撑的还是劳动密集型产业。

我觉得有这三个问题，请政新和陈院长解释一下，陈院长您是工业经济专家，请您从全国人大政策制定参与者的角度给我们解释一下。

陈佳贵：中部六省要从工业化进程来讲，河南是第三位，第一位是山西，第二是湖北，第三才是河南。工业化进程指标怎么确认呢？是五类指标，一个是人均GDP，二是三产的结构指标，三是城市化率指标，四是制造业的增加值占商品总值的比重，五是农业人口占总就业人口的比重。河南制造业占比倒数第一，城镇化率也是倒数第一，农业人口就业占比也是倒数第一。

李政新：实际上按2007年以后的数据，我们更低一些。

陈佳贵：这五类指标不是我们自己造的，这是世界上对于经济发展水平的评价，我们是衡量到每一个省。所以，从这个角度出发，河南的工业化进程还早着呢。

耿明斋：西藏怎么是零呢？

陈佳贵：因为西藏是工业化前期，西藏也没有必要走工业化道路，包括海南，这些地方不一定要加快工业化进程。但是对于很多大城市来讲，有国家政策支持，必然要走工业化。但是，有些特殊省份，比如说海南、西藏可以搞旅游，所以，我认为河南现在还是要搞工业化。

李政新：中部六省中2009年、2012年我们是第五位，就是GDP增速和工业增速、投资增速，我们都是第五位，后来山西又赶上我们了。我们去几个省调研发现，这几年湖南、湖北走得比较快。湖南有两条，一是在招商引资上比我们的区位条件好；二是湖南这几年一些大块头的企业，特别是大块头的制造业，像三一重工这些制造业确实发展得比我们好。湖北整个科教文化的基础我们是无法比的，它的整个经济情况比我们好得多。安徽的产业基础也比我们好，安徽前几天专门组织了几个人来河南考察，我还给人家讲了一课。山西原来在我们后面，但是我们煤的丰度以及开采量和它不能比。所以我们和人家比，哪一头都占点，但是哪一头的优势都不是最突出的。比如说我们有能源产业，但是和山西无法比。我们也有招商引资，但安徽和长三角的关联度比我们有优势，我们的价值链无法和它们相比。而且这几年，我们明显感觉到了科技教育的支撑对湖南、湖北产业的作用很大。

耿明斋：前几天我到南昌大学开了一个会，南昌大学有一个中部研究基地，我觉得高水平的大学对地方经济的支撑作用比较大。但是湖北的同志说湖北的高水平大学很多，可对湖北的经济影响不大，我说你是站在湖北当中来看，从我们来看，湖北的大学还是对经济增长有很大影响的。

李政新：我们一方面要保持制造业，另一方面要占据一些高地；一方面要注重企业的经济效益，另一方面要保障劳动密集型产业，因为它的任务主要是就业，什么时候我们的产业达到五六十分了，劳动密集型产业才算是完成了它的任务。

陈佳贵：产业本身调整也有一个梯度，沿海地区已经到了升级阶段，我们中部还没有达到升级阶段，因为他们的产业升级是市场逼迫的结果，而我们还没有受到市场的逼迫。

李政新：陈院长，你现在看思念这种企业，进去以后就会发现，一个大车间坐了几百个农村的小女孩，她的工具就是竹签，用来包饺子。安阳地区的内黄县一下子从沿海地区过来了四六十条陶瓷生产线，但是那个地方什么都没有，没有陶土，没有原来的产业基础，就是黄沙土地，但是它有向中原地区产品扩散的优势。

陈佳贵：高新技术产业不一定就不是劳动密集型产业，例如富士康是高新技术产业，但它是典型的劳动密集型企业。

（五）郑祖玄：创新金融工具，理顺价值机制

刚才陈老师讲到了一些问题，比如说银行部门支持企业发展的问题，我觉得这些问题有区别。我认为现在银行部门主要的问题不应该是降低贷款利息的问题，因为中国的银行部门净息差虽然很大，但是中国的信贷配给非常严重。如果将来存款没有很大的变化，降低净息差的话，肯定会加剧信贷配给的问题，那么这些资金肯定会流到风险更低的企业，这是非常不利于我们经济增长的，我觉得这个问题还是要从这个角度来解决。

另外，发债也存在着同样的问题。如果让企业发行债券，公司债真发行的话，我们肯定会看到，只有融资成本低的企业能成功。有一个替代方法，让银行面向中小企业搞集合债，把资产打包、转售、搞信托，可以对这些债券多做几个优先级，通过这样一系列的手段，为那些特别缺乏资金的企业创造适合他们的金融工具。如果光靠直接向资本市场发公司债，还是会加剧我国的资源流入国有企业，并不能促进小型企业的发展。另外，银行可以和一些金融公司合作。比如说可以做大集合信托的产品，现在民间金融有这么高的利率水平，说明人们喜欢这种高风险的产品，能够接受这种高风险的产品。我们为什么不能通过正规金融讲这个市场战略呢，我觉得这些问题对资本市场应该充分发挥作用，这是未来资本市场改革的方向。

耿明斋：我们刚才分析银行抬高了实体经济的成本，你说维持它的高息差，允许它发债，过去它赚了很多钱，也没有把钱疏导到小型企业、微型企业，就像我们垄断性的电网、通信，赚这么多钱，也没有这样做。

郑祖玄：息差越高信贷配给越高。如果出现这个问题，不能通过传统的间接金融手段解决这个问题，把银行由传统的金融节点变成一个全能银行，特别是在我国，金融中介有资本金的要求，有贷款额度的限制。这些条件的限制导致它们的信贷配给现象非常严重，使它的表内资产变成了表外资产。不受这些限制，银行就赚手续费，它是愿意做的，这不消耗它的资本，所以它愿意做，如果做传统业务会消耗它的资本，所以它肯定不愿意。

陈佳贵：我刚才讲的这个问题有一个前提，是在市场化的利率下，我

们现在不是市场化的利率,一头是适当放宽,一头不是这样,这是人为的。现在的利差是人为造成的,而不是市场发行的,所以有这个前提,不能忽略这个前提。如果在这个前提下,就是中央银行帮助商业银行赚钱,商业银行凭什么利率要增长40%多?在这种体制下,找任何一个人当行长都能赚大钱。

(六)张磊:中国治理通胀亟须进行体制改革

我只讲通胀的问题,我从美国飞回来以后,观察到的中美差异让我非常吃惊,中国的物价真的太高了,中国人民真的很有钱。比如说几个基本的大宗消费品,中国的汽车价格基本上是美国的两倍,油价现在中国1升是7.2元,如果美国汽油的价钱换算成人民币,1升的价格是4元多。

耿明斋:美国卖油以后过路费不再交了,我们还要再交过路费。

张磊:对,美国大部分是免费的路,长途出去旅行的话最多花几十块钱。但是在中国,我从洛阳开到这里,过路费交了100多块。再一个就是房价,美国现在平均房价是20万美金,面积大概200多平方米,是独门独院的别墅,居住年龄基本上30年,多有两个卫生间。

为什么大宗商品会出现垄断?出于体制的原因,这牵涉到一部分人的利益,这个垄断我们无法打破。除了大宗商品以外,老百姓日常消费的商品价格也在上升,为什么会上升呢?这和人民币的汇率政策有关,因为人民币没有自己独立的汇率政策。中国有10个人生产了10个产品,美国人10个人生产了10个产品,而中国人加班加点又生产了5个产品,美国人印钞机又印出来5个货币投放到中国,这就会造成我们长时间的顺差。另外,主要是因为人民币没有一个灵活的汇率政策,目前我了解到人民币国际化已经是人民银行下一步要走的政策,下一步汇率问题可能就会得到解决。

陈佳贵:我认为你讲的和大家讲的都一样,没什么不同,包括外汇储备过高、汇率不灵活、垄断等,大家都在讲。

耿明斋:大家都在讲,但是为什么这个问题解决不了呢?

陈佳贵:有人说美元兑换人民币还会升值,最近顺差减少,人民币的储备也在减少,游资也在逃离中国,又出现了一些新的情况,汇率出现了有升有降的状态，尤其是香港银行汇率还升值了。所以，你说的问题都是国内反复讨论了很多次的问题，大家有很多种主张，现在稍微升点值，港台企业和广东企业就会大叫，说受不了，利润率微乎其微。

张磊：现在房地产对 GDP 的贡献率是多少？

陈佳贵：这个贡献率是比较小的，现在这次调控了，汽车加上房地产是两个百分点。

张磊：是指对 GDP 增长的贡献？

陈佳贵：对，现在限制你买汽车，房地产不准你买第二套，这样降低了两个百分点，房地产肯定是个问题。这些现象大家都看到了，但是这个问题是全国范围内的，你所说的问题并不是没有人考虑到的，考虑到的人很多，这个问题反复在讲。

张磊：我认为房价和汽车方面，我们还是一个体制问题，就像我们的经济增长已经很快，但是有一个瓶颈，如果要突破这个瓶颈，需要体制改革。

（七）宋智勇：中国通胀问题的症结在货币超发问题

我表达一点自己的隐忧，中国经济增长各方面，比如说投资、消费、出口，刚才陈院长分析了，保持一个高速的增长、稳定的增长是没有问题的。但是我的忧虑是中国经济最大的风险和通货膨胀有关，就是我们的货币超发问题。连续 10 年中国的 M2 增长是 18%，但是我们的 GDP 是美国的 1/3 多一点，我们的 M2 增长超过美国，所以中国通货膨胀问题的症结肯定是货币超发问题。房地产吸收了一部分，股市吸收了一部分。房地产吸收货币超发的能力明年不会有太大的变化，股市明年不会有太大的变化。但是货币吸收就像炒游资、炒股票、炒房子、炒奢侈品等，现在炒什么呢？去美国炒房子，中国的资金都去国外消费，这就是日本、韩国泡沫经济的路子。所以，中国的货币超发问题要如何得到控制和解决？

郑祖玄：其实我觉得这根本不是一个问题，我们现在考虑的是通货膨胀问题，而不是超发的问题，所以我们不应该通过 M2 看问题，M2 反映不出什么问题。

陈佳贵：所谓的外汇实际上都是用央行的人民币买回来，所以有的人不理解这些东西。有些人说我们搞那么多外汇,为什么不拿外汇储备来做,他把外汇当成财政收入,实际上外汇不是财政收入,而是央行拿人民币买回来的。这样央行的调控手段就有限了,它要把外汇买回来,就要去发货币,采取了很多对冲的措施,尽量减少发货币的量,即便这样,前几年也是有问题的。但是,现在为什么我们不提这个问题了呢?包括美国现在实行宽松的货币政策,我们中国人一听到这个就心里发毛,你一超发我们的货币就贬值了,这对我们会产生影响。

另外,因为经济下滑的速度比较快,所谓稳健的货币政策就会趋紧,紧了我们就受不了,有一些外汇收入也在流入,所以在这种情况下我不想强调这个问题。但是,实际上这些问题是存在的,包括 M2 最近做了一个调整,商业银行搞了很多理财产品,理财产品原来没有被统计到 M2 里面,现在这一部分也计算到了 M2 里面,所以造成了现在 M2 虚高。所以,我这一次没有强调流动性过剩的问题,但是这个问题带来的后果是存在的。就是说你有这么多钱,你给它找什么出路?不买房子,不买汽车,我们买什么?它总要投入,但是现在股票市场不景气,这怎么办?

宋智勇:我们的外汇账款现在是 3.2 万亿元,这个比例相对来说不是特别大。这么多货币超发,为什么实体经济吸收不了,大部分流向房产、股票、农产品?实体经济吸收不了可能就是我们深层次的体制问题,还可能是政府对不同所有制企业不同的政策所致,投资的门槛问题。

陈佳贵:在这种体制下,资金成本是扭曲的。比如说我们民营企业贷款的利息很高,那是市场化的。我们国有商业银行的贷款利息不是市场化的,没有放开,如果真的放开以后,按市场化去走,还会好办一些。我们讲以市场为基础,以一篮子货币为依据,实行有管理的货币机制。但是以市场为基础做得不够,可能会超出我们的预料,我认为有时候就像加入WTO一样,加入WTO以前,很多人分析中国在哪些方面要受到很大的冲击,但是加入以后不是欧洲冲击我们,而是我们冲击欧洲。美国认为我们把汇率放开了,它的问题就会解决,绝对不可能是这样的。美国有能力生产出中国这么廉价的产品吗?有工厂吗?我 1992 年在美国的时候,我的孩子说:爸爸你给我买一个棒球帽。我的房东带着我跑遍了美国的大商场,一个也没有,有的全是韩国、中国的。然后房东老太太说,我们美国现在非常尴尬,我们美国人出去要带个小礼物,我们买不到美国产品,买的都是外国产品,我们送礼的时候非常尴尬。美国能生产出两三美元的棒球帽吗?不能。我儿子在美国的华为公司,我说你在中国工作比在美国工作劳动生产率提高了没有?他说没有,我说你工资拿多少?他说我在美国一年拿100万美元,但是在中国拿50万元别人就很有意见。以后人民币起来了,欧元保住了,货币怎么变化谁也搞不清楚。

耿明斋:今天我们就2011年中国及河南的经济形势进行了讨论,虽然时间紧,但对一些问题,诸如通胀问题、实体经济的发展、经济结构的调整以及涉及的金融创新等问题还是讨论得较为充分。再次感谢大家的到来!谢谢!

第四章

中西部地区承接产业转移的重点与政策分析

——第四届论坛

参与嘉宾
王　珺　广东省社会科学院党组书记，副院长
耿明斋　河南大学中原发展研究院院长、经济学院院长
王作成　河南省统计局总统计师
张青春　开封开发处常务副主任
王国安　郑州市发改委主任助理
李政新　河南省人民政府发展研究中心办公室主任
李燕燕　郑州大学商学院副院长、教授、博导
郑祖玄　河南大学经济学院副教授、博士
论坛时间　2012 年 3 月 17 日 15：00
论坛地点　中原发展研究院会议室

一 论坛主题背景

改革开放以来，我国区域经济非均衡发展不但没有减弱的趋势，反而表现出一些新特征：一是区域产业结构对当地资源的依赖减弱，东部经济相对发达地区加工业突出，这一方面吸引了国内大量劳动力的流入，导致中部地区人力资源的外流，另一方面导致东部地区产业同构化严重。简单加工业的发展空间有限，易受宏观经济波动的影响，进而通过区域传导机制影响中部地区的经济发展。二是城市在区域经济中的作用日益加强，地区间经济协作和竞争主要表现为地区城市间的竞争。我国不同地区城市群发育程度的差异，导致区域经济发展在结构和水平上均表现出较大差异。

随着经济发展水平的上升，沿海地区土地、劳动力等要素成本也日益抬升，大量劳动密集型甚至资本密集和低附加值的产品及产业已无法在当地立足，这些地区产业升级和产业向外转移的压力越来越大，紧迫感越来越大。全球性金融危机的蔓延导致的国际市场萎缩和贸易保护主义抬头，更是加剧了这种压力和紧迫性。中国经济发展模式由外需驱动到内需和外需均衡发展的时代已经来临。仅仅从产业扩张的角度来说，把产业转移到中西部腹地就具有必要性和可行性。东部沿海的一些企业为了更接近和融入内地市场，已经开始自觉的产业转移行动。

中原经济区是中国人口最为密集的区域，六省总人口超过3亿。虽然这一区域经济社会发展仍然相对落后，但经过30年的发展已经进入工业化的中期阶段，并具备了相当的基础。在"十二五"期间乃至更长的时间里，中原经济区都将处于工业化、城镇化快速发展的时期，并且会由于其巨大的市场潜力而成为带动中国乃至全球经济发展的新的增长极。

产业转移不仅是次生工业化地区工业化的必经之路和一般规律，也是提升中西部地区的工业化水平、缩小区域之间发展差距、化解各种社会矛盾、保证整个中国经济长期持续稳定增长的内在要求，各种条件也都在日益成熟，产业转移已呈风起云涌之势。在这种情况下，深入研究产业转移的基本规律，并在此基础上提出河南积极承接产业转移的政策措施就显得尤为重要。

二 主讲嘉宾发言

王珺：

（一）广东省产业区域分布概况

广东现有1.04亿人口，面积大概为18.9万平方公里。全国GDP是47万亿元，其中广东省占5万亿元；人均GDP将近5万元，折合7900多美元，全国人均GDP大概是5500美元。珠江三角洲这块土地面积是4.2万多平方公里，人口占了广东省的53%，GDP一直占广东省的79%~80%，出口占整个广东省的95%，广东省又占全国出口的将近30%，外向程度非常高，所以珠江三角洲属于外向经济。2011年，珠江三角洲的总产值大概占84%，比过去的79%~80%提高了一些。那就是说，广东省的5万多亿元GDP中，有4.3万亿元是在这个地方创造的，再除以它的人口5000万，得出它创造的人均产值接近1.6万美元。这相当于韩国和香港人均GDP的加总。

珠江三角洲有九个城市，我们称之为城市群。珠江流域是珠江的东岸和珠江的西岸。所谓东岸就是从香港、深圳到东莞叫珠江东岸，离香港非常近；珠江西岸就是对岸，香港的投资需要跨过珠江才能过来。所以珠江东岸和珠江西岸的发展轨迹不十分相同。

1. 珠江西岸起步早

广东最先发展的并不是紧挨着香港的珠江东岸，而是珠江西岸。珠江西岸在20世纪80年代发展比较快，比较有代表的是佛山、珠山和珠海。它们既然没有任何区位优势，为什么会先发展？其原因可以归纳如下。

(1) 当地人经商意识普遍很强

珠江西岸的人们经商意识很强,只要有一点机会他们就抓住不放,并持续把这个机会做大做强。这个可能是广东人和内陆人不一样的地方。我记得我曾经问过顺德人,为什么他们无论做什么产业最后都能做得比较成功(比如电视)。他们说:"从地理位置来看我们这里的人没有太多的机会。我们第一不靠近广州,当时广州是计划经济广东省的中心,所有劳动力、资源、资金的分配源头都在广州;第二也不靠近香港,香港是当时国内唯一可以做转口贸易的口岸。在这种情况下,我们这个地方的人只要抓住一个哪怕是微小的机会,也会持续做下去。"我觉得这个真的很不容易。我们经常说,餐饮他们做得也是最好的,靠的就是那一把非常锋利的刀。所以顺德这个小地方能够出来那么多产品,尤其是小家电和电器(比如美的)。过去亚洲有所谓的"四小龙",当地广东人讲自己有"四小虎"即中山、顺德、南海和东莞,这四个城市只有东莞在珠江东岸,其余的三个全在珠江西岸。

(2) 企业对市场需求反应灵敏

80年代珠江西岸发展迅速,市场经济刚刚开始的初期,形成了很多乡镇和集体企业,这些企业都属于私营的性质,其实也就是早期的私营企业。私人企业为什么发展如此之快呢?主要是能够抓住广州及周边一些企业在转型过程中产生的很多市场供需矛盾。例如,老百姓收入提高了,那么人民对吃穿的需求就会增加,但是广州本土的国有企业又不能对市场做出积极的反应,需求得不到供给,周边的乡镇企业或私人企业就会尽力满足这部分需求并进而发展起来。这些私人企业所能进入的不是钢材水泥等重化工领域,因为它会受到技术水平层次高、资金规模大等诸多条件的制约。它们所进的领域大部分是以自身的技术、资金能够覆盖的,如非耐用的小商品:"珠江水""广东凉""粤家电""岭南装",这些产品都是私人企业生产的。另外,广东还有一个很明显的特点即产业全是和老百姓的需求如房地产领域连在一起的。只要房地产兴,买房子就需要地板,地板的需求就形成了陶瓷业;然后,房子装修就需要小家电,小家电就是顺德生产的;房子装修还需要家具,于是目前乐成家具城占了整个中国的40%份额;装修还需要床上用品,就造就了窗帘、布匹业。所以我就说只要房地产兴,广东的民营企业肯定会发展;一旦房地产受到限制,整条生产链都会受到限制。这就是民营经济,几乎民营经济所有的特点都能够在珠江西岸呈现。

2. 珠江东岸的崛起

但是到了20世纪90年代以后,珠江西岸的发展有所衰落,接着就是珠江东岸开始发展,珠江东岸实际靠的是香港的产业转移。香港在80年代就已经有85%左右的劳动密集型产业转移到内地,这些产业先转到深圳,然后再转到东莞。我们俗称这一地域为珠江东岸。

1987年,中国社科院院长刘国光带领一个团队为深圳做了一个长期的发展战略,目标是到20世纪末,深圳的产业不能以劳动密集型产业为主,必须以高科技的现代产业为主。这个战略要求深圳不能承接香港的劳动密集型产业,如制鞋、纺织、电子类的加工行业。所以香港的这些产业绕过深圳,大部分搬到了东莞。珠江东岸为什么过去发展不了,现在却能取得如此之大的发展呢?这是由外部资源推动的,总结下来深圳遇到了三次机遇。

(1) 深圳发展的三次机遇

第一次机遇就是1979年改革开放,邓小平把深圳作为改革开放的第一块试验田,后来的事实证明这个方针是正确的。开放了以后,深圳利用与国内市场的价格差,形成了一个所谓的贸易进出口价格差,它在这个地方积累了原始的第一部分资本。同时中央国家部委的很多机构都争先在深圳建立窗口,这样又投资了一部分钱。资本的累积是深圳的第一次机遇。

第二次机遇是1992年小平"南方讲话"。今年是小平"南方讲话"20周年,南方媒体做了很多报道,也召开了很多次座谈,这些都说明了小平"南方讲话"的重要性。小平"南方讲话"以后,大量国家机构在深圳不仅建立窗口,而且开始设立大型机构(比如说决策中心)。设立大型机构之后,就带来了第二波投资热潮。当时在深圳的外商还不十分多,因此外商投资还是有限的,更多的还是来自国家部委机构在深圳的投资。

第三次机遇是1997年香港回归以前,为了保证香港经济及社会的持续稳定,中央需要在深圳做一个"城市模板",让这个城市的经济繁荣和发展程度对香港市民的信心产生重要的影响,于是在深圳进行了第三波大规模的投资。

因此,这三次大规模的投资推动了深圳这三十多年的发展,奠定了它经济繁荣的基础。房价是一个城市经济发展水平的重要标志,到目前为止,深圳的房价已经和香港的基本上差不多了。深圳没有承接香港的劳动密集型产业,但它依然能够快速发展,这就是三次投资的机遇推动了它。

(2) 东莞发展的二轮轨迹

珠江东岸劳动力型产业最集中的地方就是东莞。东莞这个地方,原来人口150万,现在将近1000万人口,其中大部分是外来人口。另外,东莞已经形成外商集中的投资地和集聚地,世界银行国际货币基金组织在讨论中国经济快速发展的区域时经常以东莞为例。东莞的发展依靠的就是劳动密集型产业的转移,这些产业转移可以分为两轮。

第一轮发生在20世纪80年代后期,香港的一批劳动密集型产业陆续转移到东莞,但是产业转移之后,经营权并未改变。东莞的本地人只是把自家的农田变成厂房,自己相当于地主,把厂房租给香港商人,企业的经营权还在原来的商人手中。

第二轮是1993年以后,大量的国际跨国公司开始进驻,台湾的劳动密集型产业也纷纷转移到东莞,转移的模式和香港模式一样,经营权在外商手中,大量的外来务工人员集中在生产流水线上,本地人基本充当"地主"的角色,并没有自己开工厂当老板。然而,随着进驻企业的增多,东莞的土地慢慢变得短缺,现在面临的转型压力也非常大。

珠江东岸的发展大概从20世纪90年代以后就超过了珠江西岸,我们看到广东比较富裕的地方也大多集中在珠江东岸。未来珠江三角洲会加强和港澳的合作,粤港澳经济区形成了广东未来发展的潜力。

这是我给大家做的一个广东产业区域发展的介绍。

(二) 广东省产业转移的背景

广东省的产业转移,实际上从2000年就开始了。当时提出要想可持续发展,仅仅依靠劳动密集型产业肯定是不行的。尤其是从2003年开始,广州的土地资源开始出现短缺，土地短缺很大程度上制约了厂房出租、招商引资等。

1. 用工荒开始凸显

2004年，我国制度改革上有一个重要的里程碑，国家决定不再收取农业税。农民的收入一下子提高了不少，使得去沿海打工的农民大幅度减少，所以第一轮的民工荒是从2004年开始的。这意味着农村的劳动力真的出现短缺，是由于中国制度的变更，即由于取消农业税使得农村与城市的收入差距减少，使城市对于农民工缺乏吸引力。民工荒的出现对广东特别是珠江三角洲的一些企业打击很大，因为这个地方的企业大部分是劳动密集型的，离开了劳动力，企业寸步难行。

2. 资本替代劳动力

出现了用工荒之后，有些地方就开始思考用资本替代劳动力的问题。我们知道，从经济学上讲资本替代劳动是一种进步，这是劳动力价格提高导致的一种企业替代选择。这一替代最早从东莞开始。东莞有一个镇叫大龙镇，主要是做毛纺的，最开始也只是一个小村，什么都没有。它的第一家工厂是从香港搬过来的，最开始大量使用的是粤西的劳动力，到2004年时民工荒的出现，使其工人的雇佣出现困难，企业就开始采用数码无梭织机这样一种技术设备，一台数码无梭织机大概能够替代20个劳动力。以前这个地方的本地人不到8万，外地人超过50万人，而产业升级之后，大量资本替代劳动力，使得大龙镇的就业机会减少，外来劳动力大幅度减少。产业从劳动密集型升级为技术密集型，开始大量使用无梭织机设备。但是本地并不生产这种设备，要从意大利和德国等国进口，而意大利、德国等发现这一巨大需求市场的存在，便干脆在这里建造生产无梭织机的厂房。国内的一些重型装备企业也开始驻于此地，它们相互合作，又产生一些新的生产这些装备的企业。

实际上，这些新的企业就是从纺织企业转向机械生产的雏形。这些企业被认为是广东产业转型升级的很重要的代表。但是我们也要认识到，有些行业是可以用资本替代劳动力的，比如纺织业；但有些行业是无法用资本替代劳动力的，比如时装。2004年出现的民工荒使广东开始意识到这些问题，2005年广东就出了一个推动产业转移的文件，开始采用"一帮一，一对红"的政策措施。也就是说发达地区选定一个欠发达地区，欠发达地区选定一个地方，在这个地方建造一个园区，发达地区向其投资。可见政府做的工作比较超前，但是企业的积极性并不是十分高。所以，虽然政府做了规定，但长期以来一些园区企业进驻的数量十分有限。

3. 广东产业双转移

2008年，美国次贷危机引发的全球金融危机出现，促使广州一些企业提出解放思想，解放思想的目的是为了促进经济的发展。

我记得当时参加一个座谈会，有专家调查发现到广东来打工的外来劳动力的素质要低于长三角的外来劳动力的素质。来广东的外来劳动力一般是初中生，而到长三角的一般是高中生。这种差别表明，大家在珠三角都能找到工作，这里的生产技能下也就需要这样素质的一批人，所以现在广东省大概4500万是外来常住人口（常住一年以上）。另外，广东还有31万的境外人口，比如非洲人和拉丁美洲人在这儿做生意，现在广东的1亿多人口是这样一种结构。

汪洋书记在2008年提出的产业双转移中，第一个是劳动密集型产业向外转移，第二个是外来劳动力跟着转出去。因为要提高人均GDP，人口基数也要减少才行。这就是他当时提出的双转移。后来对双转移进行了一些修正，一方面是这个地方的产业转出去，另一方面是农村的劳动力要转出去，不再强调原来的外来劳动力了，不仅要推动广东的发展，也要创造就业机会给江西、湖南周边地区。汪洋书记后来形象地把双转移政策称为"腾笼换鸟"，意思是笼子的空间是有限的，旧鸟要离开，腾出地方让新鸟进来。

就我个人理解而言，双转移特别像转型升级。2008年5月份，金融危机还没有爆发，在东莞及周围一些地区，大家对未来的国际环境的预期和分析还都比较乐观，当时很多的地方政府信息都很爆棚的，总感觉好像在家门口有很多的跨国公司在排队，因此会极力说服当地的企业走出去，这就无形中推动并加速了产业转型升级。但是2008年底金融危机爆发，整个的金融环境并不如预期,广东的转型升级放慢了步伐。因为,产业转移需要有一个梯度,一些新产业先进来,之后才有产业出去,这样会有一个很好的衔接。如果没有一个很好的衔接,旧的东西出去了,新的东西进不来,那么这个地方的经济肯定就会出现衰落。

2008年以来,整个经济环境已经不是特别好,一是劳动力的价格持续上涨,而且工资水平在不断提高,最低工资水平每年以13%的速度增长;二是资源价格增长,当时广东所需要的铜的价格不断上涨,2008年以前每吨铜是2万块钱,2008年以后逐步上涨到每吨8万块钱,很多资源的价格包括石油都在涨价,加工企业就遇到了一些问题。在当时,由于我国确定的方针是保增长,在国际环境不好的情况下,无论如何要保增长。所以,能够不调整的结构暂时放一放,在外部成本压力很大的情况下,通过"倒逼机制"先把增长确定下来。

2009年是恢复性的一年,恢复最快的就是广东,因为广东的产业实际上和外向经济有很大的关系,大部分产业是以它作为跳板大量进来的,从香港进来,包括跨国公司、台湾地区的企业进来。经过了这么几轮,大部分外向经济尤其是生活用品企业在这里遍地开花,外向经济主要就靠接国外的单子。当时我们估计,由于金融危机的影响,广东受到的影响可能会非常大。但是,最快速恢复还是这种满足老百姓需求的外向经济。为什么?很简单,和老百姓生活越近的,企业恢复就越快。因为所有的国家都需要吃穿住用的产品,美国虽然遇到金融危机,但是当地的老百姓还是需要鞋、服装等与日常生活密切相关的东西,所以订单恢复最快的就是广东。但从2010年开始它又迅速往下走。

广东为了配合这样的一种处境,建了36个产业转移园。这36个产业转移园一方面吸引境外的企业,另一方面吸引央企。境外的企业主要是指世界500强企业,但是现在全国和世界各地都在吸引世界500强,需求远远大于供给,大家可能都以此为招商引资的口号,真正能引进的却很少。对于珠江三角洲而言,央企新一轮的投资对于广东来说很重要,因为央企资金最雄厚、技术能力最强,很多核心领域和战略性新兴产业它们都在染指。众所周知,战略新兴产业是中国"十二五"期间发展的重点,广东做了11个战略新兴产业。央企进来肯定会带来一些技术,但同时对土地的要

求也会很多 土地价格的谈判就是珠江三角洲产业转移的一个过程。

(三) 广东省产业转移遇到的问题

1. 中小企业并未成群结队向外转移

目前，广东在产业转移过程遇到了一些问题，其中一个引人关注的问题是中小企业。珠江三角洲产业转移的大部分是中小企业，它们没有能力扩展到其他的领域，它要转移就要像台湾地区的企业一样成群结队地向外迁。但是到目前为止，除了佛山的陶瓷企业外——由于2008年地方政府提出清洁环保的标准（要求建立一个清洁佛山），污染性比较大的陶瓷行业搬迁程度比较高——其他地方的企业成群结队往外搬的情况还不是很多。所以，说广东产业转移带动区域经济产生的GDP达到3400多亿元，同时有6000多家企业转出来，实际上转出的是其中的一部分，大部分转移的是制造业的环节，研发和总部包括营销的环节并没有出来，制造业转移出来以后，更强化了原来城市里面的产业转移。

珠三角既是广东的龙头、经济快速增长的发动机，也是中国一个很重要的地方，这一地区的转型升级不仅关系到本地区的发展，也能起一个示范的作用。2008年广东省经过国务院批准做了2008～2020年珠三角规划纲要，可概括为"国家战略、地方试验"。通俗地说就是国家要进行产业转型升级的试验在广东进行，因为广东在80年代开始建立产业，别的省份都是在90年代，所以广东首先遇到产业升级问题。汪洋书记在广东上任以后，这个战略被国务院上升为国家战略，形成了国家珠三角规划纲要，其核心就是转型升级。

这种转型升级当然需要我们学者配合，广东省政府和我们在中山大学合建了一个珠三角改革发展研究院，现在广东省的省长是名誉院长，我们原来的副书记是院长，我就是常务副院长。从现在到2020年珠三角一体化以及珠三角产业转移升级所面临的制度和产业发展问题研究就放在中山大学进行，这个研究院属于广东省政府的一个机构（编外机构）。我们结合中山大学的研究力量具体做两件事情：一是专家库，二是数据库。这个项目目标很高，政府每年也给我们一些日常用于工作的经费，包括专家费用和数据库费用,以及课题招标费用。

2. 外资企业转移的决策并未在国内

在我们关注广东特别是珠江三角洲产业转型过程当中,遇到的另一个现象是大量外资企业在转移过程中,转移的决策大脑不在广东,大脑是在境外,它不像本地的企业,想转移就转移,想升级就升级。广东这个地方仅仅是企业的一个生产环节,企业的决策机构是在境外,如果这个地方土地价格高了,劳动力价格高了,资源价格高了,境外企业可能配置到国外或者别的地方去。这个地方的企业升级与否不取决于东莞本身,取决于境外的机构主体。所以,在这种情况下很多企业不是自身能够做决定的,这也是广东外向经济面临的一个困难。

3. 政府在产业转移过程中的战略选择

广东省已经发现外向经济在产业转移当中的这种缺陷和困难,所以政府做了很多工作,在这一轮积累过程当中向两个方面推进,一个是重化工业,一个是战略型新兴产业。

(1) 引进国企重化工业

过去政府一直在强调扶持新的产业,通过市场淘汰旧的产业,这就是政府和企业的关系。政府在能力之内做的事情:一是要有足够资金,二是要有自己的国有企业,这样才能推动自身产业的建设,这一轮的发展就会变得很迅速。

举例来说,在2000年,中国的轻重工业结构大概是4:6,即40%是轻工业,60%是重工业;但是到了2010年,中国的轻重工业比重是3:7,甚至轻工业还不到3,大部分是重化工业,这反映了中国工业化结构的进程。整个中国的各个省份几乎是一样的,广东也不例外。接下来我们就要探讨广东省到底是哪些人在从事重工业。广东省有将近100万个私营企业,430万户个体户,如果珠江三角洲地区占这个数据的80%的话就有350万户个体户,但是个体民营经济进入重化工业的数量是有限的,因为重化工业有资金多、技术水平高的门槛,所以大部分从事重化工业的还是这个地方的国有企业。

我在这里不讲国进民退的问题，我只是说在这一轮里，整个的推进和国家工业发展的阶段相一致，相吻合。在推进过程当中，广东省政府在进行一个全广东范围内的整体性布局，这种布局就像20世纪60年代"三线建设"时候政府的布局。比如说在东部布局几个中型机械基地，西部布局一些能源基地，北部布局一些大型的建设基地，这些布局和投资不都是民营企业所能完成的，其实是国有经济在整体布局。布局完成以后，如果达到一定的生产能力，加上运输成本降低了，也就创造了民营企业向外转移较低的运输和制度成本。

（2）投资战略型新兴产业

战略型新兴产业适应国家的需要，适应创新社会的需要。创新的东西不能做支柱产业，创新的东西只能做先导产业。所以，广东现在真正做支柱的产业还是重化工业。实际上，广东已经不再像90年代我们经常说的三个概念：轻型、外向、高效。轻型就是以轻工业为主，第二个就是以外向经济为主。我记得李长春当时在广东省做书记的时候让我们研究广东适合不适合发展与轻纺工业相匹配的机械装备制造业，还不能直接提重化工，实际上这十年非常明显地看出来广东结构的变化——正在大步伐地在向重化工业迈进，这和国家的发展阶段是吻合的。广东的格局实际上映射出全国的格局，这一轮哪个省有资源，哪个省的发展就快，这就是重化工业的典型特征，其实是收益在整个国家版图上的重新分配。比如山西、内蒙古这些有资源的省份发展得比以前好，那些善于加工的省份反而由于产能过剩都面临着很大的转型，它们的经济增长自然会有所下滑。

（四）广东省产业转移发展趋势

接着我再说一下未来的发展趋势。去年汪洋书记提出珠江三角洲从市到县基本上都是分权竞争机制，这是由中国这种特殊的环境下的体制所决定的。当时有学者在2011年发表了一篇文章，中国学者（哈佛毕业）在国际上发表这么长的文章，这是少见的。此文总共78页，文章主要讲的就是"区域分权体制"，也可以翻译为"区域风险体制"，从这篇文章可以看出来中国分权竞争的制度有一个很长期的背景。所以，汪洋书记当时要求珠江三角洲规划纲要抓住的重要方面就是产业转移升级，但是通过什么样的体制来推动产业转移升级呢？这可以借鉴欧盟17个成员方之间的一体化过程，所以顺势就提出了"珠三角经济一体化"，想从制度上把他们的门槛统一。每个城市都是一个独立的系统，在分权竞争的体系下，9个城市之间不可能彼此彻底地相互合作，在这种情况下如何打破这种约束呢？

1. 划分"三圈九城市"群

广东省做了一件事情，我觉得对于推动整个经济发展是非常积极的，那就是把这9个城市先从行政的角度划成了三个圈：一是以广州、佛山、肇庆为主的叫"广佛肇经济圈"；二是以深圳、东莞、惠州为主的"深莞惠经济圈"；三是"珠中江"经济圈。如果9个城市直接做成一个完全一体化的东西，谈判的过程可能比较长，但把它们分开来做，一是这三者自身容易做，二是三者相互之间还有一个竞争，我觉得汪洋书记非常了解中国的国情，这是很有效率的方式。

汪洋书记让我们从学者的角度来看，研究清楚珠江三角洲一体化的目标、阶段和机制突破口。去年我们做了一个调研，结论是三个圈的行政化一体化是有效果的，是适合中国的，但是从经济学的角度看却不是十分合理。我国学者的划分法是把广州和深圳作为一个大城市，作为一个圈层结构，这个圈层结构不是用劳动力的工资水平来划分的，而是用地价来划分的。

2. 根据地价不同配置产业

不同的地价要有不同的产业配置。广州和深圳地价是1.4万~2.4万元，这是第一个圈层，在这么高的地价下，什么样的行业可以存活，制造业一定是存活不了的，因此在这一轮加大了所谓第三产业的比重，制造业向外转移的速度加快，这就是汪洋书记所讲的"倒逼机制"。第二个圈层就是佛山、东莞、中山和珠海，这个圈层的地价约为6000~1.4万元；第三个圈层是江门、肇庆、惠州，地价大概在3000~8000元。

经济地理学讲的就是这个地价的问题，不同的地价下有不同的资源配置。地价又和输出地的原点即大城市的距离有关系。关于珠江三角洲研究的结论是：在未来发展中，珠三角的产业转移和升级不是整个珠三角的产业全部向外转移和升级，因为广东省还不具备条件，机遇还没有完全来到。广东省的发展不能从平面来看，它是分层次的，大城市的产业转移是不可避免的，然而惠州、肇庆、江门等作为第三个圈层不是转出地，而是珠江三角洲的别的城市里面的转入地，是承接大城市的产业转移。

我们得出一个结论，未来在城市化的进程当中，大城市是带动整个区域发展的发动机。要想转型升级、加快发展，突破口在大城市，未来的发展就要从大城市做起。大城市在快速把制造业向外转移的时候，它的"空心化"也变得越来越明显，在这种情况下，它要想经济不衰退或者要持续形成集聚能力的话，一定要有战略性新兴产业，比如说创新能力很强的产业。转出去和迁进来往往对于一个城市来讲是不平衡的，它导致了这个城市或地区的衰落。从历史上看，衰落的例子远远多于复兴的例子。香港地区和新加坡产业转移之后的复兴很难复制。

从学者的角度来观察这件事，不管新的创新战略性新兴产业进入与否，由高地价导致的制造业向外转移是不可逆转的，表面上这是地价决定的，背后其实是市场隐形的淘汰机制。然而创新的过程是很复杂的，政府一定要扶持新战略性新兴产业，这样创新产业才能形成一定的发展。

珠三角整个产业转移现在仅仅是一个开始，它不能用五年一届的政府报告来评估。如果用这样的办法评估，很多产业转移就会被中断，没有办法可持续发展。因为这样的产业转移不仅需要一年或两年，可能需要八年到十年甚至更长的一个过程，目前只是一个开局。我觉得广东的发展更重要的不是企业怎么转出去，而是新产业怎么能够落户，并能够形成规模化成长，这就需要政府和市场，尤其是其和私营企业的战略合作。

三　论坛议题聚焦

（一）王作成：河南的经济发展和承接产业转移的情况

刚才听了王老师的讲话很有启发，承接产业转移是内陆地区这几年招商很重要的举措，这两年河南的发展、河南新的经济增长点主要还是靠承接产业转移，我们新增的产业在里面起的作用非常大，原来的产业这几年增速比较缓慢。刚才我注意到一个时间点，2005年的时候广东把产业转移作为很重要的一件事情提出来，作为产业转移的承接地，河南改革开放以后也在招商，但是那个时候招商的幅度和成效非常小，大家看我们进出口占整个GDP的比重一直超不过5%，那时我们承接国外和沿海产业转移的条件不是很充分。

前几天我看到一个材料，河南省承接产业转移政策是从2003年开始大幅度加大力度。2003年省委、省政府出台了《关于加快开放经济的几点意见》，2006年省里面出台了《河南省加快实施开放带动主战略的指导意见》，将承接产业转移政策放在一个很高的位置上。2008年出台了一些关于进一步加强招商引资工作的意见，都是以省委、省政府的文件形式下发的。2009年出台了关于承接产业转移、加快开放经济发展的意见。2012年年初，在"两会"刚刚结束之后，省里面马上开了一个开放会，在这个开放会上把开放在主战略的基础上抬高了一个位置，把开放叫做"基本省策"。

从刚才听王老师讲广东产业的发展、变化和后来的转移过程来看，作为承接地来讲，从2003年省里面出台的文件，到现在的发展阶段，我们会发现一个现象，2003年刚提出的时候，正好赶上经济加速阶段，从2004年、2005年、2006年一直到2007年，河南都保持比较高的经济增速。但是它的支撑点在什么地方呢？是资源型的产业，如煤矿、电解铝。但是2008年的时候河南的经济出现了"冰火两重天"，2008年上半年增长非常快，但是下半年工业增长1%，基本上出现了停滞现象，所以省里面要把改革作为主战略。

2009年省委、省政府提出要在河南省建设180个产业集聚区，搭建承接产业转移的平台，加大招商引资力度，把产业集聚区建设和招商引资作为非常重要的平台。在省委、省政府的政策引导下，很多地方也把招商引资作为重要工作，尽管现在有国家的土地红线，但是各地都采取了很多措施，比如说土地零地价、减免三年税收等，把这些企业吸引进来。当然，这里面也存在区域之间的分权竞争，像中部的各个省之间在招商引资方面竞争非常激烈。进入的时候，企业不光看零地价和优惠政策，还要看市场的发展潜力，经过这几年的招商引资，我们的产业发展成效还是很大的，像富士康、格力电器、海马汽车等，都能说明河南产业转移的成效。

但是，从我们的宏观数据来看，河南省内的数据有几个点。一是新增的企业，2011年一年河南省新增规模以上工业企业将近1000家，对于我们整个工业增速的贡献只有16%，这些就是我们承接产业转移的成效，当然这里面有些企业是靠我们自己的企业发展起来的，但是主要的方面应该是承接产业转移的企业。另外，省里面重点培育电子信息、汽车、装备制造等六大产业，这些产业对河南经济增长的贡献达到了60%以上，占的比重超过了50%，这些高成长产业也是我们这些年重点培育的，我们可以看到承接产业转移开始发挥效益。

另外，经过三年的发展，从河南180个产业集聚区总体来看，它的投资已经占全省投资的40%，工业的增加值也占了全省的40%，新增就业也占40%，利用省外资金和利用外资方面占80%~90%。这大部分是新增的，还有一些是原来的工业园，从这里面可以看到我们承接产业转移的效果。

前两天我看了国家统计局的资料，是东西部产业投资变化方面的，可以明显地看到电子、皮革、纺织的投资发生了变化，皮革、电子信息这些产业投资的份额主要在中部，在"十五"上半期的东部的投资占这些行业的70%~80%，到"十一五"的时候为30%~40%，从这些地方可以看到产业转移的轨迹。所以，这种产业转移确实是实实在在地发生了。但是，现在有一些争论，比如说转移过来的到底是什么样的产业？在广东那边更多是劳动密集型产业，河南也承担了很多劳动密集型产业，比如说纺织企业。我曾经去一个县考察，这个县近两年转移了大量的纺织企业，而这个县原来是一个农业县，当然也有一些高耗能的产业，比如说刚才讲的佛山、浙江的灯具大量转移到濮阳来，原因就是濮阳的天然气成本低。

在承接产业转移的同时，河南很多地方临着发展的问题。我们需要发展，需要财政收入，需要GDP，但同时我们还面临着转型的任务，在这种转型和各地发展的饥渴两者之间，形成了一个矛盾，这个矛盾现在从各个方面来讲，解决得并不是很好，因为大家要求的考核机制、发展机制、竞争机制都对发展提出了更高的要求，尽管我们从"九五"开始提转型，但是从提出到形成内在的机制还有一段距离。

耿明斋：王总就河南整体上的经济发展和承接产业转移的情况做了一个非常系统的梳理，也提出了很多值得我们探讨的问题。刚才王珺老师讲，最近几年，中西部地区资源腹地省份都赢得了发展的先机，但是河南处于一个很尴尬的位置，河南在中东部地区也算是一个资源腹地，曾经是全国煤炭第二，现在是第四，据我的统计，从1996年到2007年这段时间，河南经济在中部六省，包括在中西部地区飞速发展，经济增长率要么排第一，要么排第二。刚才作成讲了，发展的主要推动力就是资源的开发，当时国家粗放发展，对资源的需求比较大，而河南又处于离珠三角、长三江比较近的位置，所以两地带动河南快速发展。金融危机把河南一下子冲垮了，2008年在中部六省增速倒数第一。这就有一个问题，危机过后，资源价格在上涨，但是我们的经济增长为什么没有恢复？我们分析认为，河南既是资源生产的大省，也是资源消耗的大省，所以资源上涨对河南的经济增长是负效应。我们这几年一直在讨论河南经济面临一个深刻的转型，由过去对能源、资源、出口加工业的依赖转向制造业的发展，但是制造业怎么发展？一是靠自己成长的企业，像长垣、许昌；再一个就是大规模地承接产业转移，这几年河南对这点的共识度越来越高。

前几天，商务厅搞一个开放研讨会，开放力度也是越来越大。我们到各地去调查，去研究，发现产业转移确实在大规模地发生。有好几个地区原来是纯农业地区，几百条的陶瓷生产线都过来了，但是河南现在的发展面临的问题在什么地方？迫切要在河南落地的劳动密集型产业往往是占地比较大的产业，但是河南不像广东，广东发展的时候国家对土地管理还没有政策，可以随便集中厂房出租。中央现在盯河南盯得很紧，我们没有地，所以现在河南提出我们的地怎么来？刚才我提到的新型城镇化建设就是想把农民集中起来，把腾出来的土地用于发展建设。

河南承接产业转移一是现在转过来的都是低端的、劳动密集型的、在产业链末端的，如果你的土地成本、劳动力成本上涨了，它随时可能走。现在富士康要在济源落地，对济源当地的条件非常苛刻，所有的厂房它不建，不征一分地，不建1平方米的厂房和职工宿舍楼，富士康来承租，这样它随时可以拔腿就走。这几年河南的经济活力不足，与靠近珠三角、长三江的湖南、湖北、安徽的差距就是承接产业转移的差距。

张青春主任长期在开封开发区做常务副主任，最近几年开封转过来很多大的项目，包括奇瑞汽车都是他一手操办的，我的很多有关开封承接产业转移的信息都是咨询他得到的，下面请张局长给我们讲一下。

（二）张青春：承接产业转移面临的问题及对策

今天很荣幸能够参加这个研讨会，参加这个会确实收获不小，尤其是前面两位王老师的发言，高屋建瓴，使我疑惑的问题得到了解答。为什么东莞能够成为经济增长最快、最活跃的地方，而深圳不是，我今天终于找到了答案，所以谢谢王老师。

河南省省政府对于承接产业转移的工作非常重视，郭省长多次在会议上强调河南省要抓住承接产业转移的机遇，要求河南各个城市必须积极动作，以产业集聚区为平台承接产业转移。省里具体的职能部门就是河南省工信厅牵头协调这项工作，具体到各个城市就是每一个市的工信局来承接产业转移的工作。

我一直在开发区工作，1992年开发区成立的时候我就过去了，作为第一任招商局长，截止到今年整整20年从事招商引资、经济管理的工作。我是今年2月14号才到工信局报到的，一直是招商引资工作和承接产业转移方面具体的实践者，没有高深的理论，只是把我这20年对招商引资工作的看法和体会与大家分享一下。

承接产业转移是2006年、2007年的时候开始提出的，叫承接东南沿海地区的产业转移。这几年我们通过外出招商，包括到东南沿海地区和一些政府部门、一些企业接触，感觉到为什么产业要转移。最近几年我们到过珠三角、长三角地区，长三角主要是到苏南和浙江这些经济最具活力的地区，然后就是珠三角这一带的东莞、惠州等地，我感觉到在企业层面普遍遇到了这样几个问题。

第一个是能源问题。2007、2008年我到浙江、苏南、广东，发现很多企业每周只有三天、两天提供电力，每周只能工作三天、两天，多的是四天，其他时候电力不给供应，企业先遇到的是电力紧张，接着还有煤、天然气等其他生产所需能源的价格大幅度上涨，企业承受不了。

第二个问题是劳动力资源的匮乏，一开始还是供大于求，突然就出现了供不应求。

第三个是市场问题，很多企业感觉到在当地整个市场出现了饱和现象，急切需要向内地扩大自己的产品占有率和市场份额。

就能源紧张来说，最具代表性的是温州和宁波、杭州一带的企业。就市场问题来说，我感觉广东的企业面临得多一些，尤其是家电企业，在广东已经饱和了，急需向内地转移，包括格力电器等。就劳动力缺失来说，具有代表性的就是富士康，富士康在深圳的一个镇上聚集了20多万工人，所以出现了用工荒，急需转移。还有，就市场来说，最近两年我感觉到要往内陆转移的汽车企业很多。比如说海马汽车，再一个就是奇瑞汽车，主要是低端汽车，主要销售地是中国的内陆地区，从芜湖总部生产出来一台汽车要增加1000块钱的费用，所以它也急于要往内陆转移；再一个就是东风日产，东风日产原来在广东的花都，但是河南地区占了它20%的市场份额，所以它急需向内陆转移。

另外，我感觉不管是珠三角还是长三角，当地的政府对产业转移起到推动作用。比如说，江苏省就提出环太湖地区的全面清理，对环太湖周边的企业进行全面的清理，当时太湖流域污染非常严重，所以提出要治理太湖。其中最严厉的一条就是环太湖地区所有的化工厂必须全面关闭，无条件迁出。当时知道江苏省的这个政策之后，我们到环太湖地区招商引资，联系产业转移。另外一个就是昆山市，昆山当时台资企业聚集比较多，昆山感觉到土地资源比较紧张，再上一些新兴的高技术产业比较困难，所以昆山市提出了回购工业用地的理念，当时给台资企业提供的用地是6万元/亩，昆山政府提出每亩160万元回购，所以我们当时做了很多工作，以优惠的条件邀请和吸引这些企业进行产业转移。刚才王珺老师也提到了广东，汪洋书记提出"腾笼换鸟"政策，我们知道这个信息，就到珠三角做工作，吸引企业到河南建厂。

总的来说，产业转移的机遇，就是一方面企业遇到的劳动力问题、土地问题；另一方面是政府提倡劳动力密集型企业往内地转移。

但是，在承接产业转移过程中我们也遇到了一些问题。

一是河南省面临着和周边省份的竞争，比如说广东的产业会优先选择转移到江西、湖南、湖北，它不愿意直接跑到河南。除非是特殊的产业，如汽车为了它的整体布局，会到河南来，其他的产业会优先选择到江西、湖南，所以我们承接产业转移就需要提供比湖南、江西更优惠的政策和地价。

二是河南省内各个城市之间的竞争。现在外商也很聪明，他来到一个地区投资建厂不会只和一家谈，即使我把他邀请过来，他今天到开封，明天到新乡，后天又跑到洛阳，开封给你什么条件？开封的地价是每亩10万元，优惠政策是免二减三，一到别处说地价我给你每亩2万元，税收更加优惠，有的地方甚至说是零地价，所以这种竞争是很可怕的，我们的招商成本太高。

三是中心城市和周边城市的竞争，遇到一个项目首先我们面临的最大竞争对手是郑州，很多企业基本上都是谈成了，都要领"结婚证"了，却被郑州抄后路了，因为郑州有区位优势、财力优势。

王国安：现在郑州开封一体化了。

张青春：我是畅所欲言，开封财力不如郑州雄厚。比如说，开封有1千亩土地，1亩的成本是8万元，企业给我每亩2万元，我就要补贴。开封的财力比较弱；但是郑州财力雄厚，有这种实力。另外，郑州是中心城市，有各种生活配套设施，交通很方便，一个项目和我谈了以后，与郑州一接触就到郑州去了。

还是接着上面说的，继续谈谈我们在招商中所遇到的问题。第四个问题就是土地资源。从国家到省里，对土地资源的控制是非常严格的。比如说连续两年我们招商引资过来的工业，其用地需求量在3.5万亩~4.5万亩之间，但是省里一年给开封市工业用地的土地指标都仅在7000亩左右，省里对土地指标卡得非常紧，这很大程度上制约了项目的入驻。

第五个问题就是产业的配套设施建设。我曾经和温州的企业谈了好长时间，一家鞋企业，还有一家服装企业，土地选址都完成了，但是最后发现无法配套，就是因为产业配套不完备，所以最后企业还是没有入驻。

在承接产业转移的过程中，遇到的问题大概就是上面的这几项。最后，我想谈一下如何承接产业转移。

一是要盯一些龙头企业、大企业。比如东风日产、海马汽车入驻郑州，奇瑞汽车入驻开封，这样一个企业就要有三四百家配套的企业入驻，一个整车厂入驻一年就带来了三十几家配套企业，现在正在接触的企业还有四五十家，两年之内就会有七八十家零部件企业跟着过来。今年我往广东花都跑了几趟，主要是和东风日产谈判商量把零部件放在开封的事情。因为郑州、开封之间距离非常近，所以东风日产非常配合这件事情，这样就会有一大批与东风日产配合的企业入驻开封。一个主机厂的入驻就会带来相关配套企业的入驻。

二是充分考虑本地的产业配套和资源优势。如果没有本地的产业配套，没有资源优势，企业转移也很困难。刚才我已经谈到有些企业在当地买不到配件，还需要到南方采购，无形中增加了成本，所以本地一定要冷静地分析需要哪些产业和哪些产业可以配套。

三是在和这些企业进行谈判的过程中，省里、市里的高层领导要能够有声音、有动作。我们从前年开始和奇瑞汽车谈，我们一共去了16次，最密集的是每一个周末都要去，但是谈到最后当地政府对这种大企业的外迁有很大阻力，尤其奇瑞汽车是当地自己培育起来的企业，所以当地政府非常反对奇瑞外迁，但是企业考虑的是经济账，芜湖市的市委书记、市长说奇瑞汽车不准出去，要扩大就在本市扩大规模。我们每次去就像搞地下工作一样，怎么办呢？后来我们找安徽省里的领导协调，企业要发展必须出去，后来当地才同意它来开封建厂。因为时间关系，我就谈这几点感受，不妥之处请大家批评指正！

耿明斋：张主任像讲故事一样把问题给我们理得很清楚，为什么会转出来，有什么问题，工作的着力点在哪里等等。你再把开封最近两年承接产业转移的情况给我们说一说。

张青春：开封最近承接产业转移取得的成效还是比较显著的，省里提出建180个产业集聚区，开封有8个。每年我们都有任务，省政府今年给开封市政府下的承接产业转移指标是100亿元，我们去年完成了60亿元，我就给各个县区分解了。目前，比较有代表性的一是奇瑞汽车，在开封新区，我们叫汴西产业集聚区，奇瑞汽车投资13亿元在开封建设了一个年产30万台微车和8万台轻卡的基地。

同时，我们把奇瑞重工也转移到了开封，一开始它叫奇瑞农机，白手起家，没有一点基础。但是它有资金实力，到开封投资了4.7亿元建了一个奇瑞重工，实际上是生产各种农机。为跟它配套，我们规划了一个汽车零部件产业园，去年入驻了22家企业，今年预计有30多家企业。海马汽车已经有12家配套企业，整车过来后可带来60多家零部件企业。

二是富士康在郑州航空港区建立了转移生产基地，我们也受益于郑州，跟富士康配套的一些电子产品在我们的尉氏县搞了一个产业转移基地。这就是尉氏的专门产业集聚区。因为尉氏有区位优势，它距机场20公里左右，半个小时左右车程，它为了和富士康的产业转移相呼应建立起了一个电子产业园。现在已经入驻了6家企业，而且都是规模以上的企业，最大的产值是去年一个多亿。

还有一个就是纺织服装，纺织服装的专业园区也在尉氏县。那里有一个纺织工业园，南方很多纺织服装企业转移到了尉氏县那里，现在已经有30多家。上次郭省长讲你们不要看不起服装，生产多少台电冰箱、电视机还没有一套西装赚钱多，他说上万元的西装利润都在几千元，但是开封通许的电动车卖了几百台也赚不到几千元。

其他方面就是兰考县，主要瞄准福建，从福建引进了不少电子企业。其中最大的就是电子触摸屏企业，投资30亿元，今年五六月份就可以生产了。另外，兰考县还有一个红木加工企业，是一家日本的企业，日本现在对红木的需求比较大，比如说乐器和骨灰盒。

耿明斋：国企和化工企业的发展情况怎么样？杞县不是有一个大项目吗？

张青春：从开封这几年改制中受益的就是这几家化工集团，河南煤化研制出来一个产品叫高压舱，外界一旦出问题可以进去30个人，里面有水、食物，可以在里面生活15天。平煤集团主要收购了我们的化工企业，包括以前的化工三厂等，收购以后运行得非常好。山西的晋煤集团把我们的大化化肥厂收购了，现在运行得很好，成为开封市的龙头老大，去年主营业务收入40亿元，要不是它的支撑，河南省百强企业中开封没有一家，去年被晋煤收购了以后，其销售收入达到40亿元，排第97位。

耿明斋：零的突破，谢谢张局长提供这么多来自最前沿的信息。张局长原来计划这个周末到上海招商,为了我们这个会把他的行程都改变了,我们很感谢。

这么多年来,郑州市发改委的王国安主任一直在郑州市负责招商引资、相关协调,是富士康项目的主要操作人,所以他的信息最前沿、最丰富。河南省建设中原经济区,国务院指导意见也有了,还要配套弄一些子项目,现在有一个切入点,就是搞航空经济园区,现在还在设计、论证过程当中。

富士康的到来确实对于河南产业的发展有震撼力,富士康一家要规划27万平方公里的土地,最终要形成一个100万平方公里的卫星城。请王国安主任把最新、最前沿的信息带给我们,让我们分享一下。

(三)王国安:郑州承接产业转移的动向与举措

今天非常荣幸参加这个发展论坛。关于产业转移与政策的分析,实际上产业转移与经济发展、环境、地理位置很多方面关系很大,其中很重要的一点就是政策,我结合郑州市的发展实际谈一点看法。

郑州市正在谋划建设航空经济区,这和富士康有很大关系。最初论证材料上面有一行字是"历史的郑州是火车拉出来的城市,未来的郑州是飞机飞出去的城市"。这行字一般市民能看懂,专家能看懂,领导也能看懂。下面是建设航空经济示范区的又一句话,"以富士康项目为切入点打造航空经济示范区,打造大航空、大枢纽,塑造航空城市"。

我在郑州市的地图上画了几个圈。第一个圈就是郑州市现在的主城区,主城区功能的完善就像大鹏展翅一样。主体就是郑州市的主城区,现在的三环城市功能需要完善,需要提升。东翼就是郑州新区,已经形成相当的规模,西部地区也会成为一翼,成为一个动力。

我在大圈里面又画了一个小圈,就是上街机场。北部是沿黄生态综合发展实验区,是郑州市的"绿肺",我们要给子孙后代留下一点改善生活的地方。

在航空港区画了一个圈,以它为核心要建立航空经济示范区作为大鹏的尾,尾干什么呢?大家都知道,飞机的尾是按照小鸟的尾设计的,就是左右方向的。因此左右郑州市未来发展方向的是这个地方。我在2010年说这个的时候动力还是不足的，当时正在与富士康谈，他们要求50万人，因此我们谋划的航空城最后要有100万人口，相当于一个中等城市，但是我们感觉到动力还是不足。

航空经济示范区可能是郑州市的又一次历史性的选择，下面围绕航空经济示范区说一些概念性的东西。为什么航空经济示范区跟我们的经济发展和承接产业转移有很大的关系呢？先说国际经济发展的大环境、城市发展的总体规律。关于城市的发展有一个"五波理论"：第一波，大城市是沿着海边建立的；第二波，城市是沿江建立的；第三波，城市沿着交通枢纽建立；第四波，城市沿着高速公路建立；第五波，城市沿着机场建立，叫做航空大都市。产业的布局和城市的聚集都围绕机场建立。因为我们现在的经济已经进入速度经济时代，飞机的运输和网络都是速度经济，各种经济业态和速度的关系比较紧密，虚拟的网络和实体的结合都有一定的速度，因此，这个东西对我们未来的发展很重要。

为什么提出建航空经济示范区？我们除了有一些粮食的补贴外，其他的政策都没有。武汉城市群、长株潭城市群概念还没有中原城市群提出的时间早，但是我们的中原城市群没有一个抓手，武汉城市群借助"两型城市"争取了国家特殊的政策，建立了实验区。为什么长沙超过郑州，且和武汉的距离越拉越大？因为它借助实验区成立了产业集聚区，发展很快。皖江产业集聚带有很多大的项目在合肥，合肥这几年发展很快，就是由于中央一些大的项目在合肥。江西有鄱阳湖生态发展示范区，太原有资源城市转型——国家特殊的政策。所以航空经济示范区就是我们的一个抓手。

耿明斋：现在富士康项目推进到什么程度了？现在它的产能、销售、就业各方面都如何？

王国安：富士康去年的产能是2000多万部，今年是9200万部，这是原来的计划，现在又调整了计划，今年要达到1亿部。由于上了新手机，制造程序发生了变化，需要增加了好几万人员。

耿明斋：现在多少人？

王国安：20多万人。

耿明斋：现在没那么多吧？

王国安：去年9月份是11万人，现在要另外增加10万人。

耿明斋：富士康现在的空间布局是什么样的？

王国安：昨天下午六个市的市长去汇报，分别是南阳、洛阳、济源、新乡、鹤壁和郑州。现在郑州是手机，济源是手机零组件，洛阳是玻璃，南阳是屏杆，新乡是电池，鹤壁是镁。从苹果手机研发到产品到销售环节中，富士康主要是管生产，250美元的成本260美元卖给母公司，母公司280美元卖给苹果，它现在想向研发方面延伸。

（四）李政新：承接产业转移中隐匿的危机及对策

我第一次到广州是1983年，已经去了十次广州，每一次都想弄清楚广州究竟发生了什么样的变化，我想谈几个观点。这几年中西部地区包括河南省承接产业转移已经成为一个常态化的趋势，为什么会有这个情况？我有一个基本认识，河南省的工业化任务远远没有完成。尽管我们工业所占比重很高，总量也不少，但是我个人认为没有完成，特别是和市场背景下广州沿海地区的工业化相差很远。最典型的现象就是就业中人口的"布朗现象"，大趋势是从农村向城市流动，但都是单个、分散的，这是乱跑的，这说明我们现在的就业岗位、空间配置各方面还非常具有不稳定性。但是不管怎么说，承接产业转移是我们当前和未来发展的趋势。

承接产业转移，河南是从2003年、2004年起步的，我个人有一个印象，从小平同志的南方讲话到2003年、2004年取消农业税，农民工的名义工资没有增加，但是这些年公务员的工资增长了很多。当时，转移到河南的不是产业是资本，它来寻求河南的资源，比如说河南的电力、河南的电解铝。刚才王总说了，那个时候河南的经济发展确实很快。

现阶段从类型上来讲，主要是劳动力和市场两个因素在起作用，成绩刚才大家都说了很多，但是我比较喜欢看问题。因为许多实际的案例从好的方面来讲确实好，从忧的方面来讲也的确令人担忧，我认为最突出的问题有几个：

第一，从沿海地区转移过来的是低端产业，没有什么价值。例如富士康走了以后，实际上将来什么都不会给我们留下，我们做了极大的努力和让步，但是现在看来很多问题是不确定的，因为它什么都没有，房子也没盖，就是利用劳动力把产业链配置到这个空间里面，刚才王老师说的内黄的陶瓷生产线全是最低端的产品。

第二，在分权竞争的政治体制下，过度的不正当竞争，过度的对对方的让利和期望值的过高，以及政绩的攀比，造成了现在各自为战、通吃发展的格局。

第三，在产业转移中，河南的制造业在全国的地位和平均水平反而下降了。原来即使在计划经济时期，河南在全国产业链当中的地位也是很高的，我们曾经和武汉就差一步，GDP差1亿元，税收差一点。

第四，2008年以来的产业转移中，政府的主导作用太强，而市场主体发挥的作用太差，在这个过程中企业寻租的现象十分严重。我认为河南省现在180个产业集聚区，规划的土地能用到2020年，现在你到哪个产业集聚区去，大家都说土地基本用完了。我们的土地分为建成区、发展区、控制区。包括控制区在内，土地指标占用得都已经差不多了，但是你问这个土地真正有多少收入，大家就不说了，所以现在节约集约利用土地是有问题的。

第五，从政策的角度，我需要弄清楚几个问题，当然我现在还没有完全理清楚，我说了以后大家可以共同深入研讨。

一是究竟中国区域之间的产业转移处在什么样的状态？广东不会急着转移，广州的地方政府也不会让你干这件事情，新产业没有成长起来，老产业不会过度转移，不同区域的产业之间到底是一个什么样的状态，相互之间是什么功能？我觉得现在在政策和理论层面还没有理清。

二是河南在产业转移的大环节中究竟处在一个什么样的产业位置？我们是不是把现在的产业转移当做一个一劳永逸的做法？以后再有更高层次的产业转移过来我们有没有要素资源？也就是说，我们怎么在转移中既顾当前利益，也兼顾长远利益，如何趋利避害？这是地方需要考虑的问题。

三是在转移中除了增加经济总量以外，如何提升郑州的产业竞争力、档次和水平？我现在有一个担忧，我们原来其实有很好的高层次产业基础，但是在产业转移中被冲击掉了。这件事情可能有人看到，但是没有人去说。郑州的纺织产业集聚区原来是全国最好的园区,有生产区、生活区,一整套十几平方公里,但是现在已经被糟蹋得一塌糊涂。怎样增强经济的可持续发展能力?包括刚才您说的,河南的产业配置将来是以农区的各个小的、不成熟的、转移过来的低层次的产业集聚区为基础,还是以开封、洛阳这些具有比较高层次产业积淀的地区为基础呢?

四是我们通过什么样的制度设计、体制设计和变革来实现我刚才说的目标?特别是怎样发挥好政府、企业以及市场自身规律的作用?政府究竟把作用发挥到哪个点上?同时,还要考虑我们变革实现的途径、阶段、可行性以及成本,这不是我们想怎样就怎样,深圳的富士康毕竟是在城市的边上,它有比较好的城市配套条件。但是郑州市的富士康,我用四个字反映就是触目惊心。用大网子一围,管理很严密,但是铁丝网以外就是黄沙地,网吧这些东西都在外面,这么多孩子,平均23岁,"炸营"了怎么办?所以,它有一个配套条件、配套环境的问题。

五是我们能不能考虑怎样形成不同地域之间,比如从沿海到内地,或者中部地区之间承接产业转移的共同路径。不能无序地配置资源,毛主席当年还有"十大关系"说,如果没有"十大关系",河南现在照样还是水旱黄汤的感觉。我的意思是地区之间的博弈,在社会主义共产党的领导下应该是正常的、有序的、合理的。

最后五方面:

第一,中央政府要对产业转移有通盘的规划和战略谋划。

第二,省级政府和省辖市政府要有一定的协调手段。也就是说地域之间的合理分工要形成。如果形成不了地域之间的合理分工,大家都争一个纺织厂,最后得利的是资本家。

第三,企业要以企业或者产业链为关联进行合理的空间配置,这个产业配置在什么空间应该有一定的道理和规律。但是,现在出现一个情况,有些资本家为了蝇头小利把企业配置在不适当的空间里面。

第四,河南省要有合理的政治、经济评价体系和考评机制。

第五,现在产业转移不要老盯在土地上,我们现在只想更多地盘剥土地,从土地中获得政府的不正当收益,而土地正常的价格和地租问题没有人考虑。我们真正应该考虑的是人,是劳动力,我们要实现劳动力真正的自由流动和自由迁徙居住，只有在这种情况下，我们的转移才不会扭曲。现在富士康到我们这里来也发现一个问题，他当时过来和政府谈判的时候什么都想到了，就是没有想到 1500 元的工资到河南仍招不来人。所以，劳动力的配置、作用和真正市场化的问题应该考虑。

（五）李燕燕：承接产业转移实践中的突出问题

由于时间关系，我有几个问题请各位领导讨论一下：

第一，我们从经济学的理论上来讲，产业转移的动力有两个，一是市场扩张的需要，二是成本差异。似乎只要有市场扩展的需要和异地之间的成本差异，产业转移就可以发生，也就是说，由于地区之间的经济发展水平、技术水平的不同等，再加上这次金融危机，我们似乎一厢情愿地认为下一波该轮到我们了，我们应该成群结队地承接产业转移。我们过去经常讲珠三角、长三角，今天通过王老师的讲解，发现并没有像我们原来想象的那样。经过王老师刚才的解释我明白了珠三角产业的特点和联系，这种情况与我们感性上觉得应该有成群结队的企业转移过来不一样。

第二，请教一下王老师，产业转移刚才您也讲了，很重要的就是地价，我前几年申报国家社科基金项目土地资本化课题研究，还有我们前一段去调研也发现，目前河南省在建新型城镇化社区，似乎地方政府官员不像前几年招商引资时那样，现在地方官员愁的是没有土地指标，我们调研的很多地方似乎也没有感觉没有项目，而是愁没有地。所以，请教王老师，您讲关于产业转移的节点在地价，河南现在最大的瓶颈是土地的统一市场，请问广东是怎么解决这个问题的？

王珺：广东和你这里的情况一样，同样也是土地指标的问题。

李燕燕：我们承接产业转移在政策层面上，有没有遇到什么障碍？河南省有没有类似功能区、产业集聚区规划性的方案。不是来一个就要一个，有没有一个承接产业转移的全盘布局规划？

王国安：无序发展比较严重，我们产业集聚区的发展和本溪不一样，人家一个地方就一个产业集聚区，主导产业很明显，东西都可以动起来，我们无序发展很严重，这是无法左右的。

（六）郑祖玄：承接产业转移的要素约束与战略选择

现在唯一没有市场化的东西是土地资源，如果一个资源不被市场定价的话，就不可能被有效地配置。我们调研的时候看到一个非常令人痛心的现象，厂房所占的空间和周围用于栽花种树的空间对比看了让人触目惊心，对一个好一点的企业来说都是零地价，我如果是企业主的话就需要无穷多的地，永远都是这个问题。所以，土地资源只要不被定价肯定会被浪费，这是中国经济深层次的需要解决的问题，也是未来改革的一个重要的方向。

刚才李政新主任说人的发展，还是一个地方的发展？我觉得这个很重要，人的发展就是往大城市聚集，地方的发展就是想办法聚集发展力量，让企业往那里聚集。

地区间的产业转移和国际的产业转移在有些方面是类似的，从国际上看，现在最重要的还是比较竞争优势，因为你现在没有积累，所以地区最终想在竞争中获胜的话，还是要从培养地区的竞争优势出发，单纯的转移只是一个条件，为下一步培养地区核心的竞争优势提供一个基础。

耿明斋：现在发展光靠转移不行，还要有内生的竞争力。

郑祖玄：今天的论坛令我有很大的问题和困惑，通过产业转移如何实现本地产业和外来产业的有效对接？在我的大脑里面有两个思路，一是通过本地产业和外来企业的有效联系，通过产业关联，构建完备的产业链，通过产业链的集群发展促进区域经济一体化。二是通过外来新兴企业、通过区域自身的发展带来一系列的产业配套措施。

耿明斋：今天，我们围绕承接产业转移这个话题做了一个非常系统和深入的讨论，特别是王珺老师多年关注珠三角发展经验，以他宽广的学术视野和睿智，给我们提供了一个过去在任何一个地方感受不到、得不到的关于珠三角、长三角的完整概念，也揭示了有关产业转移领域里区域的关系和深层次的问题。

王国安主任和张青春主任、王作成总统计师、李燕燕院长各位都从不同的角度，要么是实践的层面，要么是理论的层面，要么是理论和实践结合的层面，就产业转移给我们提供了一个不同的认识视角，让我们大有收获。

让我们遗憾的地方是每一次论坛总觉得时间不够,我们也曾经考虑把这个论坛放在两个半天,但是从中间割裂了,大家的心也聚不起来了,所以采取了这个形式,可能也和我们主持方有关系,以后再改进。让我们用热烈的掌声再次对各位参加论坛的老师表示感谢!也感谢我们的媒体记者共同为办好我们的论坛出力,谢谢各位!

第五章

新型农村社区建设与传统农区现代化转型

——第五届论坛

参与嘉宾

陈建中　　舞钢市市委副书记
耿明斋　　河南大学中原经济发展研究院院长、经济学院院长
王保海　　河南省国土资源厅科技处副处长
郭兴芳　　河南大学经济学院副教授、博士
孙德中　　河南日报报业集团理论部主任
蔡继明　　清华大学人文社会科学学院教授、博导
郑祖玄　　河南大学经济学院副教授、博士
于金富　　河南大学经济学院教授、博导
李燕燕　　郑州大学商学院副院长、教授、博导
杨宏恩　　河南大学经济学院教授、博士

论坛时间　2012 年 07 月 15 日 15：00
论坛地点　中原发展研究院会议室

一 论坛主题背景

在快速工业化和城镇化过程中,城市可以提供完善的基础设施和公共服务,从而降低经济活动成本和提高生活质量,促使产业和人口向城市聚集。但问题是,当工业化和城镇化大致完成时,人口的聚集形态究竟会是什么样的?参看发达国家的经验和现状,大致上是空旷的农村和密集的城市群、都市区并存,人口绝大多数聚集在大城市和依托大城市而形成的大大小小市镇。那么我国未来会是怎样?20世纪80年代以来,由费孝通先生提出中国农民太多、宜以小城镇为主要形式吸纳农民为发端,一直存在着究竟是重点建设大城市还是重点建设小城市的争论,现在的共识是要形成大中小合理布局的城镇体系。最近也有人从大城市病的角度提出,未来中国还是应以小城镇乃至农村社区作为承载农民的主要空间形态的观点。但我们在现实中确实也看到或感受到农民尤其是青年农民进城的强烈欲望,调查中也发现40岁以下的年轻人都出去打工了,农村成了典型的老人农业和老人社区,有些地方红白喜事甚至凑不齐一班帮忙的人。若干年后,这些人还会回来吗?若不回来,农村不是会继续空下去么?现在规划建设的农村社区是否会成为新的空社区呢?

然而,这次通过对新乡、舞钢两地的调研,有了新的思考。随着经济的发展,人口红利及成本成为影响经济发展,特别是制造业发展重要的因素。在全国的格局中,河南是中部板块的重要支撑,中原经济区的建设在全国大盘子中具有非常重要的战略意义,尤其是河南长期以来探索"三化"协调发展的路子,将"三农"问题置于区域发展规划、城乡一体化、土地规划以及产业集聚区"四规合一"的整体部署之中,在比较收益和成本后,会有大量的农民留在本土。我们不能想象城镇化的过程中只有农民向现在已有的城市转移这一条途径,也不能想象在城镇化的浪潮中只有现有城市的扩张而不会有新的城市的出现。因此,周边农村人口向社区集中一定是城镇化过程中的一个必然阶段（当然，有的农村社区可能将来会发展成较大规模的镇，也有的社区可能会衰弱。这里，强调的是特定的一个阶段），也是城镇化实现的一种基本形态，自然也是尽快改变城乡二元发展格局的切入点。值得注意的是，新型农村社区建设是以处于社会最基层的农村社区组织为主体，来探索和突破河南乃至中国发展过程中遇到的核心性瓶颈，以此自下而上地推动政策的变革和社会发展的。

二 主讲嘉宾发言

陈建中：

今天的主题是新型农村社区建设与传统农区现代化转型，我借此机会介绍一下舞钢市发展新型社区的经验和实践。

舞钢市是一个新型社区城市，地处伏牛山东部余脉与黄淮平原交汇处，与舞阳、叶县、方城、泌阳、西平、遂平六县接壤，总面积646平方公里，山区、丘陵、平原各占1/3，总人口32万。

（一）舞钢市新型社区的发展情况

近几年，舞钢按照省委省政府的要求，确定了"实现城乡一体化，打造中原明珠"的奋斗目标，坚持"生态建市、产业立市、文化强市、和谐兴市"的理念。采取"土地向规模经营集中、农民向城镇集中、积极推进产业集聚区建设"的"两集中四推进"举措，努力构建"覆盖城乡的社区保障体系、稳定和谐的安全平安建设体系、促进科学发展的干部考核评价体系"三大保障体系，走出了一条以新型城镇化为引领的"三化"协调科学发展之路。被省委省政府确定为首批扩大权县市、对外开放重点县市和城乡一体化试点市，获得了"中国冶铁文化之都""中国十大最具有幸福感的城市""中国水灯文化之城""杰出绿色生态城市"等诸多荣誉称号，综合经济实力和协调发展的能力进一步增强，发展的基础更加牢固，进入了蓄势崛起、科学发展的新阶段。2011年全市完成生产总值122.3亿元，实现公共财政预算收入7.86亿元，完成全社会固定资产投资90亿元，社会消费品零售总额 26.5 亿元，城镇居民人均可支配收入达到 15922 元，增长 12.7%；农民人均纯收入达 7204.4 元，增长 20.8%。预计今年上半年，市完成生产总值 49.8 亿元，实现公共财政预算收入 3.98 亿元，完成全社会固定资产投资 50.3 亿元，城镇居民人均可支配收入达 8627 元，农民人均纯收入达 4298 元，经济社会发展呈现出好的趋势、好的态势。

2009 年我们把新型社区建设纳入规划体系，把农村社区建设作为统筹城乡发展的结合点、推进城乡一体化的切入点，促进农村发展的增长，着力增强新型农村社区建设在新型城镇化发展道路上的战略基点作用，在不以牺牲农业和粮食、生产和环境为代价的"三化"协调科学发展的道路上进行了积极探索，取得了明显的成效，得到了省委省政府的肯定。

（二）舞钢市新型社区建设的实践

下面把舞钢市以新型社区建设为切入点推进"三化"协调发展的做法，向大家做一下汇报。

我们把它概括为"四二三"工作法，也就是说，坚持四个原则，促进三项政策，构建两项保障体系，以突出创新、强化运作来加快推进新型社区建设的步伐。

1. 四个原则

（1）坚持高起点规划、高标准建设原则

我们聘请了清华大学、同济大学、重庆大学等国内一流的大学，高标准、高要求规划新型城镇化和经济发展两个规划，并严格按照规划实施，根据不同区域的特点，如人口分布、文化特色、历史底蕴、资源优势等条件，把全市 190 个行政村规划为一个中心城市、四个中心镇、17 个中心社区。我们一共有 190 个行政村，其中 18 个行政村进中心城区，72 个中心镇、100 个行政村进中心社区，坚持不在没有规划的地方建房子，不建设没有经过设计的房子，要高标准完善配套设施。我们聘请了同济大学教授主持完成了舞钢市整个城市设计，行政新区修建性规划由同济大学完成，清华大学规划院主持完成了舞钢行政新区建筑设计，舞钢的四个中心镇的规划是由清华大学、重庆大学担当完成。

我们坚持由政府主导规划，政府主导主要体现在三个层次上：

第一，国家直接和国内一流的规划院洽谈设计和合同。

第二，中心城和中心镇由政府出资，城市社区由乡镇和市财政共同承担。

第三，所有的规划按照城市社区建设的一些管理流程和理念进行设计、审批，严格把关。在建设过程中高度重视建筑质量，我们把城建局的职能延伸到乡镇社区建设的每一个环节，从规划到招标、质量监控、验收、入住全程把关，按照50年不落后、100年不后悔的标准和理念进行建设。完善公共基础设施，不仅广场、公园、健身、排水、垃圾处理等基础设施要完善，而且学校、幼儿园、卫生室、超市、农家乐也要一应俱全，社区配套专业的服务人员。农村社区比舞钢现有的城市社区的质量和品位要高，容积率一般在1以下，把生态优化引入新型社区建设中。

（2）节约、集约用地原则

第一，舞钢市是河南省城乡建设土地增减挂钩试点市，为了破解土地的供需矛盾，充分盘活用地，舞钢市在新型社区建设中统筹协调，实现各种规划的有机衔接，我们的土地利用规划、经济发展规划、城乡建设规划、产业集聚区、基础建设的设计规划全部叠加在一起，实现了中心镇、中心社区建设规划无缝隙的衔接。

第二，利用城乡建设用地的政策，集约节约土地，要求新建社区土地面积必须小于拆迁的面积，由原来1.1亩降到现在的0.4亩。全市190个行政村由原来的71000亩缩减到27800亩，腾出土地4.33万亩，为舞钢提供近20年的用地指标，当然这是一个理想的数字，在推进的过程当中还有很多具体的困难和障碍需要我们去探索和突破。

第三，促进土地规模化经营、集约化经营。目前，舞钢市的土地流转面积已经达到11万亩，占耕地总面积的36%，参与流转农户近2万户，占农户总数的38%。通过土地流转经营，我们的土地效益也大幅度攀升，亩均效益是原来的3倍左右，通过以上措施既满足了发展用地的需求，又实现了耕地面积不减少、质量不降低的目标，确保粮食稳产高产，基本上破解了在新型城镇化过程中土地不减少、粮食怎么保的难题。

(3) 以"产业为基、就业为本"为原则

第一，在推进新型城镇化的过程中，舞钢市在产业观念中始终坚持经济发展规划与城镇建设规划两个规划同步推进，依靠产业发展来实现农村人口转移，以生产方式的转变来推动生活方式的转变。我们加大了农民转岗就业培训力度，提高农民素质，拓宽就业领域，同时指导每一个中心镇、中心社区依托自身优势和传统，至少培育1~2个支柱产业，依靠支柱产业来实现农民收入的成倍增长。我们按照产业来划分舞钢的新型社区，将其分为四种类型。

一种是新型现代农业带动型，比较典型的是瑞祥农业，它依托瑞祥农牧有限公司发展畜牧业和高效种植业，农民把土地全部流转给这个公司，农民就地转化为农业工人，在公司打工每个月收入2000元以上，加上土地流转每亩土地700元的收入，瑞祥牧业的收入方式使农民的收入超过了舞钢市城镇居民的收入。

二是新型工业的带动型。我们依托舞钢市的产业集聚区，在东、西两边建立了两个上万型的社区，每一个社区都在1万人以上，现在已经建成的六合苑社区首批是3000人；九龙山社区600套正在建设中。工业带动性就是把土地、农村的建设用地腾出来，作为工业产业集聚区的发展用地，农民到产业集聚区打工，在产业集聚区附近的社区居住，实现了产城一体化和就地转化农村劳动力。

三是新型商贸的流通型。在四个中心镇和一些商贸比较发达的地方规划建设一类社区，其中比较典型的是柏都社区，它具有比较繁荣的区位优势，规划建设了五万平方米的商铺用于发展家装、灯具专业市场，可吸纳1000多人就业。

四是依托自然资源发展新型旅游服务业型。张庄社区我们规划的是6000~10000人的社区，首批是3000人，二期我们将建设养老产业园，现在规划的初步方案已经出来了。现在的社区是依托各家的自然资源，发展农家乐，现在已经开始营业的农家乐，每一户的户均收入都在10万元左右，每年的纯收入现在预测能超过300万元。简单给大家说一下张庄社区的户型，每一户大概是260平方米，多的有400平方米。农民的民居既是居住的环境，也是经营的场所，这套住房解决了他们三代人的住房和配套。现在到舞钢市去，有的农家乐要提前10天预订地方。

同时，我们强力推进产业集聚区建设，让更多的农民进产业集聚区。目前，产业集聚区已经建成将近5平方公里，累计完成投资95亿元，已入驻企业29家，从业人员达到3万人，年收入达到了200亿元。为了扶持产业发展，我们对农民专业合作社贷款给予70%的贴息。每年的销售额达到70万元，能够常年吸纳居民就业50人的企业，市财政一次性给予30万元的补贴。每年出资500万设立居民自主创业基金，支持农民自主创业，真正实现了农民能发展、致富和持续的目标。

（4）坚持群众自愿和群众满意的原则

把群众自愿和群众满意作为新型社区建设的首要目标，不搞一刀切，我们提出的原则是实事求是、量力而行。我们靠优美的环境、优惠的政策和优质的服务吸引农民到新型社区中去。

第一靠优美的环境。我们的容积率大概是在1以下，现在已建成的新型农村社区是0.8以下，绿地率在50%以上，建筑密度在25%以下，这是非常理想、非常好的指标。游园广场、垃圾处理、污水治理一应俱全。

第二靠优惠的政策。农民购房有补贴，入住新型社区有房产证，转进新型社区享受城乡两种政策，就是农民搬到社区以后愿意转化为城镇户口就转化为城镇户口；想转农村户口的转农村户口，原来在农村的经济关系不变，如土地、房产等关系都不变，但是享受城市居民的一切待遇，如低保、医疗、公共服务等待遇。

第三靠优质的服务。我们的教育、通信、超市一应俱全，我们还和清华健康环境研究所合作，建了一个健康管理中心，也叫社区服务站，用一流的设施、一流的服务、一流的理念，为每一个入住社区的居民做一份健康档案，让居民足不出户就能过上超过舞钢市城市居民生活品质的生活。

2. 三项政策

（1）土地收益反哺的政策

新型社区建设新在统筹，我们在实际工作中认为统筹的根本和要点在于土地的统筹，土地的统筹不仅能解决土地指标问题，还能解决土地资金问题。通过城乡建设用地增减挂钩政策减少农村建设用地指标，增加城市建设用地指标，结余指标产生的其他收益反哺农村，政府不与农民争利，实现了城市支持农村、工业支持农业、统筹城乡发展的良性循环发展。中心社区建设土地挂钩指标节余的50%我们拿出来一半由乡镇自主运作，另一半作为中心城区的收益指标，纯收益全部返还给乡镇，中心社区的商业运作、土地招拍挂所获得的土地出让金全部用于中心镇和中心社区的建设。

我们最近和企业合作建设舞钢市冶金工业园区，在为它配套的10平方公里矿山中，还有工业园区的建设中，一共有将近两千户需要搬迁，由企业出资对农民进行补偿，然后企业新上项目产生的效益按地方财政流程拿出70%，限期五年返还给企业，就这样把企业的发展和新型社区建设结合起来。通过农民搬迁腾出了将近2000亩的土地建设指标用于企业发展，形成了一个良性循环发展，真正意义上实现了工业、农业、农民的统筹发展。一次性可以搬迁2000户，解决舞钢公司未来十年的发展空间。在不增加地方财政收入1分钱的情况下，从企业新增的效益当中拿出70%，解决补助问题，这是土地政策，也是利用土地的杠杆。

（2）财政补贴政策

第一，实行建房购房补贴。对农户中心镇、中心社区建房购房每户给予5000~15000元的补贴，对困难农户购房给予三年的政府贴息贷款。最近出台了一项政策，凡是在新型社区建设的银行贷款政府贴息70%，银行的同期利率在原有基础上降低5个点，市财政对中心镇区的公共服务按照1∶1的比例进行奖补。

第二，加大财政投入。我们规定市财政对新型农村社区预算内的建设资金，不包括土地运作这一块，预算内每年用于新型社区建设不低于5000万元，在"十二五"期间，每年增幅不低于10%，2012年年底之前完成土地挂钩指标，市财政给予每一个项目10万元的奖励。

（3）项目资金扶持政策

一是整合涉农资金，对上级部门下达的各项资金，我们按照性质不变、渠道不断的原则，将各种涉农资金、项目进行整合投入新型农村社区当中。目前，已经整合资金1.3亿元。

二是广泛吸纳社会资金。我们出台了一系列的文件,建成了政府主导、农民投资、金融支持、社会参与的多元、长效机制,引导社会力量参与新型农村社区建设。2009年以来,我们吸纳了各类社会资金4.8亿元,其中农民自筹3.68亿元,企业无偿帮建8000万元、单位帮建2000万元。

三是进行社会筹资。以乡镇为主体进行融资,目前已融资1.5亿元。四是实行"两证"抵押贷款。把农民的房地产证作为抵押,评估以后交给农信社,农信社为入住居民、购房居民等社区居民发放贷款,目前,已为张庄社区首批10户居民贷款331万元,有效地解决了新型社区建设过程中资金不足的问题。

张庄社区有一个居民,建房花光了所有的积蓄,没有力量继续发展生产,通过"两证"贷款20多万元建了农家乐,现在已经正式开业。

这是在社区建设中的三项政策。

3. 构筑两大保障体系

(1) 组织领导体系

"三化"协调发展是牵一发而动全身的工作,不是单纯的新型农村工作。

第一,我们提出来需要全党动员、全社会关注支持、全民参与,所以我们成立了一个新型社区建设领导小组,又专门成立了一个两级领导小组,书记、市长亲自挂帅,我作为副组长亲自来操作这项工作。我们采取了一周一调度、一周一观摩的制度,每周都要把17个社区转一遍,把现场会真正开到现场,在现场解决问题。我们提出来乡镇工作的重点是中心承办,也就是以新型社区建设为龙头,新型社区建设决定了乡镇工作的成败荣辱,决定了乡镇领导的进退取舍。以新型社区建设为龙头,把招商引资、计划生育、信访稳定等各项工作纳入以新型社区建设为龙头的工作中。在乡镇干部的考核评价体系中,新型社区建设这一项权重占到了75%~80%。

第二,强化基层组织建设。我们出台了新型社区建设管理机制,因为在旧的体制没有打破、新的体制没有建立之前,我们需要创新管理,我们建立了社区管理机构,成立了正科级的社区党委和管委会。建立健全了新型社区的保障机制,经费纳入财政预算,社区领导小组成员参照在编工作人员享受相应的工作报酬。现在打破了年龄、身份、学历地域的限制,不拘一格,选贤任能。当时对我们的社区定正科级有争论,但是现在看来这是正确的,每一个乡主管这项工作的人兼任社区管委会党委、副书记、副主任由各村的支部书记担任,率先整村搬迁的社区把村主任就地转化为在编的公职人员,享受副科待遇,按照干部的管理纳入地方财政体系,从根本上解决了基层组织这一部分人的积极性。

第三,大力开展单位帮建,各个单位按照自愿原则,从物力、人力、财力上进行帮建,形成全党动员、全社会关注、全民参与,齐抓共管、统筹发展的工作体系。

(2) 城乡一体的社会保障体系

第一,实行城乡居民养老保险。为解决农民的后顾之忧,舞钢市在没有被列入养老保险试点市、没有上级资金支持的情况下自筹资金,对入住新型社区年满16周岁以上、没有参加基本医疗保险的社区居民,办理城乡居民基本医疗保险,做到应保尽保。对土地全部流转的居民,市财政在土地流转期内代每人每年缴100元的养老金。入住新型社区的农民全部享受养老保险。

第二,实行全民医保。舞钢市在全国率先推行了全覆盖、无缝隙的管理体系,新农合的参合率达到99%。

第三,实行户籍改革。为了调动农民的积极性,愿意转为非农业户口的就转,不愿意转的就不转,愿意享受农民的待遇就享受,不愿意享受就不享受,给农民最大的优惠,进退自由。这样的制度改革和上面的户籍不太对接,我们内部派出所为舞钢市农民建立了两套户籍,进出自由。但不允许市民转为非市民。

第四,实行土地确权办证。为入住社区居民办理住宅用地的审批,积极办理土地使用证,住宅用地需要依法使用国有土地的按协议原则,颁发国有土地使用证。允许社区居民在一定范围进行住宅流转。2012年4月份我们率先在张庄社区开展了第一批土地确权办证工作,为21户农民发放了房屋所有权证和集体土地使用证,其他社区也在有序地开展。发证不仅能够抵押贷款,还增强了群众的主人翁意识,农民有了合法的资产性收入,拓宽了多元化投资渠道，原来的死资产变成了现在的活资本，入住社区的居民有了自己的地盘，心中也踏实了。

第五，办理房产证。在取得土地使用证的基础上，由我们的房管局直接办理房产证，这个房产证在一定范围内可以流转、可以出租、可以抵押，现在我们正在探索能不能在政策上有新的突破。

第六，推行社会管理创新。就是让政府的审批、发证、备案服务等各项职能全部进入新型社区，推进城乡社会综合改革。我们结合了17个社区的思路，在组织领导、机制整合、资源分配上下工夫，完成了城乡一体的保障体系。在我们中心社区围绕公共服务、社会保障、综合维稳等工作，在每一个社区设立"一办三中心"，"一办"即综合办公室，"三中心"即经济发展中心、社区建设中心、综合中心，每一个服务中心设立了"五室一办一厅"，"五室"即矛盾纠纷调解室、警务室、特殊人群帮教室、法制宣传教育室和社会管理办公室，开展全方位、一站式的服务。在全辖区内积极组织村民参加舞蹈、秧歌等文化活动，丰富自己的精神文化生活。推行民主法治社区和星级示范创建活动，同时组织开展创建评比活动，把精神文明建设、文化建设的各项城市社区文化活动推进农村社区里面，开展文明社区创建评比活动，真正让农民变成市民，真正实现生活方式的彻底转变。这是我们的一些做法。

（三）舞钢市新型城镇化的初步成效和经验

自舞钢市的新型城镇化工作开展之后，目前我们规划的一个中心镇、一个中心城正在高标准、高品位地建设，整个城市规划是由同济大学做的，新型社区建设规划是由清华大学做的，开发商是中建西局，我们引进了恒大集团和建业集团，按照单元式开发，中心区28平方公里划到47个开发单位，按照综合连片开发、政府主导、品牌优先的理念，进行城市高品质的建设。四个中心镇已经全面展开建设，已经开工建设12个村，建成新民居3415套，今年将开工建设7000套以上，总计将达到10000套以上。在建设过程中，对社区进行逐个规划，在这样的前提下，我们感觉到在推进过程中对产业的研究、对人口的流动缺乏科学定量的分析，我们邀请清华大学规划院总规二所整合一些经济、社会方面的专家和人才，准备搞一个统筹城乡发展的规划，对人口的流动、产业的发展、文化的发展，包括人才的支撑、资金的支撑等方方面面进行改革，做一个总的规划。近期可能在清华大学邀请国内外的专家，针对舞钢市的发展开一个研讨会。我们通过这几年的工作，实现了空间结构、要素的大整合，发展方式、体制方式的大变革和管理的大调整，在不离土不离乡，只进厂不进城的新型城镇化道路上取得了一些成效。具体的表现在以下几个方面。

1. 新型社区建设破解了建设用地的难题，是"三化"协调发展的必由之路

新型城镇化建设能够有效整合村庄、人口、产业，从而实现土地的集约、节约和有效利用，有效地破解了保护耕地硬性要求与经济发展刚性需求之间的矛盾，促进"三化"协调发展。比如，我们把产业集聚区的5个行政村和27个自然村的农民全部搬迁到临近产业集聚区的六合苑农村社区，为产业集聚区的发展和27个自然村的农民实现生活方式、生产方式的转变，找到了一条有效途径。

2. 新型社区建设改变了农民的生活方式

关于我们的农村社区刚才已经汇报过了，它的规格和标准是按照50年不落后、100年不后悔、建设百年宜居社区的理念来打造的。现在舞钢市的城市人都非常羡慕我们的农民，农民的生活方式正在改变，按照这样的思路走下去，农民的生活方式将彻底改变。目前，有38%的农民脱离了一家一户的生产经营，大部分的农民是靠产业集聚区实现就业，你愿意到产业集聚区打工就可以去集聚区打工，在我们社区都有配套的小型的、适合这个社区发展的产业，还有一些农家乐、商贸，彻底改变了农民的生活方式，把农民从土地中解放出来，同时也把土地从农民的手中解放出来。

3. 新型社区建设优化资源配置

农民转移到社区达到优化资源配置的目的，提高了公共服务水平，农村在教育、医疗、管理等方面都很分散、力量不够的现状也改变了，我们现在的新型社区的小学、幼儿园、医院完全按照国家规范来建设。

4. 新型社区建设促进了社会的和谐和管理的创新

我们总的想法是，在下一步的工作中利用 5~8 年的时间实现三个 80% 的目标，即土地规模经营面积达到 80%，农村转移人口达到 80%，城镇化率达到 80%，基本实现城乡一体化，努力在中原经济区建设中发挥应有的作用。从我们推进两年多的工作来看，前两年工作推进得还比较顺利，再往下会触及一些深层次的矛盾，可能会遇到一些更大的问题。比如，拆农民的房子、城市建设用地，每一位专家、每一位学者、每一位参观的领导都会问这个问题，这个问题像一根刺一样刺到我们的喉咙里面，已经两年多了。舞钢市政府已经把这个问题正式列入议事日程，我们正在研究政策，目前还没有成型，还面临着资金的问题和土地的问题。舞钢市要把 6000 多名农民搬到新型农村社区，建设资金需要 80 亿~100 亿元，我们一年的财政收入只有 10 亿元，资金的瓶颈怎么解决？我们现在提出以项目带动市场化运作，从目前来看，我们运作的几个项目都比较成功。通过工业发展带动了将近 27 个自然村的发展，我们刚才看到的百度社区将带动 600~1000 户的发展，一个养老产业园可以带动 2500 户，这样加起来可能会超过 15000 户，如果按 65000 户计算我们已经完成了 1/4。但是明年怎么办？后年怎么办？再往下怎么走？舞钢现在虽然在破冰扩土，但是整体而言还在途中。

三　论坛议题聚焦

（一）郭兴方：新社区要向城市集中，向乡镇集中，向产业集聚区集中

开封市比较落后，从目前来看，整个开封市的市县没有建成一个像样的、成功的社区。但是这样建的话问题也会很多。有几个问题我们要思考一下：

一是我们建这个社区是不是政府的职责，政府到底是干什么的？

二是舞钢市推动建设这么多社区，最终的资金从哪里来？

三是我们在理论上说能腾出多少土地？实际上我们能不能腾出那么多土地？

今天我要讲的问题分为以下三个部分。

一是我们要认清为什么要搞新型农村社区，或者是新型农村社区战略的意义。这里存在一些误区，误区在哪里呢？

误区1：新型农村社区是在农业规模化、产业化充分发育的基础上的一次革命，是彻底打破城乡二元结构的制度性变革，可以理解为这样一个情景，中国的农业不再是家庭联产承包经营的状况，农业由具有专业化水平的农业企业家来经营，少数没有进城从事第二、三产业的农民变为农业工人，中国再没有户籍、身份的差距。而真正建立城乡统一社会保障网才是解决这个问题的根本方法，而不是仅凭新型农村社区就能建成城乡一体化。

误区2：我们现在把建设农村社区当做当前解决工业用地的过渡性措施，很多人想从土地上打主意，为了扩大工业用地盲目地合村并镇，某个社区现在占地840多亩，将来能够腾出250多亩地，腾出的地每家每户再分半亩，在社区搞养殖，那还叫社区吗？这个社区没有把农民的耕作方式、生产方式改变了，所以他的生活方式也没有改变，如果农民还是以小规模的种地、养殖为生，这些东西还有地方放吗？

误区3：搞新型农村社区的真正目的是什么？当时是为了安抚农民，并没有想过要彻底改变中国的现状，也没有一下子改变的能力，城中村不是农村，但是农民的身份没有变。成功的新型农村社区是条件成熟、有产业支撑、社会保障完备的。所以说这是农民城镇化、城市化的过渡，这种现象发育到一定程度，会倒逼政府改革这些东西。

误区4：把2005年的中央文件长期化、形式化。事实上，2005年的新农村文件是一个改善农民生产、生活条件的过渡性安排，是没有实力一次性解决中国二元结构的防守性举措，西方国家的今天就是我们的明天，这是谁也改变不了的现实。长期来看，从事农业的劳动力必然下降到总劳动力的10%以下，考虑这个我觉得是有必要的。

二是新型农村社区怎么搞？

第一,战略性、前瞻性的科学决策是关键。中国未来劳动力分布如何?究竟需要多少人从事农业?未来人口布局如何?我们可以看西方的路径。我们现在农村社区布点是否科学?20年或者30年大部分是否又成了空壳?这个东西是关键的。现在在布点新型农村社区的时候,要特别注意这个问题。

第二,从制度上根本消除新型农村社区建设的障碍。设想一下中国如果没有城乡、工农之分,新生代的农民工长期在城市就业,能够享受所在城市居民的待遇,有一个和城市人一样的社会预期,我想现在已经有不少农民工已经在城市安家了,他们的土地也早就通过出租、转包给弄出去了。

第三,实事求是、稳步推进。是由政府引导,不是赤膊上阵,根据各地的条件,成熟一个上一个。条件具备是指某一个地方农村土地高度集中和农业产业化程度较高,农民通过土地流转的收入已大大高于他自己经营所取得的纯收入,而且农民还可以到就近的农业企业家的企业工作,取得一份收入。如果不能实现以上条件,草率地将农民集中到我们设计的社区有何意义?所以,新型农村社区建设的前提是先要把土地集中实现农业产业化,我们前期工作的重心在这。

第四,量力而行、市场化运作。新农村社区建设,政府没理由也没实力埋单。假设一下:有一个大的农业产业化项目,需要上万亩甚至更多的土地,企业家自己就要考虑这些农民如何集中,如何安置,根本不需要政府出手。现在我们搞新型农村社区建设时引入的企业家大部分是冲着土地运作来的,没有考虑到社区居民的就业与身份转换。

三是操作建议:

第一,取消户籍制度,让进城的农民工享受城市的待遇。

第二,推动农业产业化进程,农业产业化体现的是土地快速集中、流转的关系。

第三,在县、乡镇规划社区,应纳入县、乡镇的总体规划。总之,新农村社区要向城市集中,向乡镇集中,向产业集聚区集中。

第四,在已经建好的社区,加快入住居民土地流转,让他们的生活方式得到转变。

（二）王保海：建设新型农村社区涉及土地流转和产业支撑

我要谈的主要是土地流转的问题，同时也涉及新型农村社区建设中的一些问题。新乡市是全国新型农村社区建设比较早的一个市，但是有这样几个事实我不能理解：到底集约了多少土地？新型农村社区建设了不少，旧城到底拆除多少？没有，节约土地更谈不上。现在是什么状况？新的社区不断在建设，不断在占用新的耕地，老的村庄撤出量不是特别大，有完整的一个村撤出了没有？到底什么时候能够搬进新建的社区？等老社区拆完了，深层次的矛盾慢慢地会出现。

我主要讲五个问题。

一是新型农村社区的地位。它到底是新型农村社区还是城市的末梢。省政府把新型农村社区定位成城市的末梢，这就把新型农村社区定义为城市了，就不是农村了。但是我觉得无论新型农村社区起什么名字，住什么样的房子，提供什么样的公共服务，它的生产方式只要没有改变，它还是农村。

二是新型农村社区是在政府主导下进行规划的。它是否符合就业人口变动的规律？你给它规划一下，你盖一个社区让他去住，他为什么非要住进你的社区？这就是一个将要面临的问题。

三是以什么样的产业支撑。那么多的人口，土地如此紧张，发达的工业城市还好说，如原阳等农村地方去哪搞产业？

四是政府主导下的新型农村社区建设，资金从哪里来？舞钢市是比较富的城市，而原阳去年的财政收入才突破 2 亿元，人口却比舞钢市多 2 倍，财政上政府下了很多指标，如何来完成？一个社区才减少 1/5 的土地，花的钱就有 500 多万元了，投资基本上需要 3000 万元。

陈建中：舞钢市的公共均摊每户是 6 万元，目前已经建成了。

王保海：农民为什么不愿意搬？过去的新农村建设，一直搞得不错，它的建设投资和买新房的投资要算一本账，我买房子花了四五万了，你现在要拆掉还要买新房子，这个钱怎么算？现在农民会算这个账，我的地值钱了，你给我补贴这一点钱不划算，政府也算账，农民也算账，如果政府不站在农民的角度去算账，将来问题会越来越严重。

五是刚才描述了城镇化图景以后，我觉得城镇化是一个结果，不能在某一个方面、某一个地区当手段使，生产力发展了，产业就业能跟上去，自然而然就城镇化了。在商业发达的地方可以开展新型城镇化，比如濮阳有油做支撑，平顶山有煤炭做支撑，而有的城市没有产业、没有能源做支撑，如果把这个结果当成手段来用，我觉得是不行的。

陈建中：你刚才说的问题是我们在工作当中非常关注的问题。关于第一个问题，舞钢市所有的产区都是以产业为导向的。我们四个类型的社区，一个是农业带动型，一个是工业带动型。张庄社区的旅游只是一个方面，我们的工业产业区在东、西两头有两个社区，农民如果愿意到产业集聚区打工可以来，如果不愿意可以选择出去经营。旅游带动那一块，平时没有看到很多客源，农家乐的特点是在星期天和节假日，如果星期天和节假日你不提前半个月预订，你是预订不到一个房间的。我们每一个农户都有一个创收的计划。

第二个问题是农民搬迁的问题，或者说是资金问题。资金问题是非常困惑我们的问题，我们通过几个渠道：一是财政的补贴，二是社会的资金，三是整合项目的资金，四是农民自身的资金，五是社会化运作市场带动，六是财政的固定投入来筹集资金。这里面政府的责任是什么？城镇化不是一个自然而然发展到一定阶段后产生的。广州市委书记到舞钢市调研的时候说过一句话："我们回不去了"，广州非常发达，但是他们错过了一个非常好的机遇，每一家农民能有钱建别墅，但是没有能力解决污水处理问题。这些规划只能由政府主导，我觉得新型城镇化中，以党委和政府的名义来给农民规划、给农民设计房子这是人类历史上的一个伟大创举，是我们党委政府的责任。交给市场做不了，企业家关心的只有收益，只关心这一块地我拿过来以后，把农民安置以后，我能产生多少效益，但是农民还有就业的问题、持续发展的问题、进入城市化后的管理问题。

最后一个问题是农民自愿。舞钢市搞新型城镇化不是在卢展工书记调研以后，也不是在河南省提出来以后，我们在2009年舞钢市市委班子调整以后，经过两个月的调研，开了十次会议，一家一户发了3次、至少10万份调研问卷问农民，你是希望到城市居住，还是到中心镇居住？你愿意到社区居住吗？你愿意掏多少钱？我们能为你补多少？全部是自愿性的，绝对不会违背群众的意愿,城镇化的发展是历史的必然,是我们党委政府的责任,也是人民强烈的呼声,不是我们党委政府为了搞面子工程,为了搞所谓的典型而做的。卢展工书记到舞钢市调研以后才做出新型城镇化引领"三化"发展的决定,这是在九次党代会讨论的时候说的,我们在舞钢市传达的时候把这句话去掉了。舞钢市在2009年提出来推进城乡一体化,打造中原名城,舞钢打造的"四集中"整体上都是按照城镇化的要求来推进的。

耿明斋:我们学者是从逻辑上讲问题的,事已经存在了,比如刚才几个人都提出来,新村建了旧村能拆掉吗?垃圾怎么处理?农民是否自愿?这些问题我们逐个理一下,讨论出来,有一点眉目。我们想到的问题,他们都遇到了,人家也动脑筋去想了。

陈建中:新型社区建设不能仅靠市场控制,需要政府的协调。

我们县级干部都不算是干部,天天跟农民在一起,我的父母就是农民,我们的每一项工作要求我们乡镇干部到每一家每一户去调查,我今天汇报的问题是面上的问题,刚才那位专家去了舞钢市两次,你关心的问题也是我们的关心问题,我汇报的这些就是让大家拿出来批判的,我们对好多问题非常困惑,如规划的问题、资金的问题、管理的问题、机制的问题,好多问题都困惑着我们的党委政府,希望各位专家为我们提出建议,为我们解决。

私有化不是我们县党委政府考虑的问题,每一个户型、每一个社区建在哪里,建什么样的房子,选择什么样的施工队都是农民自己定,不这样做你没有出路。这是党委政府的责任,不是想通过新型农村社区建设搞面子工程,我们就是按照农民的意愿去办事。你刚才说的市场化是一个看不见的手,它解决不了垃圾的问题、污水的问题,所以这个必须让政府来协调。

(三)孙德中:缩小城乡差别,最有效的方式是加快农民工进城步伐,应增加农民的财产性收入

我觉得,我们讨论这个问题的时候,很多前提都是假设,因为你的主题是新型农村社区与传统农区的转型,既然有这样的题目,那就意味着新

型农村社区建设有它的合理性。有了这个前提我们认为新型社区应该搞，我们现在只能讨论它怎么能搞得更好。

它怎样在传统农业现代转型中发挥作用？发挥什么样的作用？基于这一个点，现实中的办法总比问题多，只要有问题，我相信人类凭智慧会解决，人类是在解决问题中进步的。

我介绍一下整体的情况，现在社区是什么状况。截止到7月4日，河南省大概规划了2300个社区，现在已经建成的是840个，整体是这么一个状况。我们从理论上测算，如果全部建成，大概可腾出900万亩地。按照"十二五"的要求，我们每年的建设用地是80万亩，国土资源部给我们的指标是25万亩，那么我们每年将近60万亩的建设用地从哪里来？为什么省委主要领导一直强调，新型农村社区建设、新型社区引领是一种倒逼，就是我们现在没有办法，中央就给你那么一些地，以前你占了就占了，怎么着都行。同时我们给中央有两个承诺，不牺牲农业和粮食，不牺牲生态和环境，那么你怎么发展？

新乡、新密做新型社区确实有足够的空间，我跟郭兴方和耿老师说过长垣，跟他们做了一个很深入的交流：你们当初为什么会做出这样的选择；他说，很简单，地从哪里来？就从宅基地来，就这么简单。我们现在被赋予了太多的社会责任，承担了太多的伟大意义。

大家都知道城乡一体是新型农村社区的切入点、结合点，社会管理中心的创新点。从这个角度来说，我觉得这四点从现在来看，不是完全没有道理，它既然是一个倒逼，它逼的是我们的体制机制，在我们伟大的国家如果有严格的户籍管理，我们还需要干这种事吗？为什么一直在强调倒逼？我个人的观点，上一次来的时候我也发表过，就是因为在这种大的环境当中，如果想缩小城乡差别，最有效的方式不是搞新型社区，应该是加快农民工进城。现在河南农民工是2000多万人，100多万人在省内，如果中央加快农民工进城步伐，按照1∶5的带动效果，我们能有多少人城镇化？按照国家主体功能区的规划，我们这里不应该是人口的集聚区。我们的人已经转出去了，沿海是重点开发地区，人也理所当然往里面集中。

我觉得这从理论上看很清楚，我能想明白，也能说明白。关键是这事你能做得了吗？河南城镇化率即使达到50%，我们还有5000万农民，再过5年、10年，难道我们还让农民过那种污水横流的生活？怎么办？他又进不了城，很显然是不行。我们家也在农村。刚才郭老师也说了，新型农村社区有两个问题你没有解决，一是公共服务，村建得再漂亮还是那么小，随着社会的发展，环境的污染、食品的包装，你怎么处理？过去农村没有这样的问题，靠自己消解。以后怎么办？

从现在的新型农村社区来看，不管是舞钢市也好，新密也好，尽管新乡走得早，但是我不认同。我推荐两个地方，一个是舞钢市，二是新密，它们是自己做的。舞钢市有一条，在新型城镇化里面有产业支撑，就业为先，起码他们有自己的意识。我到舞钢市里看，每家每户有一个牌子，不管实际效果怎么样，至少他有自己的认识。新密在规划的时候，都是向中心城区集中，这种社区的管理不完全是当地说了算，因为这是政府体制的问题，但是他们自己在做。因为我的发言是属于临时性想说的，所以没有那么系统。如果要说新型社区，目前我们省里的设计需要达到的目的，一是希望这个社区成为我们改革的新举措，就是想通过这种新型社区建设倒逼土地机制建设，中原经济区对我们的要求很清楚，有人地挂钩的政策，但是现在怎么挂没有具体的内容，靠什么抓手来推？这一次国土资源部部长来河南签订协议的时候，我们就是希望能把人地资源挂钩的政策真正落实。

耿明斋：昨天我在焦作调研的时候跟他们说，城乡用地增减挂钩政策要覆盖全省。

孙德中：第一条，我们原来是在县域内，现在在全省也可以做。比如，这个地我从村里转到镇里，但是现在转郑州市利润就会很大，政府把增值的50%给农民，他不就是带着资产进城了吗？就现在的现状来说这是不行的，我觉得这是第一条。

第二条，刚才几位老师说了，首先有产业，农民的产业化、农民的职业化，在新密调研的时候我就说，我们搞经济的都知道，最基本的东西是生产方式决定生活方式，但是在某种条件下生活方式的转变对生产方式也是一个巨大的阻力。比如说在新密，原来没做的时候土地流转很难，现在都集中了，农民强烈要求转出去。实际上这本身也是一种倒逼，如果你没有这种生活方式，让一家一户解放出来的话，它解放不了。比如我去杞县里楼,那里的地在新密是1200元,在里楼只要500元还转不出去,这地没有人要,不是农民不愿意,是转不出去。我们有些专家说,你们为什么不调结构呢? 农民说,种什么菜,我种的菜都烂了也没人要,种玉米、水稻还有人要。你说转经济作物,不是你说转就可以转的,市场是一种体系,是一种网络。但是你做了以后,生活方式就会逼着你去转变生产方式。

耿明斋:我们去年去新密调研的时候,让我们看的应该都是好的社区。现在他们是不是也像舞钢市一样用全域覆盖、整体推进的模式?

孙德中:基本上就是中心镇,没有做全域规划,现在做全域规划的主要是开封和南阳。

耿明斋:舞钢市不是典型的全域规划城市吗?

孙德中:我们现在的社区主要是想解决两个问题,一是土地问题,二是农民的产权问题。这个是省里面在推的,因为现在总是强调财产性收入,城乡差距最大的就是财产性收入,工资收入也很重要,但是起主导作用的还是财产性收入。我们主要领导的想法是通过新型社区建设,把它拉入城市的末梢,然后先做小产品,再做大产品,从根本上实现农民的自由选择,真正把流动的主要选择权放在农民那里。不管你是在这个社区住,还是在郑州、北京住,只有带着自己的财产才能达到真正地自由流动,否则我们自己的社会保障怎么保障? 这一块的东西是有,但是我们现在的人实现到什么程度? 我们只能在当地流动,比如说,在新乡的只能在新乡流动,随着大面积做了以后,改革的目的是希望每一个农民都有大产权。

耿明斋:我们现在达成共识的地方应该是在当前,河南这个发展阶段的核心内容应该是解决农民进城的问题,发展到现在这个阶段,农民进城的问题就凸显了。农民进城的方式无非是两种,一是逐户地让农民自由选择进城,你是进还是不进,你是到郑州去还是到广东去,自由选择。二是在一个区域范围内,通过政府的规划,通过政府引导、社区化集中地改造的方式,让农民整体进城。或者说得更一般一点,就是让农民享受基本的公共服务,有基本的公共设施,在一定程度上改变他的生活方式。现在我们要讨论的问题是,至少这两种方式都是存在的,社区化的推进并没有妨碍单个农民的自愿选择方式,没有堵哪一条路子。

我们今天讨论的问题,就是沿着这条路子往前走的过程当中会遇到什么样的问题,这些问题该怎么样解决,问题要罗列一下。

第一是这条路子该不该走?其实我们讨论的是两种意见,一种是路子应该自由选择?刚才德中给的解释也是很多人的认识。一种是大规模的工业和城市建设用地有一个巨大的缺口。从政府的角度来讲,它就要去推这个事,县委书记讲我就是要解决这个缺口的问题,没有别的办法,我要搞工业不给我地,我怎么弄?政府的逻辑就是这么来的。但是从农民自身的逻辑来讲,一部分不能在短期内通过自由选择的方式进城的农民,他也希望尽快地有公共基础设施,能够享受公共服务,改善自己的生活方式。这两种要求结合在一起,就形成了这种情况,现实当中理论逻辑都是这么一回事。我们需要论证的问题,就是刚才罗列出来的两种逻辑对不对,能不能在这个问题上达成共识,可以围绕这个问题讨论。如果这条路子不对,则有几个问题,首先遇到的问题是钱从哪里来?改造旧村、建设新村首先要有一笔钱,钱从哪里来,现实当中有什么解决办法?刚才陈书记也摆出来了,舞钢市大概需要80亿元,但是舞钢市一年的财政收入是10亿元,那么钱从哪里来?无非是两种解决办法。一种是政府加农户,农户拿建房的钱,这是自我解决。二是经由市场化的改造,开发商给你建,给你搬,大概是这种方式,其他的捐助也有,钱从哪里来这也是一个问题。

孙德中:大部分人都不了解,中央财政关于新型社区总理基金一年给河南10亿元。

耿明斋:因为搞这个事,中央财政给予了支持。

孙德中:第一年是10亿元专项资金。

耿明斋:钱从哪里来?这是我们要讨论的问题,要集中讨论的问题。

孙德中:5000个社区,一个社区的公共设施投入大概是2500万元。

耿明斋:第二是社区的密度要多大,或者说在一个区域范围内,舞钢市是一个中心、四个社区,陈书记他们一直在琢磨这样摆对不对?

孙德中:地方小。

耿明斋:河南现在讲五级城镇体系。市里面是四级城镇体系,县里面是三级城镇体系。我想这些体系你怎么摆,省内的争论也是在这方面,也涉及这个问题。但是争论仅仅是在面上,到现在省长还在讲城市化有两种方式,一种是中心城市带动周边城市,一种是就地城市化。其实这是两种有差异的思路，那这个问题的根在哪儿呢？不是说这个对，那个就不对。搞社区建设不是反对中心城市带动周边城市，而是规模结构该怎么变化，这是第二个值得讨论的问题。

第三，是农民的财产权，所谓土地的问题该怎么办？这个问题涉及的面就广了，剩余建设用地挂钩的指标拿到别的地方用了，该怎么做？价值怎么定？这都是问题，这既是学术问题，也是重大的现实问题。然后社区的农民占的这个院子是集体的，要给它发证、确权，这不是值得讨论的问题吗？然后三个村、五个村并在一起了，社区肯定是在一个村的地方建设的，那么剩下的三个村进来了你怎么建？这个问题怎么解决？这就是问题了。

第四个问题是就业问题。第一次到舞钢市调研，我就提出这个问题来，要围绕社区摆产业，当然对有些社区来讲是对的，当然所有的社区都要摆产业。要怎么去搞？我想就这些问题大家都有话说，我们好好讨论一下、深入一下，我把问题理一下，按照这个思路说下去。

孙德中：我们的讨论还是有一个自动约束的前提。城镇化肯定是我们的方向，城市市民的选择没有太多的约束，但是农村不是，因为市民是可以流动的，你卖了房子，社保各方面都可以带走，农民赖以生存的是承包地和宅基地，这些是不能带走的，这无形中限制了他们，为什么现在要解决这个问题？现在省里面试图通过新型社区的建设开一个口子来解决这个问题，最后能解决到什么程度？

耿明斋：我们今天把研讨的主题确定为新型农村社区建设与传统农区现代化转型，这里面隐含一个基本的认识，就是新型农村社区建设是传统农区走向现代化的一个切入点、一个路径。我到舞钢市看了以后，有一个新的认识，舞钢市从区域范围内走向现代化，由二元社会结构变为一个社会结构，那就涉及一系列的公共产品供给，意义就在这里。在传统的制度架构里面挖了一个井，井一挖下去方方面面的制度结构问题就露出来。

（四）蔡继明：农民工进城制度需要改革

蔡继明：陈书记，我问你一个问题，舞钢市现在建成区面积多大？

陈建中：建成区大概是10平方公里。

蔡继明：有没有规划？

陈建中：规划到2028年，这是去年规划的，这一次修编到2020年，计划是38平方公里。

蔡继明：下边还有镇吗？

陈建中：4个镇。

蔡继明：4个镇大概占城区目前有多大？有规划吗？

陈建中：不大，也就是一两平方公里。现在规划请重庆大学做，请清华大学进行论证，城市中心区很散，有三块，有八个乡，其中三个乡都在城市中心区左右，城市人口只有10万人，真正意义上建起来的也就是10平方公里左右，我们下一步规划舞钢市的定位，是按照全员规划的要求进行的。

蔡继明：目前城市化率是多少？

陈建中：统计是53%，实质上没有。我们刚才说的80%是什么，是把散居的农户统计起来，有将近67000户，我们就是把分散的农户统计进来了。

蔡继明：城镇户口的占了多少？

陈建中：是53%。舞钢市有两个大公司，一个是产业工人两万多人，还有家属就占了5万多人，还有一个安阳公司舞钢铁矿，这一家又占了几千人。

蔡继明：我们这四个镇有重点发展的吗？

陈建中：每一个镇都有每一个镇的情况。

蔡继明：刚才说的50%城市户籍人口主要集中在市区吗？

陈建中：市区占了10万人，还有一些企业。

蔡继明：我谈几点认识。陈书记全面地介绍了舞钢市的情况，而且我相信这种争论，包括我们有几位老师提出的疑问，这种争论非常好。学者也不用完全脱离实际，学者学的东西都是从实际中来的，而且有更广泛的实践、空间、时间作为支撑，不能简单地说学者的观点是学生之见，否则书本就没有意义了。陈书记今天的汇报不是面对省政府，而是面对学者，所以不会说假话。我相信陈书记今天所说的应该是真的。刚才德中是站在比较中立的角度来谈的，就是在现有的体制下怎么办？刚才陈书记说了城市化不可能是自发的,那么西方的城市化是怎么发展起来的?政府也没有规划,政府有大量的税收,但是这些税收是拿来做你力所能及的事情,而不是想干什么就干什么的。我们现在都说要搞城市化,都说没有资金。话说回来,谁给你资金,在财政收入当中是不是专门征收了一块儿钱用于搞小城镇建设的?是没有的。说是为了保障粮食安全,但是这样保粮食安全是治标不治本的。政府去搞小城镇建设,去搞社区就需要80亿元,这个钱从哪里来?政府没有这笔钱就没有这个能力,老百姓没有赋予你这个能力,除非老百姓愿意纳税或者捐助,但是在现在的体制下,这也许是一种无奈的选择。

我想接着耿教授谈的城镇道路问题谈,农民工进城但是面临着进城不落户,是谁在阻碍着农民工落户?这个制度需要改进。那么还有另一个途径,我这一次去内蒙古调查,乌拉特特旗的旗长说,农民工进城还不是城市化最主要的途径,他说的是上大学,大学一毕业不但进了城,还落了户。问题是现在知识也改变不了命运了,有城市户口的人不一定能找到工作,更何况你是从农村来上大学的,一个农民家庭要培养一个大学生肯定就会变成困难户,一年要拿出一两万元,四年下来就是七八万元,大学毕业以后再无法就业,这个农民家庭就陷入很困难的境地。能不能有这样的办法:政府出面让他们城市化,这种做法可行吗?弊端有多大?这是我们今天要考虑的问题。我个人认为,城市化的概念就是农业人口向城市转移,而这个转移的过程伴随着城市化,否则仅仅把农民放到城市里面去那不是城市化。从这个意义上来理解城市化的话,这种成片的转移是根本不可行的,它起不到真正城市化的作用。

刚才陈书记介绍了舞钢的情况,那么多的社区当中也仅仅有一部分是由农业就业转向非农业就业的,可能还有相当一部分保留着农业就业。那么农业就业叫不叫城市化,好像大楼建起来了,基础设施也有了,这是农村社区还是城市社区,就需要我们去界定了。西方的城市化是城市化,那么中国的城市化可不可以搞一个中国特色的城市化?我有一点感受,内蒙古某教授怎么界定城市化?他更简单,他说,有三种形式,一是老城区。老城区就是过去的工业甚至重工业等地区;然后新城区就是新型产业,包括第三产业;最后加上一个新社区。要说这都是城市化,我不敢苟同,当然我当面不能反对该教授的观点。刚才讲的社区建设它的作用是什么，就是有大量的人口进入城市，甚至落户，但是要有一个过程。还有一部分，哪怕只有10%，他们永远不会进城，那么这一部分人的生活环境、居住环境、饮水、卫生、教育，甚至包括购物等等，要不要改善？你说，要改善，要让他们体面地生活。那么农村社区建设主要的功能是解决这样的问题，它不是解决农村社会劳动力的转移问题，也不是解决农村人口城市化的问题。现有的农民，仍然从事农业生产，在生产方式没有转变的情况下，如何使土地资源得到一个更好的配置，如何使公共设施能够逐渐地完善起来？我觉得社区建设主要是解决这个问题。刚才德中讲到了整个河南经济区的建设，我知道他们一直在算这个账，一定是发展非农业，要占用耕地。河南是一个粮食大省，种粮的任务是一个政治任务，肯定是打农民宅基地的主意。其实全国的情况也是这样，都想打农民的主意，主要是通过什么途径？你可以打农民的主意，但是也要让农民得到实惠。土地资产是一个概念，怎么变成活动的资金？因此重庆搞了地票交易，我觉得打农民的主意可以，但是要让农民得到好处，一定要保障农民的土地权益，我现在觉得在两个方面损害了农民的权益，舞钢市说了没有强迫农民，但是忽悠农民也是一样的。原来占了150平方米的宅基地，把整个院的150平方米的宅基地腾出来，我给你两套房，但是你算一算容积率是多少？农民住进了建筑面积300平方米的房子，但是他没有那么多的宅基地了，这笔账有人算过吗？

耿明斋：实际上，现在这种改造的方式、改造的过程当中确实有交易，比如，政府投的基础设施，拿到了剩余建设用地，这也是一种交易，不是完全白拿，问题是机制怎么建？交易的价格水平是怎样？现在的交易是政府定价的机制，价格水平不反映价值。

蔡继明：政府单方面定的。我刚才说的是第一个损害，就是忽悠农民，原来我是80平方米，现在住了200平方米，但还是没有宅基地好。

第二个损害，重庆搞得好的就是地票交易，假如农民占了一片地，他和舞钢市差不多宅基地都是1亩地，他们自己整理腾出半亩地来，拿着地票去拍卖，企业家可以来买、竞拍，价格已经由原来的8万元涨到现在的22万元，拍来的钱怎么办？集体得20%，农民得80%，企业家拿到地票以后，自己去找地，可以到重庆周边去选一片，去选地，选完以后还要报政府，说我想要这块地。政府出面把这块地征收过来，变成国有建设用地进行招拍挂，你就可以拿着你的地片去竞拍，当然这块地是你选的，所以在竞拍过程当中，有些信息是别人不知道的，你就可以优先得到这块地。这种方式我觉得，虽然偏远地方农民的土地价值有了一定的实现，这是一个进步。政府说一分钱都不拿，但政府在招拍挂过程中没有得到利益，政府得到的是土地用地指标。你为什么不允许农民在土地交易所里彼此交换建设用地指标？偏远地区的土地没有增值的空间，没有人到那里去投资，周边的农地有增值的空间，但是在计划经济遗留里，或者在现代土地管理制度下无法变更用途，按市场规则，这是完全平等和公平的。农民在得到这个指标的时候，就可以直接变更。农村集体建设用地可以直接进入市场，没有必要通过政府来征收然后再转给开发商，农民直接拿这个地和开发商交易，除了政府需要规划、需要平整，所有土地的增值都落在农民身上，这才真正体现了保护农民的利益。

在河南经济区的建设中，如果把增减挂钩寄希望于社区建设，我觉得是不对的。如刚才德中讲的，你缺那么多土地，希望通过社区的建设来弥补项目建设的缺口，我觉得至少不能完全依赖这种方式，还是要走大中城市优先发展的道路，像自然村向行政村合并，也可以节约一定的土地，但是节约是有限的。农民进入中等城市或者大中城市，人均占用建设用地是依次递减的，还能解决他们就业和生产身份的转变。社区建设不能真正改变农民的身份，也不能从根本上节省建设用地，这就是我刚才问陈书记建城区的情况的原因，舞钢市到2020年建成区面积计划达到38平方公里。

陈建中：包括了产业集聚区等。

蔡继明：但是用不了的，一般来说是1平方公里1万人，我们整个中国，现在城区的建设面积，平均是1人占了133平方米，而发达国家是80平方米。我们总是说建设用地少，实际上按现有的建设用地算，我们的城镇化用地达到了80%，应该说耕地的水平不低于世界发达国家。我也是从内蒙古那边调研过的，他们那边也要建多少个社区、多少个行政村，规划面积是36平方米，情况和我们一样。你城镇化实现100%，人均占用的土地面积都超过发展中国家的平均水平，所以不存在建设用地缺少的问题。

今天在这讨论不是只针对舞钢市社区的建设，中原研究院还承担着为整个中原经济区的建设出谋划策的任务，我特别希望耿教授向省委省政府提出明确的建议，通过我们这样的研讨和调研，看中原经济区建设走社区这条路子是不是最明智的选择。2011年6月国务院发布的《全国主体功能区规划》，划分了四个社区，一是优化开发区，二是重点开发区，三是限制开发区，四是禁止开发区。

耿明斋：河南这一片是重点开发区。

孙德中：功能规划按道理说应该是各种要素同时进行的。

蔡继明：限制开发实际上指的是农区，否则你怎么实现中原经济区建设的初衷，怎么保护国家粮食安全，既要推进农业现代化，又要实现工业现代化，我的问题是你怎么协调推进，你如果把"宝"押在农业现代化上，还是不能推进，农民进不了城的原因是什么呢？

耿明斋：这里有两个问题。一是为什么农民工进不了城。二是他通过自由选择的方式进城后，农民的宅基地、建设用地就要腾出来。

蔡继明：这是给中原经济区的战略，你要试验，你要拿出制度创新的策略，重庆那个就可以了吗？进城以后把地票拿出来，要设计制度，你不能偷懒、不设计制度。这里面你肯定会在不同程度上伤害农民的利益，就像你说的，你拿别人的钱去办事有什么效益吗？

郑祖玄：最重要的是没有定下机制，工业用地太廉价了，所以企业占地无限制，随便一个厂就占一大块地。只有在竞价市场上掏了钱，付出了代价，他才会节约土地，蔡老师你说的那个是对的。

蔡继明：只有农民自己使用自己的土地，出售自己的土地。要着眼于制度的改革，既然中央赋予你先行先试的机会和权利，就不能仅仅依赖于现有的制度，在现有的制度下偷懒。

为什么当年搞了乡镇企业，因为实行了家庭承包制以后剩余劳动力出现了，而当时是禁止农民进城的，所以小城镇就出来了。为什么要搞新农村建设？新农村建设其实就是因为搞离土不离乡不行，迁徙定居还不行，最后来了一个新农村建设，这是治标不治的方法。新农村建设再新它还是一个农村，应该加快城镇化进程。所以社区建设无非是想在不改变现行的制度，尤其是户籍制度，包括土地制度、就业以及各种社会保障制度等的条件下进行。

孙德中：我们的目标是把社区纳入城市社区，所以特别强调新型农村社区与新农村的区别。

蔡继明：我们来算一笔账，全省有几个地级市，有多少个城中镇，你有能力把这些人集中到社区去，为什么不能通过制度改革，让人口流向大中小城市居住？你搞社区建设，就把城市的公共基础设施向农村延伸，这不如把人口吸引到城市。

孙德中：省里面现在主导的是什么？和你的思想是一样的，向产业集聚区集中，和产业集聚区结合起来，和县城结合起来，但是我们现在地方上是反对的，所以下面不顾城市、社会发展的规律全域化地折腾。

蔡继明：我最后给陈书记提一个建议，我看你们提了三个80%，要求提得很高，根据是什么？我们既要加快城市化进程，又不要把城市化本身当成目的。城市化是一个结果，有了第二产业、第三产业的发展，有了人口的流动，有了非农产业、就业，城市自然就发展起来，城镇化率过低是源于人为的限制，现在中国的城市化滞后于工业化，而且这种滞后不是出于经济的原因是出于政治体制的原因。我们的政府老是讲包办，其实只要政府撤销、消除自己设定的阻碍农民进城的那些障碍就可以了。深圳有一部分人讲，政府先让你陷入贫困，再当救世主来脱贫。是你人为地限制了农民进城，只要你把这些阻碍拆除了就可以了。实际上政府不需要拿多少钱，农民可以让土地变现，拿着钱进城，民间的资本也可以进入，只要有利可图，民间的资本自然会进入。现在不要人为地确定城市化的标准，城市化的标准是根据什么确定的，尤其是农区？当然我知道舞钢市有工业，在农业地区，城镇化率有那么高吗？如果非要那么高，就是人为的。农业地区就是以农为主，关键是以农为主的农民该怎么转变？我们的粮食政策应该怎么转移支付，我们希望由中央政府来解决。

耿明斋：蔡教授境界高、思虑深，讨论得比较深入和彻底，我请教一个问题，你刚才提出一个问题，为什么不可以让偏远地区拥有建设用地的农民和靠近城区的拥有耕地的农户，这两个农户之间进行交易和买卖。你认为这样的交易，可以把更多的利益给偏远地区的农民吗？

蔡继明：也不是，而是共享。

耿明斋：这里面有两个技术性的问题，一个是靠近城市的农民，每个用户都拿着建设用地指标，还要向使用者出售，他自己不可能一小块一小块地开发，最后这个钱是从哪里来的？最终还是由市场上的使用者把钱支付出来的。在这两次买卖中间，提供建设用地的农户原则上讲要先买才能卖，购买建设用地的农户是拿30万、50万买的，但是卖了300万、500万，好处都是他一个人得了，但是政府买卖是公众的，政府可以搞公共设施建设。

蔡继明：全是经济建设。

郑祖玄：我们一直认为公共基础建设资金是从税收上来，而不是与民争利。

耿明斋：我还要请教第二个问题。靠近城区的农民，你的那个地方可以被划为建设用地，你划为建设用地，你凭什么就可以发财，国外是怎么做的？

蔡继明：是归个人的。

耿明斋：你的土地突然增值了，源于公共的利益。不能你一个人拿走了。

蔡继明：让农民富了才是让政府富了。

蔡继明：你把小城镇建得再好，现在有的村是综合村，有的镇是综合镇，但农民进城首选的路子还是大中型城市。

孙德中：我去了一个村，已经建好了，可以住2700人，实际上现在住了不到400人，然后沿街全是门面房，都没有人。

蔡继明：这是违反经济规律的。

王保海：刚才说到倒逼的机制，这是用地指标的问题，2011年河南省需要用地指标80多万亩，部里给了20多万亩。说到用地指标，我是这样想的，真正浪费的不是农民，是政府。我们走一走看一看，各个城市都在建设。

蔡继明：在郑州市你们一个区政府占了100多万亩地。

王保海：为什么会出现这个问题，归根到底是发展方式的问题。

蔡继明：中原经济区建设要走出一个亮点，地票交易要允许农民直接交易，政府主导提供信息，一定要在土地制度上做一些探索。

孙德中：现在到底弄到什么程度，因为我们的目的是人地挂钩这一块，因为增减挂已经有政策了。

耿明斋：城乡建设用地增减挂钩，要能在全省的范围内建成一个统一的市场，挂钩如果不能覆盖全省是不行的。

孙德中：省里面还没有做，新乡现在是做拍卖，只是做这一个。

（五）郑祖玄：就业是保障，土地私有化用货币价格进行选择

舞钢的陈书记介绍了舞钢的情况，我曾经深入地和舞钢、张庄的几户人都谈过。我刚去舞钢的时候感觉确实很好，不像过去一样，很漂亮，当得知这里在发展农家乐产业的时候，也认为山清水秀非常好，了解情况后却非常地失望，为什么我们失望？因为我们并没有看到游客，农家乐建起来，如果没有客源，我怀疑它要怎么发展下去。现在还好，有一部分客源，但我没有看到太多的游客。我和村民谈的时候，说了一个突出的问题，没活干不行，看看这个村子里住的都是老年人，所有有一点本事的，都去南方打工，要不然没法生存，这是给我们的印象，没有产业支撑。

资金的压力。在张庄所了解的情况是农民建房的费用全是农民自给，因为政府拿不出那么多钱。能不能不搬迁，能不能不到这里，我们说的是条件成熟就做，条件不成熟就不做。但是事实不是如此，原来的道路被破坏了，如果不搬过去，基本的生活无法得到保障，所以只能搬迁。我们和年轻人讨论，说房子来来回回盖了很多次，人挣点钱就要把钱全部浪费在盖房子上面，这对下层农民财力形成了一个极大的压制。他说，他在珠海打工还好一些，其他的没有打工的人，没有这么多钱的人，还要借钱，将来这样搞下去会出问题的。我们说在有条件的地方搞，没有条件的地方不搞，其实暗含了一个前提，条件成熟不成熟是由谁来衡量的呢？是政府吗？什么年代了我们还要把基本的资源配置由政府来决定，我们怎么做到100年不后悔？消费者的决定都不可能做到100年不后悔，我们怎么来做到100年不后悔？20世纪30年代兰格、米塞斯的讨论已经说明这个问题，政府完全安排资源的方式不可能是对的，如果现在还由政府来安排所有的东西，我们觉得是违背市场经济基本方向的，这个就是我对新社区最基本的看法，钱是没有办法解决的。

还有就是，刚才大家都谈到是否复耕和规划，到底是先要有就业还是先有别的？我至今都觉得就业是一切的保障，只要有了就业就有了一切。社区是在什么地方建设？是在大城市，不应该交给政府来决定，而是交给流动的劳动者来确定，他们来选择在哪一个城市生活，而不是由政府决定他们在哪一个地方生存。

我们应该认识清楚，由一个不出钱来购买商品的政府，去决定资源配置永远是错误的，不管他的决策多好，调查有多详细。表达意愿最好的办法是通过货币价格，是通过货币的价格进行选择。所以我们现在让土地私有化，这才是本质。

耿明斋：在纯利益的层面上，我们肯定能找到一个达成共识的解决办法，它往往不是某一个特定的时段、某一些特定的人群所能解决的，但是这种特定的时段、特定的人群又面临很多的发展问题，所以要找到一个办法往前补一补。我这也有一个案例，我到广州的古镇，它的土地面积绝大部分都变成建设用地了，现在只剩下2万亩的耕地了，所有变成建设用地的地都是遵循现有的土地制度，统一由政府征收，农民的利益怎么保证？政府农民之间有一个协议，比如你这个村，我征了1000亩变成国有了，该怎么补给你就怎么补。我开发60%，你开发40%，这样古镇村的所有村民都是独立的开发商，所以每一个村都富得不得了，村子是把村民的集体利息拿走，就是分股。在现有的制度下这是肯定要解决的，政府对集体，集体对农户是解决问题的一个办法。其中，一方面获得劳动收益，一方面获得财产收益。财产收益是平均的，但是出现了一些问题，就是15年前定股的时候，定了一个基本的原则就是去人不去股，添人不添股，导致现在有人是10个人守一个股，有人是一个人享受10个人的股。有人就想我也是集体的一员，为什么我不能分享集体的利益？

蔡继明：中原经济区是可以做很多文章的，现有的体制是难以突破的，寻找一些变通肯定是地方政府官员要考虑的。

耿明斋：在多种选择的情况下，最英明的政府是选择一个和根本办法接近的路子，而最愚蠢的政府是选择与未来发展的方向相背离的路子。有蔡教授作为智力支撑，我们有底气了。

蔡继明：他们也不是十全十美的，今后我们要设计一个比他们更好的产权交易制度。

（六）于金富：新社区建设，土地要流转，身份要转换

今天我看大家讨论得很热烈，若我们搞新社区建设的出发点，就是增减挂钩，这样就有点狭隘。归宿点是以新型城镇化引领"三化"协调发展，新社区建设能不能发挥它带动"三化"协调发展的作用。这涉及两种方式，我们农村的生产方式变革和农民的生活方式变革，我们从舞钢市的经验来看，这两种方式是同时运作的，转变农民的生活方式和农业的生产方式，齐头并进，把这两个事情放在一起推进。一起推进有几个原因。

一是舞钢市的党委政府的决心比较大、决策比较科学，尊重农民的意愿，以产业为基、就业为本，等等。

二是舞钢市的客观条件，舞钢市财力、资源比较雄厚，那么换一个地方，可能就做不到了，我们开封市能不能做到呢？开封市现在也在规划社区，我觉得舞钢市的党委政府是好政府，在发展经济的同时也关心农民的利益，财政收入也可观，能够对新型社区建设进行补贴。

三是它也是有能力的政府，积极想办法推动新社区的建设。如果是一个差政府就做不了这个事。

另外还有两个权利，一就是农村土地所有权，农民的所有权如果没有体现，应该怎么体现。二是农民财产权，农民的宅基地也好、房子也好，都是神圣的，我祖祖辈辈都在这里，我就是不懂，谁给了你权利非要动我的房子、我的宅基地，谁给你的权利，理由到底是什么，没人给你权利你就是强权，没有道理你就是强盗。

刚才陈书记也讲了，我们对农民的宅基地也好，对拆迁也好，补偿不补偿，怎么补偿，就像一根刺一样轧在我们党委政府的喉咙里，会不会引发社会问题，会不会影响到农村的稳定，我们本来是想通过增减挂钩从农民那里拿点地，不能造成更大更严重的问题。

还有两个转变，新社区建设一是土地要流转，土地不流转不行，刚才陈书记说了舞钢市已经流转了36%。没有土地流转，那么农民的身份就不能转变，这是新社区建设的基础。二是身份的转换，从农民变为工人，他不再作为农民就业了，是作为工人来就业了。

最后，两笔账，政府和农民的账，这两个账能不能算在一起，如果算不到一起，最后还是要协调一下这个事。

（七）李燕燕：建设新农村社区，政府引导是必要的，需要建一个省域的土地交易市场

我简单地表达一下我个人的想法。新型农村社区是"三化"协调的切入点，政府是有必要引导的。但是在引导的过程中，我们一般的做法是什么，我们调研了几个区，基本的做法是现有的农民搬到新社区，是自己去购买，当然是平均价，我们调研的基本结果是这样的。存在什么样的问题呢？我买新社区的房子，而老宅子没有得到补偿，为什么要集中呢？就是要额外腾出一些地，实际上这样一来农民的利益是受损的，舞钢市是给新社区的房子发了产权证，很多地区是不会发产权证的，新社区的房子没有原来的房子大，这样农民的资本利益出现缺口，如果给农民老宅基地发证的话，政府需要更多的钱来补偿，你想让农民进入社区，那么土地的级差地租一定要足够补偿进社区的成本，所以一些偏远的地方很难做，这是我的一个观点。

另一个观点，在这种情况下，如果全省实现了全省域的增减挂钩，会形成一个交易市场，交易市场可能会将偏远地区的土地纳入，通过获得全省域内平均价格来解决这个资金的问题。

（八）杨宏恩：新型社区这条路应该走，但要有区别地走

杨宏恩：一是新型社区是不是会造成对农民的掠夺。为什么这么讲，因为我们都知道农民离开老村庄进入新型农村社区，购买价大概是650元1平方米，如果农民每1户300平方米，则是20万元，农民有多少钱？农民还要拿钱去解决其他的问题。就算你新建的社区非常宜居，农民是否会放弃自己的房子去居住？让农民放弃原来可以居住的家，搬到新房子去，也许他并不是很愿意。

二是现在来看，搞新型农村社区主要的目的是获得更多的建设用地来推进新型城镇化。原来的村庄没有实现复耕，从这个角度来说，新型农村社区建设可能没有增加建设用地，反会起到副作用。这和我们最初的目的

是相悖的。

李燕燕：一般来说拆很难，如果从长期来看，能不能找到一个更有效的办法？

杨宏恩：第三是现在某些地方的新型社区还是逆城市化的。我们发现，现在很多新型社区还是分散地建，并不是集中在中心城镇周围。那么这条路应该不应该走？我觉得应该走，但是要有区别地走。另外一些城市，像舞钢市是不一样的。最主要的区别是在城市的周边，及远离城市的地方，我觉得应该有所区别。我们要注意到一点，我们现在有的时候不要完全否定现在所做的东西，我们不是生活在一个原始的社会里，我们是有历史的，我们的国家是这样的国家，有很多体制很难改，既然这个事情可以做，我们要想一想怎么把它做得更好。

耿明斋：非常好！

杨宏恩：有的时候文化和历史就摆在这个地方。

耿明斋：很精彩！就发展城镇化来说，一是资金问题，二是偏远农村产业化问题。

今天我们请了舞钢市市委副书记陈建中，他把舞钢市的新型农村社区的实践情况给大家做了介绍，涉及土地流转、土地确权、土地货币化交易市场以及产业支撑、就业保障等问题，并做了较为充分的讨论，这些问题也是目前中国发展过程中遇到的迫切需要解决的问题。很感谢大家今天的到来，谢谢！

第六章

承接产业转移和河南对外贸易的发展

——第六届论坛

参与嘉宾
林桂军　　对外经济贸易大学副校长
耿明斋　　河南大学中原发展研究院院长、经济学院院长
穆荣国　　河南省商务厅副巡视员
李政新　　河南省人民政府发展研究中心主任
彭凯祥　　河南大学经济学院教授
李燕燕　　郑州大学商学院副院长、教授、博导
杨宏恩　　河南大学经济学院教授
苏科五　　河南大学经济学院教授
论坛时间　2012 年 8 月 11 日 8：30
论坛地点　中原发展研究院会议室

一　论坛主题背景

中国沿海地区是中国距离现代工业原生地最近，或更确切地说，是受原生地现代工业影响最早和最深的地区，因此也是中国通过原生地的产业转移和技术扩散而最先走上工业化道路的区域。按照现代工业的区域传播规律，下一波自然就该轮到中西部地区通过承接原生地以及沿海地区产业转移和技术扩散走上工业化发展道路了。东部与中西部发展水平的巨大差别所引发的一系列社会矛盾，以及金融危机冲击导致的国际市场萎缩和中国从过分依赖外需增长向内外需兼顾增长方式的转换，更加剧了中西部地区通过承接产业转移尽快走上工业化道路和提升工业化水平的紧迫性。

与此同时，国内外经济形势不断发生变化，对中国对外贸易格局的演变产生了深刻的影响。作为中部内陆省份，河南积极承接东部地区产业转移，使对外贸易实现了快速发展，其中有很多方面的经验值得总结。但与全省的经济总量比，与先进省份比，河南仍存在开放度低、进出口规模小等诸多突出的问题。当前，河南正处在大开发、大发展、大跨越的关键时期，必须转变外贸发展方式。河南应该如何实现对外贸易的新突破和可持续发展？本次"宇通·中原发展论坛"请到了对外经济贸易大学副校长林桂军教授、河南省商务厅副巡视员穆荣国等同志就有关问题进行研讨。

二　主讲嘉宾发言

（一）林桂军：国家贸易格局及河南促进外贸的措施

1. 中国的贸易地理格局发生变化，中国产业发生梯度转移

从2011年1月份开始，我每个月都在看各个省的增长率，发现有三个

明星，分别是重庆、四川、河南，出口增长特别迅速，甚至能达到70%、80%的增速，到2011年7月份仍然出现了这样的情况。这是什么原因造成的呢？我想这是不是产业转移产生效果了？我一直主张产业转移，到东盟开会时，他们希望这些产业转移到那边去。国内有些人反对产业再转移，但是东盟国家要这些产业，为什么我们不要呢？这里面包含着一系列的问题。这些地区，包括重庆、四川，出口的快速增长是源于产业转移，还是自生的？还是外资直接转到我们这里了？等等。今天我主要围绕着这些问题进行探讨。

中国改革开放一直保持高速增长，金融危机后速度下滑了，然后又快速起来了。我们预计年增长10%，相当一部分人说10%是没有问题的，但是今天已进入7月份了，还是没有见到10%的增长，这是出口增长的大致情况。中国出口增长是怎么得来的，我们花了16年的时间涨了1000亿元，但是第二个1000亿元只花了5年，第三个1000亿元只花了3年，随后一年1000亿元，从2005年到2006年是2000亿元。这就提出了一个问题，中国外贸出口入市以后涨得快，这是不是由于入世造成的？另外有一个时间是重叠的，就是在2011以后中国引进外资达到了一定的规模，中国也开始进入陈旧的产业链，但是金融财产不见得是国内企业的。所以这也是重要的原因，到底是不是入世造成的不知道。

那么我们下一步的工作应该怎么做？中国现在遇到的问题比较多。2011年12月份我在WTO的时候，也参与了很多的论坛。有一个数字让美国人看了以后不太相信，2010年中国制造业超过美国，美国的制造业并没有萎缩，和我们想象的不一样，萎缩的是日本，然后是德国，如果没有中国，美国仍然是世界第一。还有一个问题，美国人说我们抢走了他们的工作，可是美国的制造业一直在增长，所以这种说法似乎不太合乎逻辑。当时美国有议员讲到，可能有时候他们考虑问题的角度超出了自己的知识范畴。我希望大家要进一步核实这个数。

中国的制造业一直保持较快的增长速度，然而制造业增长造成了产能过剩，从全世界范围来看，这些产量都是排第一位的。产量最大的是服装、汽车、食品，然后是运输、燃料、电信、医疗产品等等。河南人很能喝酒，但是喝出的GDP和家电比贡献率并不高。那么如何解决产能过剩的问题呢？一是多元化市场项目，扩展新型经济体。然而，新型经济体的保护程度非常高，一点都不让我们动，所以我们在实施过程中遇到了很大的困难。二是扩展内需。"十二五"河南的规划就是扩大内需，不是政府的调节，是发展中小企业、家庭企业，那是增长收入、创造就业最快的模式。目前，中国的国内消费增长还是非常快的，应该说有很大的余地，可以说出口产业在过剩的条件下往中西部转移是有很大的优势的，当然这其中也面临着来自东盟地区的竞争。

此外，从经济学角度分析，沿海地区劳动力成本上升，产业要向资本密集型转变，而中西部地区劳动力成本比较低，这也是其中一方面的原因。

中国的外贸东强西弱，存在着发展的差距，现在看到转移了吗？从目前的统计数据看，2012年1～5月份出口的增长率，重庆是30%，四川是78.1%，河南是110%，广西是22.7%，这几个省占到中国的80%；广东是6.9%，浙江是5.3%，江苏是2.0%。从最近出来的新数据来看，河南是76%，四川是57%，江西是51%，传统出口强省还是那样，是不是变了，原因是什么，是什么推动这样的变化？

下面我们看看什么时候开始出现这些变化的。河南其实也不错，2002是24.3%，2009年受到重创，金融危机结束后，情况出现了逆转，当然有的时候统计数据会有些差距。重庆2002年情况并不好，2009年遇到金融危机也走入了困顿，但是金融危机以后情况又好转了。四川一直都是不错的，金融危机到来时情况不好，危机结束后情况又变好了，江西和四川的情况类似。金融危机对广东的影响是比较大的，同样上海现在的情况也是比较糟的，出口增长率一直在往下降。不过，很多地区在2011年结束的时候，都能够超过20%，但是这三个地区是明星，太高了，高得让人不相信，我觉得是不是在造假呢？后来我看了分析，绝对不是造假。

2002～2010年中国区域出口增速的变化中，东部地区的情况是这样的，东部包括山西、江西、湖南、湖北，这个划分和我们想象的不一样。2011年中部地区增长速度高于全国。再看2001～2010年区域所占贸易的比重，这个很重要，中国80%的贸易都是集中在东部，中西部地区在9%，东北地区占4%，确实主力军仍然是东部，整个贸易战略格局还是没有发生变化。这是 2001~2010 年区域外资企业出口占比,最高的是东北,90% 的出口都是外资,这是什么原因呢?因为东北是重工业地区,重工业基本上都是出口的;中部非常低,但是这些年,中部在上升;其他地区相对平稳。也就是说,我们出口外资少了一点,内资多了一点,就出现了现在这样的情况。

从 2005~2010 年东中部地区贸易方式来看,也就是说国内企业的出口中一般贸易虽然比例很高,但是在发生变化,中部加工贸易是在上升的,东部地区的加工贸易在下降,也许这就是转移。从河南贸易的开放度表来看,大概在 5% 以下,平均来说是 4%,我们看"十二五"规划中,以国内市场为主,积极推进对外开放,这个地位很明显是辅助地位,除了在总量中起作用以外,没有估量到其他方面的作用,这个数和湖南差不多,湖南达到 0.07%,然后调下来了,一直上不去。

2. 河南发展对外贸易的措施

在认识到产业发生转移后,河南如何推进对外开放,下一步要怎么做呢?这可以从以下几个方面思考。

(1) 发挥对外贸易的作用

这包括静态的利益和动态的利益两个方面。可以获取国外先进的技术,增加储蓄,密切的国际联系可以打破思想上的封闭,促进技术进步和创新。另外,我们也要做统计分析,贸易增长速度快的地区是不是发展就快。

(2) 转移存在哪些障碍

如果转移到河南,需要分析基础设施、人力资本质量、生产的开放程度、市场规模、体制、国内国际的物流成本等因素,哪些是我们的优势,哪些是劣势。

(3) 发挥政府的作用

"十二五"规划中提出政府要有所作为。产业转移来的都是高科技产品,生产高科技产品过程中政府应该支持什么。高科技产品包括先进制造产品的发展,依赖于物质资本的积累和人力资本的积累。应该做一个增长因素分解的模型,看看哪个因素对河南 GDP 的贡献最大,是物质资本的积累还是人力资本的积累。通过分析，肯定人力资本是非常重要的因素，那么应该支持什么样的人力资本。人力资本主要来自四个方面：高等院校毕业生、"海归"、培训人才和引进外籍援助，必须明确哪个方面对升级产业转移的贡献是最大的。"十二五"规划中提到支持高等教育，我们现在只支持郑大、河大两个高校，在教育问题上还要再具体化。此外，在产业转移过程中，如何把劳动力优势转变为规模优势，这也是一个很关键的问题。

（4）选择产品还是产业

资料显示，"十二五"以后各地大力发展实体经济，台湾地区大力发展显示器，韩国发展面板、液晶板。真正的升级都来自具体的产品而不是产业，举一个例子：台湾地区的显示器、日本的芯片，很多都是由国际市场的需求驱动的。苹果公司设定好主机生产样式，富士康公司说可以完成，因为消费者需要这种产品。

选择生产什么产品呢？第一是供应链产品，比如生产轮胎和汽车玻璃。第二是选择非供应链产品，装备制造业多数属于这个。第三是创造型产品，创新产品是政府不愿意支持的，例如河南省政府并不会拿出20亿元来造下一代机器人，这是有极大风险的。我们来看和中国台湾、大陆、香港交易的零部件对比图，大陆地区的优势主要集中在办公、电信、录音、电机、家具等上。再看发达国家，它们交易的零部件种类和我们不一样，发达国家的优势在装备制造业上。产业内的分工给我们一个警示，中国的一些产业全球化程度不够，这是很危险的。发达国家的优势在运输设备、飞机、直升机、发电机、专门的工业机器、金属机械、工业机器，我们研究装备制造业的时候要从这个角度切入，要积极参与分工。

（5）选择合适的集聚

一种是供应链城，比如说生产食品，一部分人生产包装，还有人专门负责切割。第二种是集聚城，河南所讲的集聚是只要有钱带着项目来就行了，广东的很多集聚都是垂直的，而在江苏、浙江有很多的集聚都是水平的，比如生产打火机的在一起。这两种集聚方式哪一种更有利于产业升级呢，这对于河南来讲是需要借鉴经验和理清思路的。

(6) 依靠市场、政府的综合作用

仅仅依靠我们的努力能否实现转型？一国的发展仅仅依靠国内的努力是不行的。升级不能完全依赖市场，政府也应该发挥自身的作用，政府和企业能够制定特定的升级战略，决定我们应该生产什么不应该生产什么，这也是政府的工作，现在的基本口号是"三化"在不牺牲农业的前提下实现。在创新产品这一方面中国远远落后于发达国家的，基本上都在模仿，而没有把时间和精力放在创新上，这也是一个需要注意的问题。第三次产业革命正向我们悄悄地走来。它改变了人类的生活方式，也会对贸易的发展产生深远的影响。

（二）穆荣国：河南省外贸发展状况及存在的问题

1. 近年来河南省对外贸易发展情况

(1) 对外贸易总规模扩大快

2012年以来，中西部地区出现了几个外贸的增长极。从河南来看，河南的对外贸易实现了跨越式的发展，对外贸易总规模每年以很高的速度向上递增。2008年10月份以后受到金融危机的影响，由于外部需求的萎缩，河南的对外贸易业受到了严重的冲击。2010年，随着国际经济形势的好转，河南省政府及时提出了大招商活动，抓住国际经济发展的机遇，积极承接产业转移。事实证明，只有招商引资，才能保证河南经济的发展。同时，这也能够解决河南的就业问题，实现民生的稳定。据统计，到2011年河南的对外贸易发展得更为迅速，其中进出口额增幅居全国第三位，河南进出口额在中部六省是居第一位的，这是河南进出口贸易总量的变化情况。

(2) 河南对外贸易发展情况

第一，从出口的总体结构来看，民营企业、外资企业已经成为河南对外贸易的主力军。2011年河南省有进出口实绩的企业达到4568家，民营企业总数是3590家，占全国的比重超过78%；2011年结构发生了很大的变化，国有企业占比变为23.7%，外资企业变为49%。2012年上半年出口额前三名的企业分别是富士康、风神轮胎和宇通集团。

第二，出口商品结构不断优化。机电产品和高技术产品出口大幅度增长，2012年上半年机电产品出口是82.25亿美元，比去年同期增长37倍，高新技术产品出口是66.94亿美元，比上年同期增长11.8倍。

第三，加工贸易的比重不断提高，这是一个结构上的变化。同时，2011年服务贸易进出口26.8亿美元，一年翻一番。从出口产品来说超过1亿美元的产品发展到28个，其中出口增幅较大的产品有手机、汽车、零部件，下降较多的有铝材。总体来说，河南省一些资源型、粗加工商品的出口比例都在不断下降，高科技、附加值高的商品比例都在不断提高，出口商品的结构在不断优化。

第四，市场多元化格局初步形成。近年来，河南省传统的对外出口市场主要有亚洲、欧洲、北美，河南在巩固这些市场的同时积极开拓新的市场，像拉美、非洲、印度、俄罗斯和中东等新兴市场。

第五，大力引进出口型项目是推动对外贸易跨越式发展的主要增长点。未来推动河南外贸的第一增长点是招商引资，积极承接产业转移，引进出口项目，这在近几年的发展中得到了印证。

通过深入推进大招商活动，河南省的对外贸易实现了跨越式发展，2010年开始恢复增长，2011年跨越式发展，2012年上半年一直保持好的态势。以富士康为例，富士康2011年进出口达到94.7亿元，占河南省进出口增量的29%，光富士康一个集团就拉动了全省进出口增长52.6个百分点，富士康成为河南省进出口快速增长的第一推动力。还有一些省辖市，像信阳、周口，通过招商引资、积极承接产业转移，都实现了对外贸易的跨越式发展。这是河南省对外贸易这几年的总体情况，当然，如果放到全国大环境中，我们感到河南的对外贸易还有不足。

2. 河南对外贸易中存在的主要问题

（1）外贸总量还比较小，外贸依存度较低

和以前河南的外贸发展情况相比，近年来确实发展得比较快，但是放在全国的大背景里面，河南2011年占全国的进出口额不到1%，仅相当于广东省的3.6%、福建省的20.7%，2011年河南外贸依存度是77.7%，以前我们始终最好的是6%，后来发生了变化。同期全国的外贸依存度是 49.9%。

(2) 对外贸易增长点单一

如果考虑富士康的因素的话，河南省的进出口只有 113.68 亿元，同比增长 3.5%，如果把富士康因素剔除的话，我们的增速还低于前面所言平均水平。富士康如果有个风吹草动，外部需求若发生很多变化，其对河南省的对外贸易的冲击是非常大的。

(3) 对外贸易发展不平衡

在 18 个省辖市和各个县中间发展不平衡，尽管 2012 年上半年平均增速很高，但是安阳市下降 34.7%，洛阳下降 23.3%，焦作下降 4.8%，漯河下降 5.6%，平顶山下降 4.9%，鹤壁也下降 4.9%。

(4) 部分出口重点企业、传统大宗商品受到冲击较大

受外部环境的影响，2012 年上半年 136 家出口重点企业中有 76 家同比下降。孟州市是河南省对外开放的重点县市，这么多年包括在国际金融危机时期，2009 年就很少下降，但是 2012 年上半年孟州市的进出口出现了下降。

3. 河南省对外贸易面临的形势分析

(1) 世界形势严峻

欧债危机愈演愈烈，世界经济再次探底，外部需求明显减弱，这些给河南省带来了挑战和困难。从整体来看，河南省的对外贸易发展的形势也不是太乐观，尽管还会保持高速增长，但是还有很多不利的因素。

发达国家实施产业资本回归策略，发展中国家依靠较低的人工成本吸引产业转移，对外贸易竞争激烈。由于国际经济危机的爆发，美国等发达国家已经感到自己的经济被超越，感到经济实体、制造业的竞争很激烈，现在大力鼓励产业回归本土，美国也在实行招商引资计划，也在实行以再工业化提振本国经济，同时还提出了五年的出口倍增计划等等。而发展中国家，例如越南、印度、柬埔寨，随着中国劳动力成本的上涨，它们也在采取措施，因为这些国家的劳动力成本比中国低。由此可见，从全球范围来看，国家间的对外贸易竞争是非常激烈的。

世界经济不景气，各个国家自己顾自己的现象非常严重，国际贸易摩

擦会越来越多，这对中国产品的出口会有影响。

（2）原材料等成本上升

劳动力、原材料、融资等综合成本不断上升。以富士康为例，如果工资增长率太低，每个月工人的流失率是非常高的，同样的情况也发生在其他地方。经济发展到一定的程度，产业向中西部地区转移的主要原因就是劳动力和区位优势。此外，中小企业融资成本普遍较高，一些企业的资金链存在断裂风险。

从积极方面来看，中国的经济发展还是比较平衡的，对外贸易的产业比较优势依然比较突出，和拉美、非洲、印度、柬埔寨地区相比，中国劳动力整体素质比较高，而且守纪律、能吃苦耐劳。很多大专以上的毕业生慢慢加入制造业中，这是一个非常好的劳动力优势。河南省委省政府把开放招商作为一号工程，实际上河南的投资潜力还是非常大的，一些欠发达地方要维持经济的增长必须依靠投资。从目前情况来看，河南省自身的投资是非常有限的，如果想发展只有依靠招商引资。

4. 进一步扩大河南省对外贸易的思路和举措

（1）扩大贸易总额

争取2012年全年进出口贸易总量突破500亿美元，比上年增长60%。2015年力争突破1000亿美元，外贸依存度能够达到10%以上，河南省要朝着这个目标继续努力。

（2）加强出口产业基地建设

结合各地优势产业，培育一批产业集中度高、产品竞争优势明显、产业链长、关联度强、辐射面广、带动能力强的出口产业基地和出口产业集群，变产业优势为出口优势，增强出口后劲，夯实外贸跨越式发展的基础。

（3）不断优化贸易结构，扩大进口规模

有些省对出口比较重视，因为相对来说，出口对经济发展的贡献度更高。我们可以利用国际市场的资源，加快贸易大通关建设，包括各省对外贸易的措施，如将综合保税区、出口加工区、航空经济综合实验区都上升到国家级平台。这对招商引资、承接产业转移就是一种招牌。

三 论坛议题聚焦

（一）李政新：河南提高对外开放度的积极和制约因素

改革开放初期，河南对外开放度非常低。到2009河南经过一个漂亮的翻身，成为中西部三大亮点之一，影响因素主要有以下几点。

第一，河南努力工作的成果。尽管我们在努力的过程中方法是不是完全合适、做得是不是都对有待论证，但是河南整个工作在中西部的几个省里面是很好的。

第二，金融危机以后国内外大的趋势以及河南的区位条件的对接。2009年以后，生产要素成本实现均等化，如目前中国的劳动力流动已经是均等的。河南的交通条件，在中西部地区是占优势的。我们到很多企业去调查过，比如工人在深圳拿的工资是2500、3000元，不如在河南拿2000元或者1800元的实际工资。还有他背井离乡的感觉和离家近的感觉不同，虽然富士康不是家，但是至少离家近，河南人特别讲究家的感觉。河南省每年外出打工的人是2000万，金融危机以前在河南打工的是40%，出省的是60%。现在是倒过来，即在河南的是60%，出省的是40%。这确实是起作用的，不管劳动力因素影响时间多长，就河南来讲，富士康进来也是奔着劳动力来的。这是我们重要的影响因素。

第三，河南的能源条件和工业基础。沿海地区，特别是浙江地区，有一个共同的特点，就是限电。河南人去招商，我们的优势就是不限电。如我们引进的海马汽车，我们配套的条件还是具备的，河南在中部地区还是有相当的工业基础的。

济源为什么从一个县变成一个市？这与工业体系、挖煤体系有很大的关系。还有洛阳、郑州，这些企业也都是这靠工业基础支撑的。比如富士康，除了生产线，真正有技术含量的东西是什么呢？是模具。不同的手机外壳做出来很漂亮，因为他们是自己做的模具。看上河南，就是因为河南拥有较好的机械工业基础以及技工的技术基础。这次富士康在济源的项目看中的就是这些。这和我们的区位条件好、周边的配套比较完善有很大的关系。

第四,河南的人文优势。河南是中华民族的摇篮,台商、闽商、包括富士康来这,主要是因为我们的人文优势。富士康刚开始想把项目放在山西,但是他们的综合优势、产业优势不如我们,最后就放在我们这儿了,包括济源,也是因为这种优势。除了这个因素外,还有一种情况,就是我们招商引资带来的动态的长期效益越来越明显。河南今年上半年的增长数据中,有一条是实实在在的,就是我们的工业增长了10%,这是经过反复核算的。在工业里面,我们的工业用电实际上减少了20%,主要原因是我们有一个重要的产业链,是2002年形成的煤、电、铝产业链。但是,现在存在严重的产能过剩,河南省大概有1/4的电是供应这个产业链的。

这个时候,我们哪几个产业发展得比较快呢?分别是六个产业,第一是手机,河南的手机发展快是超乎想象的。第二是家电,第三是制鞋,第四是家具,第五是食品,第六是烟草。我们今年上半年的财政之所以不困难,很大程度上就是靠这六个产业。有的东西虽然看上去不起眼的,但是实际上给财政作出了很大的贡献。我觉得我们对"十二五"期间突破1000亿元进出口总额,还是很有信心的。到"十三五"结束的时候,我们可能会真正成为中部地区对外贸易的产业高地。到时候可能会占全国的2%~3%。这让我们省委省政府和所有理论界、实践界和基层政府已经认识到这个问题的重要性了。

虽然近年来河南对外开放程度有所提高,但是其自身还存在诸多的制约因素。主要表现在以下几个方面。

第一,我们对外贸易的产业层次比较低,特别是产业中的收益率比较低。这和我们招商引资、大招商有很大的关系。比如引进富士康,我们付出了很大的代价,可以说他们所有的事情都是我们安排的。十几平方公里的土地,包括所有的建筑物全部是我们的。确确实实我们在这方面直接的和间接的代价非常大。

第二,河南整个的出口结构问题。刚才穆主任已经说了,抛除富士康因素以外,我们实际上的增长速度是低于全国平均水平的,这是我们觉得最有危机的。

第三，我们现在靠较低人力成本，这是不可持续的。为什么富士康会每个月流失1万人。通过调研得知，富士康打算在河南给每个人每个月1150元。而且每周工作48个小时。但是实际上，我们郑州市的商场，比如丹尼斯里面一般的营业员，拿的工资都多于1150元。所以富士康来了以后，对这个问题没有清楚认识。

第四，我们空间的聚集和培育，现在还在发育之中。我们180个产业集聚区，1/3非常有特色。至少在中部地区哪一个省都可以说是一个好的产业集聚区。还有1/3是凑凑合合。现在更多是向中原城市群的核心区以及我们主要的铁路干线集聚。为什么荥阳、周口出口贸易做得好呢？这和它们的交通区位是有关系的。周口到整个长江中下游的经济带方便程度远远超出了皖北地区，因此周口这几年在产业转移中承接的鞋业、纺织工业非常大，现在承接纺织工业的总纱锭数超过了1000万锭。这1000万锭是什么概念呢？我们郑州改革开放初有一个国有企业的大集团，有国棉一、二、三、四、五、六厂，它们在当时只有70万锭，这在当时就已经属于很好、很大规模的企业了。

第五，怎么样处理好市场和政府的关系。有些地方开始注意招商引资，根据特色优势供应上下游产业。

第六，我们和省内现有工业的关联不足。对引进的产业和现有产业的关系，我们现在还没有处理好。刚才说了依托，实际上很多同志对依托企业很不看好，觉得早就应该民营化了，实际上它这么长时间还不能完全民营化。

第七，我们现在的基础设施、对外贸易的开放条件有待强化。河南省的高铁目前是向西安方向的，但是河南格局变化中最重要的是向东沿海地区的大通道。而实际上这几年我们加工贸易的物流依靠陇海铁路的中段，即中转运输。

穆荣国：刚才李主任做了很深入的分析，我来补充两句。在承接产业转移、招商过程中，区域竞争是非常激烈的。富士康为什么在河南？富士康是非常挑剔的。这几年，河南承接产业转移中为什么取得这么好的成绩？一是政府在经济发展中起到了推动作用，各级领导都重视一把手工程，对主要工程领导亲自谈、亲自看，包括富士康项目，省长都亲自出面，如果没有主要领导的出马是不行的。二是各种投资环境。这几年河南对外商的服务意识、服务措施，还有各级政府部门的服务效率，都得到了极大的提高，对这一点外商是非常有感触的。

耿明斋：前几天我们和富士康规划部的人聊，提了一个问题，东南亚的劳动成本比我们更低，你将来会不会跑到那里去？富士康说不会跑到那里，因为那里的政府主导能力不强。

穆荣国：过去都是富士康催着当地政府，现在是当地政府催着富士康。每一个市、每一个县都有一个主要的领导牵头。我们前两天调研的时候，看到11亿美元的项目，专门有办公室为每一个子项目服务。例子很多，像洛阳每一周都有一个新闻发布会，每一周电视会直播项目有什么进展。

彭凯翔：其实我对国际贸易知道甚少，刚才听了几位专家的报告，有几个问题：一是这几年河南的进出口增长很快，那么在基数比较低的条件下，引进几个项目，企业就能把增速提高上去，但这是短期的。长期内政府招商效应是不是也应增强，我个人表示非常怀疑，因为广东当时的发展不是这么强的。二是我们在讨论国际贸易中的模型，它强调一个规模经济，刚才林教授也讨论到了规模效应对整个贸易的影响。现在我们发现当我们讨论规模效应时，我们讨论的方式可能会发生改变。刚才林教授提到网络经济、3D打印机，随着技术的更新，不需要增加很多产量也能实现规模经营。

另外，产品内分工的发展，使规模效应产生的机制不一样。一个最典型的例子就是富士康。富士康的产品对是出口到美国的，美国又把"苹果"产品出口到中国，中国是它的一个很大的市场。当我们在讨论富士康的规模效应的时候，我们是应该讲美国市场还是中国市场？这时候我们的传统模型可能需要做一些改变，怎样把规模效益放到中国市场，这是我比较感兴趣的问题。当我们在考虑国际贸易新发展时，对传统规模效应的考虑可能要做一些改变。

还有，我们现在是在讲河南或者中原经济区的贸易形势，但是我们知道规模经济是以国家为界限的，中间会有一个比较大的交易成本，河南和周边省之间的成本能有多高，是我们在讨论河南市场规模效应时需要注意的。以一个省为界限讨论可能意义不大，当我们在讨论的时候，我们在引进规模效应的时候，是不是要考虑这样一个问题？

穆荣国：我回答第一个问题。河南在原来基础差的时候通过招商引资、承接产业转移、引进项目，实现了快速发展。随着技术的不断进步，这种跨越式发展能否保持？我们有这么一个基本的问题。

我国对外贸易快速发展是在加入世贸组织以后，这么多年发展下来，从国家的层面来讲，今后要保持一个超高的速度，是有点困难的。为什么？外部环境的变化，我们自身的需求大，再加上内需的各种因素，这是基本的原因。就河南的情况来看，河南这几年从11亿元发展到300亿元，是跨越式的发展。今年主题不是讨论全国的对外贸易，是讨论河南承接中原经济区外贸转移的主题。随着技术的不断进步，难度肯定会加大。而且我们通过实践来看，富士康这么大的项目，还是很少的。

富士康本身也在不断地创新、发展。通过对山东、河北、浙江、江苏等沿海省份开放性经济和外贸经济发展的变化的研究，我们得出一个基本的判断：当外贸经济的总量达到一定程度的时候，开始由100亿元向200亿元跨越是很困难的，但是由200亿元向500亿元跨越却是一个加速的阶段，由500亿元向1000亿元跨越也是比较困难的。这要基于整个经济总量的发展，同时我们省大招商、招商引资还在蓬勃发展。我们认为最高潮已经过去，河南紧紧抓住了这两到三年的黄金时间。虽然高潮过去了，但是创新型的产品转型的问题还没有解决。可能你没有到很多县、市看过，现在很多地方都是建设的工地和工程。开封尉氏县引进专业纺织服装企业50多家，这在过去是绝对不可想象的。

李政新：纺织行业本身不是技术很高的行业，但是它引进的装备实际上有了实质的变化。

穆荣国：从河南的情况来看，保持20%~30%的增长率还是有可能的，我不知道我的回答对不对。

李燕燕：我想从您这儿了解一下情况。我们河南省要建设成为内陆开发高地。所谓高地一是规模大，二是要有引领的作用。富士康来了以后带动的作用非常大，我想了解的是，政府营造开放高地有哪些做法？或者说，从经济学理论的角度上我们更重视市场，但我又非常同意刚才林校长说的，升级不完全依赖于市场，为了形成这个高地、为了打造这个高地我们政府做了什么？

穆荣国：我们理解的开放高地，第一就是开放型经济的主要目标。为了打造这个开发高地，对外贸易要跨越式发展。现在外贸的问题从发展上是很难解决的，包括广东等所有的沿海城市。实际上在发展过程中有一个招商引资、承接产业转移的问题。所以政府在外贸方面，第一就是把这项工作作为主战略，它是"三化"引领里面的任务。按照郭省长说的，这里面最具综合作用的就是开放招商。所以政府起引领作用，连续两年的工作报告显示，河南省有8项工作举措，连续两年第一项就是开放招商，我们选择集聚区建设等也是要高度重视开放招商的项目。第二就是要创造有利于我们承接转移的宽松环境。第三就是有政策，任何东西没有政策支持是得不到发展的。第四就是招商建设，各种基础设施建设，都是发展外贸的基础。我们今天说是外贸问题，这个题目很贴切，外贸发展的问题就是承接产业转移，不管怎么说我们河南人力资源优势、区位优势相对沿海来说也是占先的。河南的各种要素优势在这个时候开始彰显，包括扩大内需。随着交通条件各种设施的改善，我们出口的成本、运营成本也不像过去那么高，其实，所有的问题只要是政府重视的时候就不是问题了。我不知道这个回答让你满意吗？

林桂军：刚才说的是国际贸易研究，现在好多变化对国际贸易都有影响。发展中国家也能够生产技术型的产品，这怎么解释呢？发展中国家也有大量熟练的劳动力，我国大学毕业生、印度大学毕业生都超过美国大学生的数量。如果我们能够充分利用回波经济的优势，比如有些加工贸易产品进入国内，市场规模就可以扩大了，这样就可以降低成本，减少低效劳动成本上升的影响。

利用中国市场规模经济的优势权衡劳动力上升的关系，是不是因为我们这里的劳动力成本低？原来河南人到广东富士康打工，同是河南人，按照市场行情拿工资，现在回到河南富士康也有工资，反正都是这批人。另外的因素可能是过去富士康很多员工来自河南和四川，他们觉得工作得不错，所以对他们产生了好的印象，北京来的就不行了。这多多少少也是一个因素。

耿明斋：往劳动力成本低的地方来。所以内地这么大的空间能够落到河南、河北。

穆荣国：我觉得机会难得，我有一点感受需要补充一下。因为专家学者希望在今后的研究中分析这方面的因素，我们的劳动力不仅成本低，我始终认为还有一个高素质的因素。我爷爷奶奶那一代，到我父亲那一代可以上学，到我的下一代，很多人的下一代，不仅可以成为国内的研究生，很多人也到国外留学，不管男孩女孩。你想一下过去的女孩有多少可以去上学的。我们的体制有积极的变化，这对国家未来的经济发展我认为是非常重要的。我们现在认为劳动力的投入，大部分是以家庭为单位支出，付出了大量的劳动。劳动力有一个生产成本，实际上很多家庭为了孩子的前程，很多不求回报、不计成本。可能花了100多万元，最后送到加拿大后回来，也许10年以后他也挣不到100多万元，但是家庭仍然给他投资这么多钱。高素质的人才对国家以后经济的发展是一个很好的支撑。

(二) 杨宏恩：河南的贸易结构还存在问题

我一直关注国际贸易问题。因为在河南工作，对河南的数据也经常看一下，一直以来也有一个非常困惑的地方。近10年以来河南省的GDP都排到第15名之内，但是出口排到第15名之外的。富士康进来以后让我们出口额增长了很多。今天我想谈一下，去年整个世界的形势都不好，中国的国际贸易是下滑的，我们省却确确实实成了一个明星，增加了很多。但是穆厅长也讲到了，我们为什么增加那么多，就是因为富士康。2012年上半年它逐渐步入正轨，上半年的贸易额是103亿美元，占到河南省的48%，意味着富士康2012年会占一半。为什么增加这么多？我们有一些悲观地看，我们增长率也很大，因为事实上我们的起点很低，如果我们把富士康的因素撇开，我们的贸易增长额只有16%，河南省贸易的问题还是很大的。富士康是一个加工贸易公司，意味着我们赚了一个加工费，为什么我们出口大、进口大？就是富士康从外面进口，然后再出口，我们就是赚了一个加工费，撇开这个因素，河南省的贸易额还是非常低的。我们的贸易依存度是7%，2010年河南省的依存度在中部六省是倒数第一，所以问题依然很多。

我还要谈一下一个最明显的问题，也是我始终觉得比较苦恼的问题。河南省作为农业大省、粮食核心区，其农产品的出口额仅仅是15.95亿美元。我们和山东省做一个比较,我们虽有比较优势,但也和我们农业大省的名号是比较不符合的。我们可以看一下山东省,它有品牌,比如烟台苹果。山东的农业品牌特别多,河南省农业品牌特别少,河南省的苹果也很好,我觉得河南省政府在这个方面是重视不够。

耿明斋:我听明白了,河南省的贸易还不行,农产品加工业不行。

杨宏恩:今天穆厅长说到省政府招商引资热情很高、成绩也很大。但是我觉得它在招商引资中的目的就是引资,富士康是一个加工贸易企业,实际上河南省对扩大出口的重视不够。

到现在为止,我们的出口产品相对来说还是单一的。一是资源型的、矿产品型的,另外就是一些农产品,包括生猪肉和农副产品,是劳动密集型产品。综合来看,河南省的贸易尽管这两年形势很好,但是不容乐观,起点很低,我们还需要努力,主要就是这个意思。

再补充一点,我们现在的贸易结构得到的优化,不管是机电产品还是加工贸易等这些结构的优化,有可能是由富士康引起的,我觉得问题还是很多。

穆荣国:富士康来了确实改善了我们的出口结构,富士康确实也掩盖了其他的问题,不管怎么说,富士康已经来了,沿海出口增长就是靠这样的增长。

(三)苏科五:解决河南贸易问题,主要靠东接西移

今天上午听了两位专家讲的以后,我有几个体会。一是今天上午听了林校长、穆厅长讲的,我最大的体会是,理论研究在破解河南对外贸易的难题上确实已经显现出它的威力。为什么我这样讲呢?今天上午穆厅长讲的这些数据,确实已经从实践上证明,东接西移对河南对外贸易发展的作用。东接西移提出来已经6年了,提出来后,在理论界和实践界引起的重视还不小,现在已经被实践证明,理论上不存在问题。

二是如何解决河南对外贸易的难题。2008年我们在河南加速发展论坛上说过,要围绕四个字——东接西移。我当时提出,如何圆满地实现东接西移的发展战略。我提出了"四大",一是要有大项目,二是要大引进,三是大规模,四是大跨越。所以理论是非常重要的。刚才林校长提出的几

个思路,我很受启发,未来的研究要超前,现在理论上的东接西移,河南怎么去引进、怎么去规模发展,这个已经没有问题了。

下一步我们要研究的问题是,现在的发达国家的资本回归、制造产业回归、劳动力资源优势周期的缩短。富士康要到河南来,是看到了劳动力资本优势,它现在慢慢已经感觉到、意识到劳动力的优势很快就不存在。再一个是产品生命周期的缩短,随着科技的进步,富士康生产的产品的生命周期很快就缩短了,富士康现在也是我们河南对外贸易发展大头,占据近50%。刚才穆厅长提出一个问题,如果富士康发生了问题,如果富士康的产业链、供应链、市场需求发生了问题,我们河南怎么办?就像美国的金融危机一样,会给我们带来灭顶之灾。所以我们未来的研究有一个重点,就是如何解决好外引与对内发展的关系,如何发挥我们引进的富士康对我们省的原来的优势产业、基础产业的辐射作用。这一点在未来,也可以说在五年以后,必然要成为制约河南对外贸易发展的一个关键问题。那么,在五年的周期内,我们理论界,我们作为研究者,怎么去提出解决问题的思路?我感觉这是我们研究的重点问题。现在不要再研究怎么去引进、怎么发挥作用,这已经没有任何意义了,实践已经证明理论上没有问题。我们现在都在看政府干什么、企业干什么,就是政府与市场的关系问题。我有一个总结,不知道对不对,就是政府的作用就是要解决我要干什么,未来朝哪一个方向发展,就是要制定战略、方向。那么企业要怎么干,你只要给我指定一个发展方向、确定一个发展框架、发展战略,至于我具体怎么干那是我企业的事,政府就不要管了。这样的话,政府和市场的关系就可以理顺了,各自该干什么,定位就清楚了。

耿明斋:今天围绕着承接产业转移和外贸出口的话题获取了大量理论研究的前沿信息,及国内总体上和相关区域运行实践的前沿信息。特别是穆主任还给我们展示了我们河南外贸发展的现状与问题、前景,启发了我们的思路。由于时间的关系,很多问题不能展开讨论。我虽不搞外贸研究,也有好几个问题激发了我研究的兴趣。我们这个论坛的一个重要的目的,就是大家获取实践和理论的前沿信息,推动我们的研究,使大家相互启发、相互交流,今天我们的目的已达到了。

第七章

产业转型和经济增长

——第七届论坛

参与嘉宾

陈佳贵	全国政协常委、中国社会科学院原副院长
耿明斋	河南大学中原发展研究院院长、经济学院院长
黄群慧	中国社会科学院工业经济研究所党委书记
黄速建	中国社会科学院工业经济研究所副所长、研究员
王永苏	河南省政府发展研究中心主任

论坛时间 2012 年 9 月 16 日 14：30

论坛地点 中原发展研究院会议室

一　论坛主题背景

自第二次世界大战以来，世界经济已经经历20世纪50年代至70年代初和80年代初至21世纪头几年两轮的高速增长，尤其是金砖五国的崛起，把数倍于欧美日本等发达国家的人口带入了现代化的行列。但是这些新增的数倍于传统现代化国家的人口，到目前为止，实现现代化的方式和所走的现代化道路仍与欧美日本相同。这就带来一个可能会对世界经济增长影响巨大的问题，那就是能源原材料的巨额消耗。因此，世界经济增长将长期面临能源原材料瓶颈的约束。除非新能源技术方面有重大突破，未来一个较长时期内世界经济将因能源原材料瓶颈约束而陷于停滞徘徊和低速增长的泥潭。

中国经济自然会受到世界经济增长格局的约束，在全球低增长和中国超高增长已成过去时的背景下，河南经济很难再像过去那样依靠资源型产业支撑而保持持续高速增长的势头。

单纯依靠资源开发而实现的经济增长是不可持续的，特定区域的资源总是有限的。若区域增长过分依赖资源，一旦资源耗竭，区域经济增长也会戛然而止，若干小的区域单元因资源开发而扩张和资源耗竭而衰败的案例证明了这一点。

过分依赖资源型产业经济增长难以避免经济的大起大落。资源型产业在经济学上被称为周期性行业。因为这些行业总是在高涨到来时更高涨，低谷到来时谷更深，经济忽高忽低，振动较大，效率损失也就更为严重。

资源型产业吸纳就业的能力有限，长期过分依赖资源型产业会影响到就业，进而影响到普通居民收入的增长，加剧社会的不公平和两极分化，从而带来越来越多的社会问题。

基于以上诸种理由，我们认为很有必要结合产业结构演进规律以及工业大国的状况就产业转型和经济增长这个议题广泛地进行讨论交流。

二　主讲嘉宾发言

陈佳贵：今天的主题是《产业转型和经济增长》，我借这个主题回顾一下我们的研究成果。我今天讲的是"从经济发展阶段看三次产业结构演进的规律和服务业的发展"。我讲三个问题：一是我国三次产业结构演进的一般规律；二是不同经济发展阶段各国产业结构变化的比较；三是我国工业化进程中三次产业的变化。

（一）我国三次产业结构演进的一般规律

三次产业结构的变化是经济发展水平由低级向高级发展的重要表现，反映了三次产业在经济结构中主导地位的依次更替，表明了从农业经济国家向工业经济国家转变，进而向服务业经济国家转变的国情变化。

经济学家们经常根据居民经济收入的变化和产业结构转型的特征来划分经济发展阶段或工业化程度。

人均 GDP 在 4000 美元的时候，三次产业增加值的比重，第一产业约为 9.7%，我国现在是 10.2%；第二产业的增加值是 45.6%，我国大体相当；第三产业是 44.7%，我国现在是 43%。除了从产业的产值比重来看外，还可以从就业比重来看，这是从另外一个角度来衡量三次产业的结构。在中等收入的时候，第一产业就业是 24.2%，我们现在超过 34%，当然这是由包括体制原因在内等很多原因造成的。第二产业是 32.6%，我们是 28%，我们比较低一点。第三产业是 42.2%，我们现在是 34.9%，普遍低了一点。这是一个标准模式，人们是用人均 GDP 来衡量产业结构情况的。

1. 三次产业产值结构变化的趋势

在工业化前，在经济发展中起主导作用的是农业，在工业化的初期阶段，第二产业特别是工业产值呈快速上升的趋势，比重逐步增加。第一产业和第二产业呈一降一升的态势。在工业化中期，第一产业产值继续下降,第二产业产值上升的趋势继续保持,第三产业也稳定发展,第二产业和第三产业呈并驾齐驱的态势。在工业化后期特别是后工业社会阶段,第一产业趋稳,第二产业产值上升的趋势开始变缓,比重甚至出现下降的趋势,第三产业继续快速发展,比重进一步增大。第二产业和第三产业呈现一降一升的态势。

2. 三次产业就业结构变化的趋势

就业结构与产值结构的变化是基本一致的,但是在时间和速度方面存在着显著的差异。这一点主要表现在两个阶段上:第一,在工业化初期,农业部门的就业比重下降速度远远慢于其产值比重的下降;第二,进入工业化阶段之后,服务业就业比重的上升速度,要快于服务行业产值比重的提高速度。

(二) 不同经济发展阶段各个国家三次产业结构的变化

世界工业化进程最早始于18世纪60年代的英国工业革命,产业结构的变化与工业化进程密不可分。第二阶段以美国为代表,包括法国、德国、俄国等;美国1884年的工业生产比重已超过农业,1890年其工业总产值跃居世界第一。第三阶段以亚洲"四小龙"为代表,其工业化进程大致始于"二战"后,现在已成功实现或基本实现工业化。以中国、印度为代表的发展中国家,目前尚未实现工业化。

1. 部分国家和地区产值结构的变化情况

(1) 英国三次产业产值结构变化

英国是工业革命的发源地,在工业革命以前其农业的产值超过工业,19世纪中叶其工业产值超过农业。在整个第二阶段第一产业逐步下降。在这个阶段第三产业也呈现稳步上升的趋势,但是要看到1935~1955年间又出现了下降现象,直到1955年以后才出现稳步上升。

1955年这一年至关重要,第一产业产值比重继续下降,到1984年下降到2.1%。在英国经济中居于重要地位的第三产业比重不断上升,1955年达到了46.5%,到1984年上升56.5%,以后达到70%。第三产业在国民经济中的重要性与日俱增。

有两点大家要注意：一是英国第三产业产值高于第二产业和第一产业；二是1955年是个转折年，1955年以后第三产业持续上升，第二产业开始下降。

(2) 美国三次产业产值结构变化

1884年，美国第二产业产值比重超过第一产业，美国进入了工业化初期阶段，第二产业比重增加，一直比较快速地增长。1929年第二产业产值比重达到第一产业的两倍，大萧条以后第二产业稳步上升，第一产业、第三产业继续下降。

美国也和英国一样，美国1950年是一个转折点，英国1955年是一个转折点。美国1950年以后三产比重继续上升，二产开始下降。可以看出美国1950年就进入后工业社会，英国是1955年才进入后工业社会。

正是有了拐点的出现，美国学者丹尼尔·贝尔在1959年提出了后工业社会的概念。美国是1950年出现这个现象，英国是1955年出现这个现象，有了这个现象他才提出了这个概念，紧接着1962年和1967年他发表了《后工业社会：推测1985年后的美国》和《关于后工业社会的札记》两篇论文，1973年出版了《后工业社会的来临》一书。实际上就是有了这样的背景和现象，他才概括出后工业社会。

(3) 德国三次产业产值结构变化

德国产业结构很值得我们研究，有两个事件应该特别注意：一是1890年它由农业社会向工业化转变，1890年以前，德国是以农业为主的国家，1890年以后德国开始了工业化进程，产业结构发生了深刻变化，形成了"二三一"产业结构。特别强调德国的模式，是因为英国和美国整个工业化进程中是一个"三二一"的模式，德国是"二三一"的模式，第二产业比重始终是最高的，这是德国的情况。第二个事件是1980年，大家看1980年，也是从这一年开始第三产业开始超过第二产业，形成了"三二一"的产业结构，应该说德国是1980年才进入后工业社会的，比美国、英国要晚二十多年的时间，这个现象是很值得研究的。欧洲发生债务危机，只有德国撑着，跟它注重制造业和二产的发展有很大关系。

（4）日本三次产业产值结构变化

在明治维新以后，也就是从 19 世纪 80 年代到 20 世纪初是日本工业化的初期阶段，这个时期工业得到较快的发展，并奠定了一定的基础，1888 年日本一、二、三次产业产值结构为 41.5∶12.2∶46.3，到 1920 年演变为 24.7∶32.1∶43.2，第一产业比重大幅下降，而第二产业比重大幅上升，第三产业基本保持不变，直到"二战"前还基本保持这个结构。1975 年可以被看做日本由工业社会向后工业社会转折的点，从 1975 年开始三产继续往上走，1975 年以后第二产业达到顶点，然后也是往下走的趋势，中间的 1990 年有点反复，但是趋势是往下的。所以，1975 年是由工业社会向后工业社会转折的点，比英国晚了二十年。

（5）韩国三次产业产值结构变化

从 20 世纪 60 年代起，韩国第二产业迅速发展，进入了工业化的进程，1960 年韩国第一产业占 30% 多，到了 80 年代中前期已经基本实现工业化目标，比欧美国家迟了二十年以上。1990 年，韩国第二产业的比重开始下降，第三产业的比重继续上升，韩国社会也从此进入了后工业社会，比德国晚了 10 年，比英美国家晚了三四十年，因为韩国是后来才进行工业化的国家。韩国 1955 年以后又出现了新的情况，第三产业比重有所下降，第二产业比重有所回升，但是整个趋势没有变。

（6）台湾地区三次产业的产值结构变化

台湾地区也是新型工业化地区，台湾地区 1960 年第一产业产值比重是 28.5%，就业比重是 50.2%，到 1996 年第一产业只有 3.5%，就业比重是 10.1%，第二产业的比重超过第一产业。从 50 年代起直到 80 年代初，工业始终是经济增长的主要推动，1985 年是一个转折点，像一个张开的剪刀，1985 年也是其由工业社会向后工业社会发展的一个转折点，这以后台湾的第二产业比重下降，第三产业比重上升。

2. 产业结构的演进和变化的一般规律

我们选择了一些典型的国家和地区来分析，从这里可以看出产业结构的演进和变化。世界典型的工业化国家和地区的工业化实践表明，在进入工业社会以后，一个国家（地区）的工业化水平与其产业结构演进有着比较稳定的内在联系，呈现出一定的序列性。

工业化初期第一产业比重下降；工业化中期第一产业比重持续下降，第二产业、第三产业比重稳步提高，第二和第三产业在相当长一个时期内保持相对稳定的比例关系，二三产业呈平行发展的态势；进入后工业社会以后，最早的美国是1950年以后，第一产业产值比重已经很低，第二产业产值比重开始下降，最后趋于稳定，第三产业保持快速发展，这标志着社会进入后工业时代。

但是，从三次产业结构的变化看，在工业化阶段这些国家和地区又有两种类型，一是德国的类型，德国从工业化初期到完成工业化阶段，三次产业结构始终是二三一类型，只有到了后工业社会以后，才变化为三二一。另一种是德国以外的其他国家和地区，虽然进入工业初期以后，第二产业的比重逐步增加，并超过第一产业，但始终是三二一的结构，英国、美国等都是三二一的结构。

根据对各国工业化进程的分析，我们整理出一个工业化进程各阶段三次产业结构比重的大致幅度。一些研究经济学的专家从人均GDP判断三次产业的结构变化情况，我们按照工业化进程整理了一个表格。

工业化阶段分为工业化初期、工业化中期、工业化后期、后工业化时期，工业化初期第一产业产值比重是30%~50%，第二产业产值比重是40%~55%，第三产业是45%~55%（就业比重是40%~55%），应该说我国还比较低，就业比重是20%~35%。不管怎么分析，我国现在第三产业的比重还是偏低了一点，这是我们做的一个模型或者说是标准值。

进入工业化后期，特别是进入后工业社会以后，第二产业的比重之所以会下降，而第三产业的比重会上升，是出于以下几个原因：

首先，第二产业的劳动生产率大幅度提高，为三产发展创造了条件。因为第二产业完全是自动化生产线，劳动效率大大提高，所以为三产的发展创造了条件。

其次，第二产业中的一些生产性服务业，如物流、设计、设备维修、产品销售服务等从工业中分离出来进入第三产业。我们现在强调发展设计、外包，这些分离出来以后进入了三产。

最后，价格因素对应劳动力成本上升，三次产业多为劳动密集型产业。举个简单例子，比如说我们生产汽车，开始进入市场时十几万元一台，现在才几万元一台，相反，三产多为劳动密集型产业，它的价格上升了。

现在又有人提出了再工业化、第二次工业化、第三次工业革命等观点，这有待于实践去进行检验。

（三）我国工业化进程中的三次产业结构变化状况

根据我国的一些资料，我们进行了分析，把我国的产业结构演进划分为两个阶段：第一阶段是封闭条件下的产业结构，第二阶段是改革开放条件下的产业结构、以市场为导向的产业结构，时间是1978年到现在，我们主要讨论后面一个阶段。

根据渐进式改革中制度变迁和产业结构变化的特点，改革开放后的工业化可划分为两个时期：一是1978～1991年由计划经济体制向市场经济体制转型时期，是结构纠偏、轻重工业同步发展的时期；二是1992～2010年建立和完善社会主义市场经济时期，是走中国特色社会主义工业化道路、产业结构明显高度化的时期。

从1978～2010年我国三次产业产值结构变化情况，我们可以看出产业结构和就业结构变化基本是一致的，但是中国又跟其他国家不一样，中国始终是二产比较高，一产的变动与所有国家变化趋势一致，就是趋势降低，三产的变化在工业化整个阶段也是一个逐步发展的趋势，也是在上升的。但是可以看出没有出现拐点，这就说明中国的工业化还没有完成，拐点是工业化实现以后进入后工业社会的前提，中国现在还处在工业化的进程当中。

（四）中国已经处在工业化的中期阶段

由于时间关系，我不展开谈了，最后我想说一个简短的结论——中国已经处在工业化的中期阶段。

我们的研究表明，进入21世纪后，2005年，我们认为2005年中国已经从农业大国转变为工业大国。

目前，我国正在向工业强国发展，这一时期第一产业的比重还有可能下降，关键是要保持稳定的发展。我认为第一产业的比重下降到西方那些国家的水平（3%~4%）还是比较困难的，但是下降到7%~8%还是有可能的。第二产业还有发展余地，关键是要使其由大变强。

无论是从收入角度来观察，还是从工业化进程角度观察三次产业结构的变化，它的适用范围只是一个国家或者一个地区，具体到我们国家，最多适用于省，再往下我认为没有比较性，因为一个地级市或者更下面的，应该由自身的特点决定它的产业结构，而不是说三次产业有一个固定的结构。

我们国家很大，我们一个省也很大，相当于欧洲一个国家，所以省是可以比较的。第三产业还有很大的发展空间，要大力发展，要努力发展现代服务业，特别是生产性服务业。从省级单位来讲，只有北京、上海的三产超过了70%，人均GDP超过一万元，根据我们的指标它们已经到达后工业社会。其他城市相差还远，二产还有很大的发展余地，同时要注意三产的发展。

耿明斋：陈佳贵院长给我们系统梳理了各个主要发达国家在工业化进程当中三次产业的演变和我们国家改革开放以来三次产业结构的演变，引出了一系列发人深省的问题，不同国家和地区在工业化进程当中三次产业结构的演化趋势有相同的地方，也有很不一样的地方。

我注意到西方各个主要发达经济体第三产业的产值始终处在一个比较高的位置，但是我们国家始终是第二产业处在一个比较高的位置。因为我们国家第三产业的发展、三次产业结构演变的趋势和西方发达国家迥异，这也可能是中国特色，引发一些让我们思考的问题。

三 论坛议题聚焦

（一）黄群慧：中国的工业大国国情和工业强国战略

刚才陈佳贵院长从产业结构的演进总结一些规律，最后有一个结论：我们国家是工业大国。我接着陈佳贵院长刚才谈的问题继续谈。我们从

2003年开始一直跟踪工业化的研究，做工业化水平的评价，现在基本上十年了，得出一些比较新的研究结论。我们提出了中国的工业大国国情和工业强国战略。

我主要谈四个问题：第一，问题的提出；第二，概念和框架；第三，中国成为工业大国的国情；第四，工业强国战略的内涵和任务。

1. 问题的提出

十届三中全会上，毛泽东同志把中国概括为人口多、底子薄的农业大国，但是经过改革开放30年经济快速发展，今天的中国已经和当时的中国不能同日而语，现在中国的基本国情发生了翻天覆地的变化。怎么概括这个翻天覆地的变化？邓小平同志提到现代化进程、现代化战略有三步走，其实三步走战略的基本情况就是基于中国的国情变化提出的。国情是个大概念，有各个方面的国情，比如说政治国情、文化国情、基本国情。我们只是谈最基本的经济国情。从理论上来看，这个巨大变化以后中国的现实基本国情到底是什么？我们怎么来概括它？这是我们提出的问题，也是我们要解答的问题。

2. 概念和框架

首先，中国是一个大国，发展到现在会提到一些大国的国民意识，大国和工业大国的概念，从不同的角度理解大国有不同的概念。联合国认为一个国家的人口如果超过两千万人就是一个大国。而从国际政治学角度来说，一个国家能够发起一场战争，并能赢得战争就是一个大国。根据这个理论，一个大国要崛起的话，可能需要一场战争——但这只是国际政治学的一个概念。

一个经济领域的大国，至少存在两个层次的概念：一是整体层次的大国概念，指人口、土地、资源、国民收入等方面；二是某个方面规模比较大，或者某个产业、某个产品的数量很多的国家，比如说瑞士是一个钟表业大国，这个"大"只是一个方面。

工业大国，是指工业占主导地位，工业规模庞大，工业产品数量位于世界前列，在人口、土地、经济总量方面符合大国标准，人口多、土地资源丰富，而且具有大国经济体征的一些国家。有几点要说明：我们说的工业大国就是一个工业经济大国，简称工业大国。另外一个大国是相对于农业大国、服务业大国而言的，这个大国是按产业分类来描述的，最初毛泽东提出农业大国的概念，本身也是从产业角度分类的。

但是，工业大国不能等同于工业国，一般实现了工业化的国家才是工业国，我们一是有工业大国的规模，但不一定是工业国。而且工业大国不同于工业强国，中国现在是工业大国，但它不是工业强国，接下来要推进工业强国的战略。

工业强国有一个定义，指在整个社会或者工业在国际竞争与发展中占有强势地位，具有引领作用和能发挥重要影响的国家。具有技术先进性、产业结构高级化、发展可持续、劳动生产效率高、国际竞争力强等五个方面的特征。

一个工业强国应该在国际竞争和发展中占有强势地位，这就是大和强的区别，不同国家的强可能会有不同类型，有整体强势型的，比如美国、德国和日本；还有一些局部强势型，只是在某个行业、某个领域强，像英国、瑞士等。

基于这个概念，我们又提出了一个分类框架。关于国情的分类框架是我们提出来的，产业引进有两个维度，一是三次产业本身的变化，从"一二三"到"二一三"，然后到"三二一"，这么主导产业演进变化的规律。但是，不能仅仅考虑到三次产业结构本身演进的话，还存在一个产业发展的变化，所以一个是产业内部的结构变化，一个是产业间结构的变化。从农业主导的国家到工业主导的国家再到服务业主导的国家应该算是产业间结构的演进。

产业的演进也有一个从大到强的过程，基于这个思想，我们提出了一个分类框架。开始是农业国，慢慢成为农业经济大国，进一步发展成为一个工业经济大国，并不是从农业经济大国直接到农业经济强国，因为想实现农业经济强国的话没有工业现代化是不行的，农业经济强国不是一个独立的阶段。然后工业经济大国本身有一个从大到强的发展阶段，接下来是服务经济大国，最后是服务经济强国。

我们设想一个国家的现代化进程首先是农业经济大国，然后发展到工业经济大国，下一个阶段是服务业经济大国。这个阶段也恰恰和工业化演进的规律吻合，从工业化初期、中期到后工业化社会，慢慢地服务业占比例最大，是一个服务经济主导型的，慢慢地进入后工业社会。一般的工业经济大国阶段应该属于工业化中期、中后期阶段，所以农业经济大国是工业化初期，服务业经济大国阶段应该是后工业化社会阶段。

如果考虑这个框架，我们认为一个大国的国情应该从农业大国到工业大国，从工业大国到工业强国，从工业强国到服务业大国进而到服务业强国变化。这个框架的意义在于对长期流行的农业大国、工业大国和工业强国等国情描述语言提供了演进的分析方法。

3. 中国成为工业大国的国情

（1）中国已经成为一个工业大国的判断依据

①中国已经成为经济总量居世界第二的经济大国。

这是中国的世界经济排位：1980 年居第 7 位，1990 年居第 10 位，2000 年居第 6 位，2001 年超过法国居第 6 位，2002、2003、2004 年还是第 6 位，2006 年超过英国居第 4 位，2007 年超过德国上升到第 3 位，2010 年我们超过了日本居第 2 位，这是一个总量的概念。

我们是一个经济总量大国，经济增量的超级大国，基本上没有一个国家像中国这样。

②工业化水平综合指数较高。

随着工业化进程的快速推进，2005 年以后中国已经到了工业化中期的后半阶段。我们进行了系统的评价，构造了一个工业化水平的综合指数，1995 年是 18 分，2000 年是 27 分，2005 年是 50 分，2010 年是 66 分。

我们根据五个方面的指标，把工业化进程分为前工业化阶段，工业化初期、中期、后期，初期又分为前后半期，最后为到后工业化社会。最后评价的结果：全国 2010 年是 66 分，马上就要进入工业化后期社会，不同地区有不同的结果，包括四大板块、七大经济区都有不同的得分。

这是 2010 年的版图，北京、上海已经属于后工业化社会，其他有 10 个省市已经到了工业化后期，有 15 个属于工业化中期，河南属于工业化中期。这个结果说明我国现在属于工业化中期的后半阶段，已经是一个名副其实的工业大国。

③工业在中国国民经济中占主体地位。

我国工业主要产品基本上都处于世界第一位，例如钢、煤、水泥、棉布等，我们还是世界性的出口大国。我国财政收入主要来自工业和为工业服务的生产性服务业，我国已经进入以工补农、以城带乡的发展阶段。现在我们的财政收入非常大，将近11万亿元，我国财政收入从1万亿年到2万亿年用了4年，从2万亿年到3万亿年用了3年，从3万亿年到5万亿年用了2年，从5万亿年到6万亿年用了1年，主要得益于工业的快速发展。

新中国成立以后，国家实施重工业优先发展战略，通过"剪刀差"等措施实施农业支持工业、农村支持城市的政策，为工业化提供原始积累。据测算，1952~1990年间，农业部门为工业化建设提供净资金达到9530亿元。

从2000年开始，我们工业制成品占整个出口的比例非常大，基本上93.6%都是工业制成品。另外，我们现在的财政收入主要来自工业和为工业服务的服务业，2000年以后，我们到了一个以工补农、以城带乡的阶段，前工业阶段我们往往是通过剪刀差牺牲农业、贴补工业，2002~2010年农业直接补贴从1亿元增加到1344.9亿元，这说明我们已经到了一个新阶段，作为一个工业大国反过来支持农业。

④经济发展方式比较粗放，中国只是一个工业大国，而不是一个工业强国，工业正在由大向强转变。

从经济总量看，中国已经成为一个名副其实的大国；从产业结构看，中国是一个工业占主体地位的大国；从企业看，中国的企业规模也日益增大，与大国经济地位相称。总体上，中国已经从农业大国发展成为工业大国。但是，从产业内结构看，我国还不是一个工业经济强国。这主要表现在经济发展方式比较粗放，工业结构亟待升级，加工装备制造业发展缓慢，高新技术产业所占比例低；我国工业生产技术水平和研究开发能力与世界先进水平比还有较大的差距，缺乏技术储备，关键生产技术落后，技术进步投入少，技术进步体制存在问题；工业劳动生产率低，工业管理现代化水平低；在出口产品构成中，附加值高的技术密集型产品出口比重低。

（2）中国主要的工业水平与世界先进水平的比较

从综合角度来说，我们还做过一项研究，研究一个行业的现代化水平。不要把行业的现代化和工业化混合，工业化是谈整个经济的发展情况，而行业现代化只是说这一个行业本身和世界的先进水平去比，处于什么样的阶段，所以衡量的结果是中国主要的工业水平相当于世界先进水平的40%左右，所以中国肯定是大国，但不是强国。

现在有正反两方面的观点：悲观观点认为因为农村户籍人口很多，所以还是一个农业大国。我国的农业人口很多，如果一定要基于这个现状给出判断，可以认为我国是一个农业人口大国，但不是农业大国。但是乐观观点认为，1978年我国就已经从农业大国转变为工业大国，2010年中国就已经成为工业强国。但是，当时我国人均国内生产总值很低，几乎很少有工业制成品出口，我国国内还是短缺经济。因此，称那时的中国已经成为工业大国，这种判断无疑是过于主观臆断了。

（3）目前我国面临的机遇与挑战

作为一个大国中国有很多机遇：一是作为一个新兴工业大国，国内需求潜力巨大；二是有广泛参与国际分工、合作的机遇；三是有能力迎接新的科技革命的兴起。作为工业大国中国也面临很多挑战：资源环境压力日益增大，生态环境要素成本上升，收入差距不断扩大，体制性矛盾仍然很突出，改革开放的动力慢慢衰减，产业结构升级的难度越来越大。

4. 工业强国战略的内涵与任务

我国的工业强国战略是指基于中国的工业大国国情，围绕中国建成工业强国这个目标而制定并实施的经济发展战略。其前提一是转变经济发展方式的需要，二是大力发展实体经济的需要，三是指导地方科学发展的需要，四是国际竞争的需要。这里工业强国是指以工业做强这个国家。

所以，我们需要制订一个全局性、系统性、长期性、适应国际竞争的规划，这个规划不是一个单纯的发展规划，而要规划好未来20年内如何把中国建成一个工业强国。要真正实现这个规划，一是要在工业创新方面努力，大力开展科技创新，实现科学技术现代化，建立先进的技术体系；二是积极推动转型升级,实现产业结构高级化,建立现代的产业体系;三是努力深化体制改革,实现管理组织科学化,建立高效的管理体制。

2012年5月28日,胡锦涛总书记在中央政治局就坚持走中国特色新型工业化道路和推进经济结构战略性调整进行第三十三次集体学习时指出:新中国成立以来特别是改革开放以来,我们在长期实践中探索和走出了中国特色新型工业化道路,实现了从农业大国向工业大国的历史性转变。同时,我们也必须看到,我国工业发展长期依靠高投入、高消耗,存在着发展方式粗放、结构不合理、核心技术受制于人、资源环境约束强化、区域发展不平衡等深层次矛盾和问题。这些矛盾和问题解决不好,不仅会影响我国工业健康发展,而且会给整个经济发展带来不利影响。提高工业发展质量和效益,努力从工业大国向工业强国转变,可为全面建设小康社会、加快推进社会主义现代化奠定坚实物质基础。

(二)黄速建:三次工业革命和转型升级

今天我主要讲三次工业革命和转型升级。

1. 企业环境的变化

我们经历了2008年的金融危机,也正在经历经济困难时期。我们要看到经济的发展有周期性,有困难,有好日子,有差日子。我们更要看到企业发展的环境、产业发展的环境,正在发生着比较大的变化。

(1) 经济发展的不确定性不断增强

国家经济发展的不确定性增强,比如说外需的疲软、欧洲经济的恶化、美国经济复苏乏力阻碍了中国出口的步伐。美国最近31个月制造业持续上升,但是就业的情况非常不好,所以大家看到美国又推出第三次量化宽松。世界经济供求结构发生了深度调整,举一个例子,在第110届广交会上,欧美市场成交锐减,新兴市场成交活跃,市场结构发生了变化,同时自然灾害对我们也形成了一定影响。

(2) 低要素成本的优势在持续减弱

国际货币组织做过一个预测,到2013年中国劳动力成本上升21%,但实际上我们现在远远不止21%。大家都嫌收入低、工资低,但是平均数是在涨的。在劳动力成本上升的过程中需要注意一个问题，劳动产出率从2003年开始下降，工资增长速度在上升。对企业来说，工资上涨的压力逐年扩大，每个省都有每年最低涨多少的工资要求，"十二五"规划规定每年不低13%。同时，劳动力的供给状况也会发生变化，原来劳动力找不到工作的状况有可能会发生逆转，大量的工厂会招不到工人。

最近一个资料显示，2011年河南农民工省内就业和省外就业比重发生逆转，现在省内就业52.9%，省外占47%，这和以前完全不一样，这是从2011年开始的。同时，农村可转移劳动力数量在下降。可以转移的15岁到34岁的劳动力在人口结构里面会发生变化，15岁到64岁的人口——姑且把这些人当做可以就业人口——上面是65岁以上的人口，随着时间的推移，老年人口比重越来越大，就业人口相对比例减少。

从就业总人口的增长率来看，我们基本上处于上升阶段，从实际调查的结果来看，就业形势很好。从2010年3月份开始供不应求，这意味着刘易斯拐点到了？从实际情况来看，可能是到了，有一个数字说每年城镇需要就业人口2400万人左右，但是按照目前的增长速度，城镇可以就业的人口是1200万人左右，在这种情况下许多企业招不到工人，许多中西部地区的政府一个很大的任务就是帮助企业招工，所以大家可以看到职业技术学院的学生一入学就到企业实习。

从这个情况看，未富先老的状况可能要出现了，从刘易斯拐点到人口红利结束我们只有5年时间。近100年来，工厂流水线生产和卓别林时代一样，没有变化，我们看到很多高科技产品是文盲都可以做的。

（3）资源环境的约束进一步增强

首先是工业用地日益稀缺，有土地的供应就有经济增长，这是大家的共识。原材料的价格不断攀升，随着能源资源消耗量迅速增长，中国已经成为全球最大的能源资源进口国，虽然最近原材料价格有所下降，但是总体趋势是上涨。

资源环境约束进一步增强，粗放式工业化带来的资源浪费、环境污染问题非常突出，一次能源的消耗呈直线增长。但是我国的GDP在世界上的比重远远小于所消耗的主要物资的比重。2010年我们的GDP占全球的13.22%，但是我国水泥消耗量占全球61.5%，钢铁占49.2%，其他主要工业原材料都是这样。从 2010 年起能耗强度虽然有所降低，但依然是美国的三倍。中国的能源资源禀赋在世界处于下游水平，火电供电煤耗、水泥综合能耗、乙烯综合能耗均比国际先进水平高 15%。

（4）出口拉动作用显著

从 2006 年开始，中国成为世界第一大工业出口国，截至 2010 年全世界 500 种左右的工业产品当中，我国有 220 多个在全球占第一，联合国统计的八大类工业产品报告中中国有三类产品出口超过全球的 1/4，有一半的主要工业产品占有全球将近一半的市场份额。所以，在这种情况下中国要靠出口拉动经济增长。

我国面临着激烈的国际竞争，包括发展中国家对我们低端产业的竞争，近几年许多产业都转移到其他发展中国家去，包括我们自己的劳动密集型企业也在转移，转移到印度、越南和东南亚其他国家。发达国家有技术等各方面的优势，正在抢占新一轮发展的战略制高点。

（5）内需拉动作用日益增强

内需拉动工业增长的作用日益增强。从最近的数据看，消费升级将拉动内需快速增长，随着人均 GDP 的增加和人均收入的提高，中国城乡居民消费正在从以、食消费为主进入以行、乐、住消费为主的阶段，工业产品的需求增长加速。

从现在的消费数据来看，今年上半年消费对 GDP 增长的贡献率是 57.7%。消费者收入水平在上升，消费人口的结构也在发生变化，这有益于消费升级和拉动内需。

20 多岁人群的消费、老年人的医疗保健消费都比较突出，考虑到消费者地区的差异，农村消费的增长空间还是非常大的。

2. 创新与第三次工业革命

（1）创新的重要性

德鲁克在《21 世纪的管理挑战》里面曾经讲到创新，他认为依靠领先的技术或者领先的劳动力水平，才能构造自己的竞争力。他认为一个企业、一个国家有竞争力，不是靠低廉的劳动力，也不是靠出口保护，而是靠创新。

大家都知道通用汽车在历史上相当于现在的微软和苹果，也是富可敌国，教科书上很多的管理理论都是由通用公司提出来的。现在都讲新能源汽车，在20世纪60年代通用汽车就造出了全世界第一辆纯电动汽车。另外，还有柯达的例子，第一台数码相机是柯达造出来的，但是它没有看到未来消费和技术发展的最好时机，所以错过了时机。还有诺基亚，它曾经是手机业的老大，但是现在大家用的基本是苹果、三星，三星也是通过及时的转型超越了诺基亚，然后和苹果竞争。苹果在2000年巨亏10亿美元，乔布斯的理念是工业设计优于工业技术、工业技术优于工业制造。苹果公司辞退乔布斯，结果巨亏10亿美元，又不得不把他请回来。在乔布斯的领导下企业公司很快就转型了，现在这个企业的收入可以抵很多国家全年的GDP，所以，持续的创新非常重要。

（2）第三次产业革命简介

关于第三次工业革命，华盛顿邮报曾经发表一篇文章，题目是《为什么该轮到为制造业着急了?》，文章指出，过去美国为制造业补贴，但是随着新技术的兴起，今后20年要轮到中国人担心了。他讲了人工智能、机器人和数字制造，这三种技术的兴起会重构制造业的竞争态势，尤其是这些技术能够使制造业更具有创造性、降低成本，更能够地方化生产和个性化个人生产。这篇文章引起了中央领导的重视并专门批示，让工程院研究第三次产业革命问题。

生产的地理位置变得没那么重要：随着第三次工业革命的推进，区域对产业发展的影响可能就不像现在那么重要了。中原地区、内地与沿海的相对优势与相对劣势可能会发生变化，一些职业可能会消失，这对每个地区、国家的工业发展会构成挑战。中国在前两次工业革命中都是落后的，但是我国离第三次工业革命是较近的，也是有可能不那么落后的。最近，跟机器人、3D打印有关的上市公司股票涨势都非常好。

学术界关于第三次工业革命的论述，通常以新型技术转变为标准，例如有将信息技术的发展作为第三次工业革命的标志的，也有将可再生能源产业相关的能源互联网作为第三次工业革命的基本特征的。

第一次工业革命中由机械化催生的工厂制。第二次工业革命是福特制。第三次工业革命是数字化，主要技术基础：一是生产制造快速成型，最典型的是 3D 打印机；二是新材料的复合化、快速化，工业制造从铁到钢，再到复合材料、新型材料，这些都可以变成 3D 产业的打印介质；三是生产系统数字化、智能化。可以比较一下：第三次工业革命的材料是复合材料、纳米材料，包括高性能碳素材料，新生产工艺是 3D 打印机、工业机器人，生产核心技术是新能源汽车、数字远程通信、信息网络等。

第三次工业革命会引发生产方式的变化，从大规模生产转向大规模定制，产品种类会大幅度增加，用于满足消费者个性需求，刚性生产系统将转向可重构的制造系统，工业生产会转向社会化生产。以后需要什么东西都可以打印出来，它也会引起产业组织方式的变化，包括产业边界模糊化、产业组织的网络化、产业集群的虚拟化。它也会重构产业竞争的优势，对客户需求的响应速度越来越快，响应越快就越有竞争优势，知识型的员工会成为关键的竞争资源，设计制造的区域分工转向一体化，知识产权保护成为产业生态良性发展的必要条件。

3D 打印机的优势是不需要模具，增量生产，及时反馈，快速成型，它的趋势是应用多元化、介质机械化、机器小型化、价值平民化，会越来越便宜。

用 3D 打印机打印巧克力、日用品、服装、浴缸塞、塑料瓶等。假如以后我们的手机盖掉了，或者手机保护套不好看，要换一个，下载一个软件在自己家里就可以打印出来了。我记得自己当学生的时候对第三次信息浪潮不理解，但是现在我们所有人都有信息产品，我的笔记本电脑随时更新，有数字终端，我的数据可以同步更新，第三次浪潮已经到了。

（3）第三次产业革命带来的巨大冲击

一是比较成本优势会被加速削弱，制造业里面的利润占比下降，工厂化流水线制造可能完全退出，组装环节的成本利润会下降，直接从事制造业的人数会减少。

二是新兴产业竞争压力增大，中国在这方面不是领先的，需要付出巨大的努力去创新，这样才能形成竞争力。

三是技术密集型和劳动密集型行业国际投资回溯的风险会威胁到中国，美国人的企业、欧洲人的企业随着技术的革新会转移回去。

产业转型和经济增长

四是经济增长点断档的风险，比较优势集中于成本占比不断下降的制造环节，中国产业工人要适应第三次工业革命的要求来说，还需要时间和努力。

同时，我们先进制造技术中核心技术能力比较薄弱，主要的技术还是靠购买和引进，先进制造技术创新主体和产业化主体缺失，技能型和知识型工人供给不足，我们的人力资源整体呈"哑铃形"分布，知识型、技能型人才长期供给不足，培养、吸引知识型人才是我们下一步发展面临的很大瓶颈。

3. 产业的转型升级

我国大部分企业处于传统价值链的低端，技术创新能力弱、生产方式粗放、装备水平低，随着企业环境的变化，很难适应转变经济增长方式和调整优化经济结构的要求。在几次危机当中，我国企业碰到困难的很大一部分原因是我们没有真正适应企业环境的变化。

加入第三次工业革命，产业、企业的转型升级都需要我们持续进行技术创新，转什么？升什么？转就是要转变经济增长方式，调整产业结构，增大生产性服务业的比重，增大资本密集型和技术密集型产业的比重，增大第三产业的比重。一次产业要增大现代农业的比重，提高能源清洁高效使用的比重。二次产业要向产业链两端转移，向制造业的高端转移，抢占产业发展的战略制高点。在第三次产业中要提高生产性服务业的比重，通过深入提升产业发展的质量来提高附加值。

中国是制造业大国，但是制造业还是欧美最强，尤其是美国，高端的制造业都在美国。

从企业层面看，产业升级转什么，升什么？要从"微笑曲线"谈起，处于价值链底部的企业也可以通过流程的升级、产品的升级、功能的升级来实现转型升级，包括工业的改造，新技术引进，从制造低端产品到高端产品、从低质量的产品到高质量的产品、从制造低附加值产品到制造高附加值产品去改变产品的功能、创造新的需求等等。

我举一个"苹果"的例子，原来"苹果"16G 的 iPad499 美元，但是它的成本仅为 219.35 美元，其平均成本为 260 美元，韩国有设计专利，能得到一部分利润,"苹果"原创也能得到一部分利润,我们仅仅是加工制造,工人就只能拿到代工费,富士康还在拿利润。

再看耐克,耐克现在把在中国的加工厂全部关闭掉,耐克在全球基本上没有自己的工厂,它就是设计、销售、营销。

再讲"苹果",iPhone5 上市了,估计第四季度至少在美国它能够销售8000万台产品,能够拉动美国第四季度的GDP增长 0.25~0.5 个百分点,这一个产品太厉害了。

转型升级,主要是通过工艺的升级、产品的升级、功能的升级、跨产业升级来实现转型升级。

也可以有两条路径:一是技术路径,二是品牌路径。技术路径就是向技术和研发环节延伸,品牌路径就是向渠道和品牌环节延伸。

4. 转型升级要注意的方面

转型升级要注意五化:一是精细化,二是系统化,三是继承化,四是服务化,五是开放化。除此之外还要注意以下两点。

(1) 风险性

转型升级是有风险的。现在中国发展战略性产业的力度比过去发展IT产业的力度发展还要大。50年代通用汽车就制造出第一辆纯电动汽车,现在勉强算成型了,但没有真正产业化。因为,在经济上这对企业而言并不可行,经济上纯电动汽车对企业来说绝对不可行。

(2) 先进性和适用性

转型升级并不是全去发展高技术,全去发展新兴产业。我们说没有过时的产业,只有过时的产品和生产方式。

在转型升级过程中,可能需要处理好政府与市场的关系、外需和内需的关系、工业和服务业的关系、传统产业和新兴产业的关系。

耿明斋:黄速建所长用翔实的数据和鲜活的案例给我们传递了大量产业转型升级的信息,揭示了工业化进程当中潜在的一些巨大的危机,我有一个强烈的感觉是不要躺在工业大国的怀抱里盲目乐观,第三次工业革命到来以后我们可能很难沿着陈佳贵院长给我们分析的工业化路径进入后工业社会。没有转型升级就不可能有持续的增长。

(三) 王永苏:"三集"与"三化"

河南转型升级的制约因素到底在哪里?河南为什么转不了,转不好?河南的病该怎么治,这里结合北京专家的意见看看河南的药方怎么开。省长说的"三集"就是产业集中、人口集聚、土地集约。

1. 产业集聚

过去多年来河南在产业发展问题上,在非农产业的发展问题上,在工业化的问题上,村村点火,户户冒烟,就在村里搞,大搞乡镇企业。过去大家都知道有一个"千村百万工程",全省推广,要求村支部书记建立一个年产10万元的企业,要求乡党委书记建立一个年产值30万元的企业。今年不做黄牌警告,明年不做就地免职。农业不挣钱,可以解决温饱,但是不能致富。因为人多地少,所以要发展工业。当时在村里面学"华西村",这样做的结果就是"千村百万工程"变成"千村百万窟窿"。因为,一是搞公有制的机制不行;二是在村里搞成本低、风险大、效益差,搞100个跨了99个,剩下一个也只是摆设,这种情况特别多。出现这种情况,是因为现代工业发展的集群化趋势非常明显,分散搞成本高。

所以,河南的省委书记、省长就根据河南现代的省情和发展阶段提出产业要集聚,要和城市化结合起来,要产城融合,发展特色化产业集群,这是产业集聚的意思。

2. 人口集聚

河南的城市化水平远远低于全国平均水平11个百分点,城市化水平比较低,对河南产业结构的转型和升级造成了严重的制约。因为刚才专家讲了中国还是农业人口大国,河南是农业人口大省,2.5亿的农民工一半在省外,一半在省内,但是这种农民工是"候鸟式"的,所以河南的城市化水平低,对河南的科技、教育、文化、服务业的发展造成巨大的制约,服务业的发展和城市化正相关,城市的规模越大,第三产业的比重就越大。

目前河南的阶段需要发展城市化。河南这个阶段如果没有人口的集中,科研的水平很低,所以省长就提出了人口集中,这个集中实际上就是城镇化的意思。集中到哪里？是往洛阳、开封，还是往社区集中？这是一个大问题。

3. 土地集约

建设用地怎样节约、集约。投资商的投资强度是100亩地，但是建成以后还不到50万亩，所以怎么节约建设用地？对于河南而言土地尤其珍贵，河南"三化"不能突破耕地红线，耕地对于河南来说非常宝贵，但是我们有一些地方由于招商引资而浪费耕地，土地怎样集约要研究。

4. 以"三集"推进"三化"

农业用地要规模化，现在绝大多数是一家一户的承包地，要在这种生产方式下发展现代化、标准化农业，解决粮食安全问题。大规模的粮食加工需要质量一致的小麦，所以高档粮食需要进口。河南的农业现代化首先要规模化，通过城镇化、工业化减少农民，增加土地流转，一户可有百亩土地，关键是人怎么办？集聚，省长说的"三集"就是通过"三集"实现"三化"，发展各级中心城市，发展服务业，让农民出来，实现农业规模化，这就是通过"三集"推进"三化"的一套思路。

用理论说明规律性，用数据说明阶段性，这个阶段有什么特征，世界各国是怎么做，河南农业达到什么地步？所以，要用数据说明阶段性，人均GDP达到什么程度，这个阶段应该干什么要弄清楚。还要用典型说明操作性，到各县市区寻找先进典型。

耿明斋：今天邀请来的专家领导深入讨论了产业转型与经济增长的问题，特别是在产业结构调整与升级过程中，各国不同的发展路径。其实，这一波金融危机刚刚开始的时候，几乎所有的经济学家都认为这是金融政策的失误，之后大家发现根本的问题还是整个经济结构的问题，不仅是一个国家内部的问题，它也是全球经济结构失衡的问题。所以现在不少发达国家提出了再工业化。由此，我想演化趋势是不是到了一定阶段以后就停止了，到了后工业时代一个更高的层次以后结构比就会处在一个稳定的状况？等等，这些都是值得我们深化研究的。谢谢大家的讨论。

第八章

中原经济区建设的回顾与展望

——第八届论坛

参与嘉宾

王作成　　河南省统计局总统计师
耿明斋　　河南大学中原发展研究院院长、经济学院院长
王永苏　　河南省人民政府发展研究中心主任
孙德中　　河南报业集团理论部主任
焦林林　　灵宝市西闫乡党委书记
李英杰　　河南省人民政府研究室经济发展研究处主任科员
王国安　　郑州市发改委副主任
李　恒　　河南大学经济学院教授、博士

论坛时间　2012 年 12 月 30 日 14：30

论坛地点　中原发展研究院会议室

一 论坛主题背景

2010年11月19日,河南省人民政府审批通过《中原经济区建设纲要(试行)》,建设中原经济区成为河南省"十二五"重要规划;2011年3月5日,中原经济区被写入国家"十二五"规划纲要草案,纳入国家规划;2011年10月8日,国务院正式印发《关于支持河南省加快建设中原经济区的指导意见》,中原经济区建设成为中国促进中部地区崛起的国家战略。2012年11月,国务院批复《中原经济区规划》(以下简称《规划》),建设中原经济区有了纲领性文件。中原经济区包括河南18个地市及山东、安徽、河北、山西12个地市2个县区,总面积28.9万平方公里、总人口1.5亿人。

《规划》提出,中原经济区必须大胆探索,创新体制机制,加快转变经济发展方式,强化新型城镇化引领作用、新型工业化主导作用、新型农业现代化基础作用,努力开创"三化"协调科学发展新局面。同时,进一步明确了中原经济区的五大战略定位:国家重要的粮食生产和现代农业基地、全国"三化"协调发展示范区、全国重要的经济增长板块、全国区域协调发展的战略支点和重要的现代综合交通枢纽、华夏历史文明传承创新区。

2012年这一年来发生很多大事,比如党的十八大召开、中原经济区规划获得国务院批准、郑州航空港经济实验区启动规划获得国务院批准等。为了在年末岁尾把过去一年中原经济区这一范围内或者说中原经济区建设、河南发展所涉及的一系列重大问题做一个梳理,本次论坛的主题定为中原经济区建设的回顾与展望。

二 主讲嘉宾发言

王作成：

（一）国内外及河南省近年来的经济形势

1. 中原经济区经济发展的基本情况

我先简单介绍一下今年中原经济区的走势，中原经济区的规划在十八大后已经明确批准下来了，我整理了今年前三个季度中原经济区（包括河南省和省外各个地市）的基本情况。我特别列了一些数据，从数据来看，河南省在前三个季度增长了大致10%，而省外地市的增长速度也在10%左右，总体上中原经济区三十多个地市的经济增长速度都在10%左右，经济增长的情况总体上是不错的。而说到今年的形势呢，实际上有一个基本的结论，那就是："在复杂困难的情况下，中原经济区的建设还是取得了来之不易的成绩。"复杂和困难主要在两个方面：一是国际国内今年发展的环境是复杂和困难的；二是金融危机以来，河南经济的运行一直处在一种比较紧的状态。

2. 国内的基本情况

2008年以来温家宝总理在"两会"期间讲的几句话，描述的是国内的形势：

2008年：这一年恐怕是中国经济最困难的一年。难在什么地方？难在国际、国内不可测的因素多，因而决策困难。

2009年：这一年是实施"十一五"规划的关键之年，也是进入21世纪以来我国经济发展最为困难的一年，改革发展稳定的任务十分繁重。

2010年：这一年发展环境虽然有可能好于去年，但是面临的形势极为复杂。

2011年：这一年，我国发展面临的形势仍然极其复杂。

2012年：一些长期矛盾与短期问题相互交织，结构性因素和周期性因素相互作用，国内问题和国际问题相互关联，宏观调控面临更加复杂的局面。

所以这五年对整个中原经济区来说，环境复杂和困难应该是两个关键词。这是宏观的大背景，然后从整个中国的经济运行来看的话，实际上2008年以来中国经济增长的速度在明显放缓。刚才耿院长也提到——中国已经进入比前一阶段增长速度低的时期。大家看中国经济增长直到2007年一直在10%以上，2007年达到最高14%，然后是2008年的9.6%、2009年的9.2%、2010年10.4%、2011年9.2%、今年7%左右的速度。近五年来速度一直在朝下走。然后贸易这方面，看到2008年以来贸易出口发生了很大的变化，近年来我们贸易的增长速度在10%，这是我们所面临的一个大的背景。

从我们河南自身的经济增长来看，我做了2008年以来的分季度的GDP增长图，从图中大家可以看到从2008年上半年到前三季度时，我们保持了较高的增长速度：第一季度13.6%、上半年10.7%、前三季度13.5%；但是2008年在前三季度增长速度比较高的情况下第四季度速度开始下降，当年第四季度的累积增长速度为12.1%，而增长速度在2009年第一季度到达了谷底，是6.6%，后来2009年的速度看似朝上走了，但是到2010年速度又开始出现了下滑，然后2011年好像有点朝上走，但是并没有提升多少，随后的2012年经济增长速度则在一直下降。在2009年第一季度的时候，温家宝总理来河南调研时说了一句话："由于河南的产业结构是以资源型产业结构为主导的，就决定了这场危机对河南的影响是来得迟、走得慢、影响深。"这种波动变化如果从工业的变化来看会显示得更加清楚。我这里列举了工业分月增长速度，从这个速度看起来，2008年上半年我们的工业增长速度还在24%左右，这是一个很高的水平；但是到十二月份时，已经掉到了5%左右的速度，到了2009年前两个月，速度已经降到了2.6%，2009年速度看起来一路高升，但是这很大程度上是因为我们在计算增长速度时基数的影响，当然这里也有国家投入四万亿之后的拉动作用的影响。但从经济的波动来看：2010年工业增长速度从百分之三十下降到百分之十几，这个情况在2011年看似乎得到了改善，但是2012

年又开始朝下走了,所以整个中原经济区面临这样一个背景:国内的环境复杂困难、河南的环境大幅的波动而且经济运行的效益越来越艰难。从 2012 年的情况来看,2 月份我们的增长速度是 23.2%,到 3 月份降到了 16.8%,之后速度一直在下降,一直到年中降幅才有所趋缓,这是我们在上半年感觉日子比较难过的原因。年中之后,经济又开始波动,直到 9 月份经济增长速度才开始缓慢上升,但速度还是在 14% 左右,这就是我们近年来的经济情况。

省长郭庚茂同志在前几天的经济工作会议上也总结了在十分困难的局势之下取得的六个方面来之不易的成绩:一是经济平稳较快增长,质量效益持续提升;二是产业结构调整明显加快,发展方式转变持续;三是对外开放势头强劲,综合带动作用持续增强;四是新型城镇化引领作用逐步显现,"三化"协调持续发展;五是改革创新持续推进,经济复苏起始条件和要素保证持续好转;六是社会建设全面加强,人民生活持续改善。

(二) 当前经济运行中值得关注的问题

1. 经济基础尚未稳固

经济的基础不稳,在今年前三季度省长在 10 月 21 号经济运行电视电话会议上讲了三点,实际上是三个层次,这三点是对目前经济不稳最深刻的描述。第一是我省经济虽然已经有下行趋缓,这期间会有所波动,但不会像 2009 年那样大幅反转回升;第二是即便能够触底,也可能在底部持续相当一段时间;第三是即使经济触底,受需求不足和社会产能过剩的影响,行业和企业面临的风险也将持续累积,困难在相当长时间内仍会加剧。这三个层次已经把经济趋稳的基础尚不牢固的情况讲得非常到位。

2. 经济效益尚且较低

经济效益低,这主要说的是规模以上工业企业的利润。目前我省规模以上的工业企业(利润)已经到了艰难的时刻,大家看,从 2010 年这个时候以来,基本上工业的效率一直在朝下走,到了最近这个时期,刚刚出来的前 11 个月的工业效益的增长速度、利润的增长,是增长了 5%,这是个位数的增长。而且这期间,从今年 4 月份开始,一直是个位数的增长,所以说现在整个工业的增长是低效益的增长。

3. 企业经营尚有问题

一部分行业和企业经营比较困难,这个现象不少见。我们一些传统的产业,比如我们的铝、钢铁、煤炭、建材这些行业中,很多企业经营非常困难。有一些企业,比如有一个钢铁企业,前十个月的亏损额,已近达到 20 亿元。我们有些铝企业,比如某个企业,已经亏损了十几亿元。在这种情况下,传统的企业,就像省长讲的一样,即使经济在底部盘整并逐步趋稳,它面临的风险也在加大。

4. 企业运行仍有风险

企业经济运行的风险在累积,有可能会爆发。在过去省长讲了三个方面的风险,包括财政的风险、就业的风险和金融的风险。在这里,财政的风险主要是随着经济效益的下滑,财政收入的增速放缓,特别是来自工业的税收和房地产的税收,这个增长速度在放缓。有一个例子,在今年前两个月的数据刚出来的时候,郑州市一个地方,前两个月来自房地产的税收减少六亿元。我们省里,房地产的税收占总税收的将近三分之一。今年以来房地产总体来讲销售一直不景气,从这里可以看出来,财政收入的下滑,与工业的效益下滑还有房地产的增长放缓有很大关系。财政收入增长放慢,同时财政的支出又要加大,原因有两个方面,一方面是民生工程需要保障,另外一个方面是要保障企业正常运行,对一些项目的支撑,包括对招商引资的地方政府的补贴,现在收支之间出现了一些严重的矛盾。再加上在经济高速增长时期,一些地方政府所积累的债务,导致地方政府在财政方面,存在一些潜在的风险。金融的风险,实际上在企业已经出现。在企业倒闭之后,后面的产业链,或者金融的链条,出现断裂的状况。还有就业的风险,如果这些困难企业出现大批的关停,因此转移出两千多万劳动力,人会流动到哪个地方去,这也是很值得关注的地方。

这就是给大家介绍的第一个方面,就是我们中原经济区包括河南省现在经济运行在过去的一年里一些主要的表现,可以说,河南在极其困难的情况下,取得了来之不易的成绩,但是在现在的经济运行中,也面临一些急需解决的困难。

(三) 对2013年经济走势的展望

有两句中央经济年度会议里的原话:一方面我们仍处于可以大有作为的重要战略经济期,另一方面重要战略经济期的内涵与条件已经发生很大的改变。接下来我要围绕这两个方面解读一下。

1. 经济发展的机遇

首先,对于中原经济区来讲,最大的一个机遇应该是中原经济区规划的正式实施,因为在中原经济区,从提出特别是国务院的指导意见出台之后,我们已经和中央部委有了一些实质性的合作。和这些中央部委的合作已经给河南的发展带来实实在在的好处,去年一年,已经有43个国家部委和中央单位出台了具体的支持中原经济区和河南省的文件,或者是与河南省签订了支持中原经济区建设的框架和具体的协议、备忘录或者会谈纪要,在项目资金人才等方面给予河南大力的支持,这种政策效应还会持续,我想这是我们面临的重大战略机遇的第一个重大的方面。

其次,从整个经济发展的大趋势,及河南自身的条件来看,这是一个值得关注的点。

(1) 工业化城镇化。我们处在一个加快发展的时期,特别是我们的城镇化。目前,河南省2011年城镇化率是40.6%,这种城镇化率是基于常住人口统计的,还不包括到城里住了半年但还是农民工的人群。我们的城镇化率在数量和质量方面,提升的空间都非常大。从数量上来讲,全国的城镇化率已经在51%以上,我们与全国差了约11个百分点,而世界的城镇化率为60%多,发达国家的更高,在数量上我们的城镇化率上升空间很大。从质量上来讲,我们目前的城镇化水平——我原来在咱们这个论坛上讲过一个概念——有两个40%的概念,第一个40%是我们40%的人按常住人口算做城镇人口,第二个40%是在这40%的城镇人口里面只有40%的人是生活在省辖市一级的城市,剩下的60%是生活在县和镇里的所谓城镇人口。所以河南省这种城镇化的提升空间也比较大。城镇化的这种发展就给我们未来的发展提供了很大的空间。目前，我们的工业化水平，实际上还处于一个比较低的水平，无论从产业链，还是各地的工业发展的状况来看，都有很大的发展空间，更不用说它背后的信息化、农业现代化等这些相关联的内容，因此，河南省经济发展的空间非常大。

（2）产业转移浪潮。我们正处在第四次世界范围内产业转移的高潮时期，这个时期是一个抓机遇的时期，这个时候我们抓住从国际、从东部来的产业，对我们发展有好处。

（3）结构转型。河南省的工业结构是资源型产业占比较大、第三产业发展比较慢、农业占的比重较大的结构，有潜力转换成一个比较优化的竞争力结构，这里面我们的发展也有很大的空间。所以从大趋势来讲，我们也面临着很多机遇。从现实来讲，省里18个地市辖区的建设，180个产业集聚区的建设，各地新型农村社区的建设，正在规划实施的商务中心区和中心商业区的建设，正在做的这些方面本身会拓展河南的发展空间，为当前和今后一个时期河南的发展开辟一些需求的方向。另外，我们承接过来的产业带来的新生的产能也会成为河南经济新的增长点。从我们统计的数据来看，在当年的经济增长里，基本有20%的经济增长速度是由新增的产能所贡献的，所以新增产能贡献的这一块是河南经济的新的增长点，这是河南发展的一种机遇。

2. 经济发展的挑战

在这里也应看到，河南在明年和今后相当长一段时间里，有两个大的方面需要面对。这是刚才耿院长提到的整个中国经济进入一个低速增长的转型时期。

（1）需求不足。需求不足是我们过去三十年没有面对的问题，一方面是世界经济复苏一波三折，另一方面是国内需求短期内很难有大幅度上涨，无论是房地产，还是基础设施的建设，这方面短期内都很难大幅度上涨。所以才有了从中央到省里都在强调的"市场需求成为全球最稀缺的资源"这样一句话。

（2）要素成本的上升。要素成本问题也是与过去三十年我们所面临的问题不一样的。这里一个是劳动力成本的上升，另外一个是资金成本的上升。作为企业来讲，拿到银行的钱或者说融到资，这个成本是越来越高。今年年初有一个宏观数据，我觉得能够说明现在的实体经济和虚体经济的一个反差。年初的时候，国家银监会公布全国银行系统的盈利是一万多亿元，同时，国家统计局的数据是，全国四十多万家规模以上工业企业，去年一年的盈利是五万多亿。从以上两个数据可以算出资金成本的状况。再一个方面是能源成本，这个大家已经知道，油价已经调了三十多次，从2005年以来，在三十多次中有二十多次是在涨价，只有十次是降价，而且通过这三十多次的调价，油价和2005年比已经翻了一番以上。

所以从需求和要素这两个方面看，效益短期内很难大幅度回升，这也是我们要面临的一个影响未来发展的现实问题。从这两方面来讲，我们有重大的发展机遇，同时也面临一些发展环境的变化。

3. 目前采取的措施

当然，从目前我省采取的政策来讲，是在极力地促进经济的增长。在前一段时间，也就是今年10月份的时候省里出台"33155"——稳增长、促转型、保势态的计划，采取的一系列措施都是为了促进经济的增长和保持经济的稳定。"33155"有"三扩、三稳、一项目、五大优势、五大保障"。"三扩"就是扩产量、扩产能、扩消费、扩大发展的亮点；"三稳"是稳企业、稳就业、稳农业，稳定经济的运行；"一项目"是省市县三级在今年和明年至少到上半年要实施一万个重大项目来拉动投资的增长；培育开放产业、集群城市、竞争科技等五大优势；实施创新资金、人力、土地、资源、能源五大保障。

就今年的政策着力点，经济工作会上提了立足点、四个着力、三个重点。很值得重视的是一个立足点的转变和抓三个重点。一个立足点转变就是发展的立足点切实转移到提高质量和效益上，这是整个发展立足点的转变，这个和发展方式转变相关联。河南2013年政策着力点的三个重点，是三个综合性的举措，第一个是扩大开放、承接产业转移，招商引资、承接产业转移仍然是一个一举多效的重大举措。第二个是强化引领、促进协调，国家已经明确提出把城镇化作为扩大内需的重要举措，省里也强化新型城镇化引领、发动自我即发动全身的重要举措。第三个是优化环境、夯实基础,这里面主要是软硬环境的建设,通过优化发展环境,使各个方面的工作更加顺畅。这是明年省里工作的三个重点,也是三个重要的抓手,还有八项举措,这里就不再列举了。

4. 展望2013年经济形势

(1) 三大产业在稳定中增长。从第一产业来看,明年除了自然条件不可以预计之外,其他方面应该会比较稳定地增长。第二产业这一块,明年是很难判断的,因为现在经济下滑到了一个底部,这个底能不能夯实,明年是一个什么样的情况,欧债危机会不会继续朝深处爆发,周边特别是一些发达经济体会有什么样的情况,国际政治局面会不会有大的调整,特别是南海问题和钓鱼岛问题会不会对我们的进展有影响?所以第二产业这一块是明年变数最多的一个方面。第三产业,在今年的省委工作会议里对第三产业提得比较高的,也会再采取一些具体的实质性的措施。比如我们的商务中心区和中心商业区,都有实质性的措施,明年第三产业的发展应该有望比今年快一些。但是从总体来讲,明年从产业来看,三大产业还是比较稳定的,它不会出现如2009年或者2008年那样大幅波动的局面。

(2) 从投资消费进出口三大需求来看:消费这一块明年的增长速度在各方面的刺激之下,应该会有所加快。进出口这一块,会有变数,因为我们今年进出口速度比较快,富士康在里面的作用太大了,所以我们今年的进出口数据非常高,50%的速度在全国是名列前茅的。但是今年有富士康这个基数了,明年会有多高不好说。但是把富士康因素剔除之后,整个进出口的状况,应该是一个增长的状况。因为这两年我们招商引资来的企业,对我们出口的拉动应该是正向的。从投资这一块来看,从国家到地方,应该会加大投资的力度。投资的增长速度有可能会快一些。因为目前我们在算投资和消费的增长速度时,都没有剔除物价的因素。从现在来看,明年不管是美国的还是日本的这种量化宽松的货币政策实施之后,整个世界的物价水平,特别是中国受输入性的通货影响,物价会朝上走。从需求和产业的支撑来看,明年的经济增长应该还是一个相对平稳增长的格局。这是我个人对明年经济运行的看法。

耿明斋:王作成同志就2011年以来经济运行的态势为我们做了深入的

分析,也对河南经济运行所面临的各种机遇、存在的各种问题做了一个深入的剖析,总体上我感觉到是有喜有忧,忧的是过去的一年里河南的经济增长态势与前几年相比没有一个增长的改观,在中部六省中处于末尾运行的态势。好在比较平稳,特别是结构。我相信主要受到结构的影响,总体上我们相对乐观。结构调整、经济增长方式的转变是一个过程。刚才注意到作成同志提供的一个数据,利润增长的速度持续在一个低位。他说到若干个资源性的产业困难仍然存在,加上省长说的即使不再往下掉,风险也在积累。结构变革的困难究竟对总量增长的影响在什么地方?从地方的角度讲,要的是总量的增长。总量的增长和结构的调整本身就是一对矛盾。这值得我们从各个角度去讨论。

三 论坛议题聚焦

(一) 王永苏:研究工作要抓关键、重全局

经过刚才的座谈,已经把省里经济发展的状况讲明白了。我提一点,在省里经济座谈会结束的时候,郭省长总结讲话里的一段,值得我们学习。

首先把握好主要矛盾和矛盾主要方面,抓关键、带全局。抓什么都没有错,问题是哪些事情先抓,哪些事情后抓,什么时候抓,用多大力量抓。度不一样,结果大不一样。当前做什么不难,不做什么才是最难。只有抓住要害、做对工作、抓住关键带全局,才能取得事半功倍的效果。郭省长的这段话对河南太重要了。省长反复强调一句话,做对的事情比做对事情更重要。经济发展这么多方面,省里怎样分配资金、分给谁、给多少都是问题。省经济工作是个大盘子,盘子中有很多方面的工作,有工业、农业、城市、医疗、教育等。什么时候该干什么,工作之间如何配合,事情的轻重缓急省长心里都有数。他的工作和分管各个口的领导有很大的不同。分管领导的主要责任是发展自己负责口的工作,把自己分内的工作做好,向省长要政策要资金。他们不用考虑各个方面是否符合河南省的情况

以及与其他工作的配合发展。但作为省长,他心里必须有底,知道河南最缺什么、最应该发展什么。河南的发展要符合大的规律和趋势,这个大趋势就是私有个体经济要发展、产业要集聚、人口要集中。与这个大局相违背的都是不正确的。以前走过的发展集体经济、分散发展乡镇企业的思路都是不恰当的,走过的弯路我们应该自己好好总结。我们的研究工作,一定要和省委省政府的大局保持一致。

第一,城镇化;第二,产业集聚;第三,土地流转,集约利用;第四,信息化发展,就是中央定的"四化"同步它跟河南的"三化"协调有什么关系,其中的信息化如何把握;第五,城乡一体化,就是社区如何健康发展;第六,完善基础支撑能力,比如交通物流、河南的基础设施;第七,适用新形势,就是解决人力资源问题,比如富士康所需的人力资源怎么保障、怎么培训、怎么提高;第八,科技创新,怎么驱动,怎么落实;第九,完善投融资体系,解决资金制约的问题,就是出资机制问题;第十,转变立足点,原来要求速度,现在要求质量,要转到质量效应上去,就是要建立新的责任目标考核体系。

耿明斋:王主任还是一贯幽默、风趣、深刻的风格,说起河南的发展如数家珍。对王主任的这番话我也感受很深,这不仅仅是对我们在座的同学老师,对于想做一把手的也是一个很好的培训,我相信今天对你们的成长意义重大。大事小事一大堆,那孰先孰后,孰轻孰重,在有限的资源里面你用哪个?我们每个人每天都有24小时的时间资源,你的时间资源怎么优化配置也是一门学问。活到老,学到老,都知道这个理,但在做的时候做不好,往往经不住现实的诱惑。

(二) 孙德中:新型城镇化红利的相关探讨

1. 新型城镇化引领是改革的最大红利

我也想谈一下现在所谓的改革红利,这个问题目前来说比较热,主要在两个方面。一个是最大的改革红利,但是改革红利来自哪儿?来自城镇化。通过新型城镇化的推进来最大限度地释放改革红利,现在是这个观点,整体上来说我还是认同这个观点。因为今天要结合中原经济区新型城镇化来说，河南省是第一个把新型城镇化当做一个战略——引领战略来提的，但我们不是第一个提出城镇化的，也不是第一个出台新型城镇化政策的，我们是第一个提新型城镇化引领的。既然是新型城镇化引领，那么什么才是新型城镇化呢？实际上关于这个问题，九次党代会有一个明确的界定，但这种界定是否就符合我们现时代发展的要求，特别是和十八大报告和中央经济工作会提的新型城镇化是不是一致，它的目标追求、它的战略定位、它的发展模式、它的发展动力是不是一致？我觉得这不光是研究2013年，可能是研究未来十年，甚至二十年河南经济发展时，需要清晰理解和认识的东西。按王主任说的，对河南人来说，要做对的事情，首先要把这个事情搞明白了。如果这个事情不对，那么你就是花了再大的精力去做，可能也是白做。就我们现在方方面面的情况看，我觉得这件事还是有问题的。问题在哪？我们更多地强调从城乡一体化的角度来理解新型城镇化，这是对的。但这仅仅是新型城镇化的一个方面，这一点是特别需要明确的。

这一次中原经济区工作会议是这样说明的，城镇化是我国现代化建设的历史任务，也是扩大内需的最大潜力所在。要围绕提高城镇化的质量，因势利导、趋利避害，积极引导城镇化发展。要构建科学合理的城市构局，大中小城市和城镇、城市群要科学布局，与区域发展和产业布局紧密衔接，与资源环境的承载能力相适应。要把有序推进农业转移人口市民化作为重要任务，抓实抓好，要把生态理念和原则全部融入城镇化的过程，要走集约、智能、绿色、低碳的新型城镇化之路。按照这个要求来看，我们的新型城镇化引领很有完善和提升的必要。到目前为止，中原经济工作会议提出的新型城镇化的道路既针对原有城镇化的问题，也适应了我们未来发展的要求。

2. 信息化是新型城镇化的重要特征

现在学术界讨论比较热的未来的所谓第三次工业革命、生态文明、智能城市、低碳，这些东西靠什么来解决，我觉得很大程度上还是技术问题。到目前为止最有效的解决方法、最好的技术方式就是信息化，就是所谓的建设"智能城市"，包括我们强调的产业信息化、把信息化加进新

"四化"等等,实际上都是在说这个问题。比如,我们的淘宝,人为制造的一个节日如"光棍节",一天的销售额都可以突破 190 亿元。河南省那么多的商场一年销售收入多少,大家可以查一查。如果作为一个努力赶超的地区,我们依然走传统的发展道路,利用传统的发展理念和传统的发展方式,我们如何超越?我觉得要实现超越很大程度上是以技术为基础的,那么未来有可能的技术变革在哪?对这一点,相关的咨询部门,如统计局、研究室、中原发展研究院必须要有超前的眼光和战略思维,因为你们是给政府提供决策咨询的。所以,我们首先要搞清楚新型城镇化的含义,然后根据中央的和时代发展的要求,找出目前哪些方面是需要提升的。现在修正后的一句话好像是,在信息化的基础上推动新"三化"协调。围绕中央的说法一致,但这也仅仅是一种说法,怎样把信息化作为应有的战略,才是特别需要研究的。目前,我们发展新型城镇化的战略,有些方面需要提升。作为后发展的地区,一定要充分认识到新技术革命,特别是信息化革命可能是我们实现赶超的一个重要的技术支撑。而信息化之所以跟"三化"并列,很大程度上是因为信息化与相关产业的高速融合。例如智慧城市、智慧农业、智慧旅游、智慧医疗等。它是通过信息化给传统的产业、城市带来很大的变革。如何在未来的新型城镇化引领中体现出信息化,是一个很值得思考的问题。在新型城镇化过程中能不能利用信息化来推进智慧城市建设,使城市化布局不仅仅是区域上的,而且是有内在的城市机理联系的。"三化"协调在传统上是很难实现的,但有最新的技术支撑的时候是有可能实现的。

3. 城镇化红利的实际显现

现在各方的说法不一样,我认为有三个方面的红利。首先,促进经济增长。这一点是说得最多的,比如说它的投资、消费、产业升级。其次,影响社会生活方式,包括生产方式。实际上这是一个变革。那么这种变革本身,就是现代化的过程,也是现代化的结果、城镇化的结果,这也是我们一直追求的目标。那么通过新型城镇化可能实现农业的现代化、农民的市民化、产权的一体化等。再次,推进制度改革。城镇化的加快与推进,释放的红利就是改革红利。为什么这么说呢?因为我们现在走的新型城镇化道路，带来的绝不仅仅是简单的对经济增长的贡献，更多的是生产方式和生活方式的变革。要实现生产方式和生活方式的变革，目前这方面的制约因素不是技术方面的，而是制度方面的。比如城乡二元结构、户籍制度、土地制度、金融体制、社会管理体制、服务业管制、文化产业、相关医疗等第三产业的制度管制等。实际上，这需要下一届政府推进新型城镇化来破解、倒逼这些制度的变革。

4. 河南如何谋取新型城镇化的红利

（1）首先必须对我们原有的新型城镇化战略进行完善和提升，这是一个前提和基础。把新型社区设立为战略基点，这仅仅是工作的一个方面，仅仅是一个"破"的问题，没有解决"立"的问题。我们为什么要做这些？因为有土地约束。但是解决了土地约束之后怎么办？我们现在不是很明确，或者说不是很明白。因为现在的城镇化趋向很清楚，就是城市群、大中型城市。城市体系是不错，但是它的支撑还是城市群，它的支点还是中心城市。一个国家、一个区域的竞争力最终取决于中心城市的竞争力，而不是城市数量的多少。在改革开放之前，河南在全国排名前三名，但是没有大城市，就没有竞争力。我们现在一直在强调世界城市，全球变为地球村，尤其是迎来智能化社会以后，区域的中心城市在世界能不能占据一个有效的支点，是区域未来在整个经济发展中有没有话语权的一个很重要的标志。经济竞争要看节点的能级，不在于数量多少。

（2）在战略完善和提升的基础上，我们现在要利用新型社区推进的这种趋势，按照一体化的要求，来搞好我们相关的产业规划。产业规划特别重要，它要解决产业布局的问题，不同能级的城市所承担的任务是不一样的，根据城市体系来设计未来的产业布局，然后根据不同的城市所承担的不同产业功能来营造不同的发展环境。而不是一提到发展环境，全国全省都是那一招，这样是不行的。因为不同的城市对环境的要求是不一样的。比如一个城市是作为一个金融功能的城市，还是作为生产型城市，对一个地方的发展环境要求是不一样的。

（3）加快推进现代农业产业体系的构建。根据国家主体功能区的规划要求，农业是河南推不掉的责任。那么如何在承担责任的前提下实现同步奔小康，实现跨越式发展？我认为，一定要有现代的思维，用现代的技术来发展我们现在的产业体系。通过现代农业产业体系的构建，提升农业的效益，重点就是拓展农业的功能，这是河南特别需要去做的。在农业功能方面，在保证粮食生产的前提下，我们要做些什么？实际上现在农业的效益低在哪？我觉得还是农民的有效劳动时间少。那么农业有它自身的生长过程，我们怎么去利用这种生长过程，增加我们的有效劳动时间，从而提高农业的附加值，这一点是我们真正要下功夫去深入研究的。

（4）坚定地推进信息工业化。这一点也是王永苏主任一再强调的，对于信息工业化这一方面，我们不能放松。因为城市化要想实现生产方式和生活方式的变革，基础是就业。就业从哪里来，自然是信息工业化。信息工业化包括现代服务业的发展，这一点很重要。

（5）用改革推进新型城镇化建设。刚刚我已经提到新型城镇化的第三个红利就是改革，但是它最需要解决的问题恰恰也是改革。因为没有改革，原有的体制打破不了，新型城镇化建不成，我们的红利也释放不出来。当下我们要改什么，最主要的问题有两个。第一个，这也是习总书记提出的观点，农村的市场化。它的关键点就是农村的土地制度改革一定要加快。第二个，就是城乡的户籍制度改革，而且就现在走新型城镇化道路而言，尤其是河南，我们有没有可能利用国家给中原经济区建设的政策，我们能不能把土地和户籍制度改革有机结合，从而走在全国的前面？对河南来说，这可以跟中央积极推进加快农民市民化的进程结合，因为这对河南来说是极大的利好。我记得好像是三月份，也是在这个会议室，我曾经说过一样的话。我说提高河南的城镇化水平，最有效的方式就是国务院能够出台加快农民工市民化进程的文件。因为我们在外的人最多，大概会有一千多万人。如果这些农民工能够在外面就地城镇化，能够异地城镇化，然后再带上老婆、孩子、老人，那就为河南的绿色低碳发展提供了一个有效的空间，同时加速提高了河南的城镇化率。我觉得这属于积极呼吁、不用付出太多代价的事情。因为刚才说的两个改革我们自己是要付出一些代价的，但是农民工市民化我觉得对河南来说是有百利，不能说是没有弊端，但肯定是利大于弊的事情，这是河南省委省政府积极上书中央、河南的专家学者也应该积极去做的事情。因为河南的问题就是人多地少，但是农民市民化，尤其是异地城镇化，能从根本上解决这个问题。

（三）耿明斋：城镇化的两种方式——城市建设规划和自然城镇化

王永苏主任一直在关注新型城镇化的研究，他就这个问题给我们做了一个如何挖掘城镇化的红利、如何挖掘改革的红利的很系统很深入的报告。我理解的城镇化，实际上涉及两方面的内容。一方面是城市的建设，城市建设的核心是在哪儿建城，建成什么样的城市。这个问题到目前为止，我觉得在省委省政府最高决策层面上并没有达成共识。由于就这个问题在决策方面没有达成共识，所以我们现在讲五级城镇体系。每一级都想做大，究竟哪一级该做大，哪一个地方该做大，这个事情没有解决。虽然城市规划是一个技术问题，但是哪儿该做大，在合适的地方建合适的城市，这是个认识的问题，这是对城市化规律的认识。我们现在跟日本大学的村上直树教授合作启动一个中日城镇化进程比较研究，前面他已经给我们做了一场报告，给我们讲了一下日本的这个过程。到目前为止，日本最大的城市——东京，还是一个聚集城市，还都往那边去。我就想，我在1997年去日本的时候，接触过一个祖籍是西安、目前在日本教书的教授，好像是东洋大学的教授，他说：日本人都在东京呢，除了东京都没人了。

再一个问题，就是自然的城市化，人口向城市聚集的这样一个过程，需要要素在空间上无障碍流动这个条件，而现在我们，还不充分具备这个条件。这个障碍主要来源于哪呢？主要来自制度。刚才德中讲到中央政府要出台农民进城的这个政策、农民人口城镇化的政策，呼声也比较高，可能是要做。但是这个问题的另一方面是，你就算赶着他进城，他不一定进城。现在已经出现农民不进城的情况了。为什么不进呢？他舍不得在农村的利益。那你说为什么舍不得农村的利益呢？他没有办法变现，他在这个群体中有这个利益，但是不在这个群体中就没有这个利益，所以根还是农村土地制度的改革问题。我觉得这些问题，值得去认真思考研究。刚才孙主任讲了农业的现代化，农业的现代化其实就是规模化、产业化、商品化。

（四）焦林林：灵宝市新区"三化"协调发展的优势

前两天耿院长在我们那儿做了一次调研，耿院长调研之后，选择我们那里作为中原经济区"三化"协调发展的一个载体、一块试验田、一块示范田。所以我今天主动走进论坛来学习学习。最关键的一点就是想把这块试验田种好，想把我这一亩三分地种好，这也是我来这里的核心目的。另外我想说的一点是，为什么我会有刚才耿院长谈的这样一种想法？也是我对八年农村工作的一种思考，也就是孙主任刚才谈的自己想真正为百姓做事，让农民活得有尊严，正好我也是想到这一块儿。我原来所管辖的乡镇是一个农业乡镇，我为什么会借着这个优势做这个试验田？我觉得我这块儿具备着以下五大优点，说出来仅供大家参考。

1. "三化"协调发展的机遇

不得不说，灵宝市新区与当前"三化"协调发展有着深厚的关系。首先就是有中原经济区发展的大背景；其次是位于豫晋陕三省交界处、黄河金三角这个大的背景；再次是三门峡市提的"四大一高"：大交通、大旅游、大通关、大商贸，高新技术产业，这个"四大一高"的战略，也能够互相融合；最后一个政策背景就是灵宝市本身把这个区作为一个副中心城市，那么这就符合当前提的新型城镇化的政策背景。正好我这个区在这个政策背景下符合了当前的中原经济区的核心理念，也符合黄河金三角大发展政策的核心内容，然后我们市委市政府定位规划的就是刚才耿院长说的以特色农业产业化集聚作为抓手，这正好也与当前国家扶持发展的政策背景趋同。这是一个优点，也是一个优势。这也是耿院长选择这块试验田、示范田的原因。

2. 灵宝新区发展的扎实基础

灵宝市西区有较好的基础。这个基础就是区位空间优势。我们这个区正好处在豫晋陕三省的交界地带，具有连通连霍的出口、郑西高铁的客车站，有陇海的货运站，另外黄河在我们境内有4个渡口。这个区位优势非常明显，可以说发展这个区能起到带动黄河金三角经济发展的心脏起搏器的作用。为什么这么说？我在这个乡也有5年多了，从乡长到书记，从过去到现在这几十年里，山西和我们这边的两边老百姓通过渡口来回种地，这本身就是一种经济交流。而且我们那边是山西，这边是陕西，会搞一些种地的交流，还有一些农特产的交易。还有一些如我们灵宝的苹果啊，果品资源优势比较大，像山西和陕西，尤其陕西白水的苹果，还是从我们灵宝引过去的。这个优势就非常明显。目前，还有一项基础工作，就是招商引资。因为我们城市西区从2006年起说要建高铁，2009年开始做规划，2009年市委市政府成立西区城市建设指挥部，到现在我们所有的规划，还有专项路网污水治理厂等已经做完。我们最近还请了一些专家做了一些产业发展规划，也已经基本做完。起步区5.6平方公里，污水治理厂、自来水厂、路网基础设施，8亿元的基础设施全部打包给了中建七局。中建七局的项目办已经进入灵宝城市西区，前期的基础工作也已经完毕，马上就要拉开框架，这对我们西区的空间优势的提升起到了极大的带动作用。这就是我们有较好的基础、示范区具有"三化"优势的原因。

前期有孙主任讲的农业循环经济的一个战略思考，到后来有了中原经济区的提法之后，我们请了几位专家，在招商引资方面很好地把握了中原经济区的理念，以至于到后来的黄河金三角，充分运用了耿院长的边缘突破性理论。我们有由12人组成的一个招商引资的博士教师团队，他们从不同的角度完善我们的规划，并献计献策，使城市西区整体的规划比较完整、严谨。

3. 灵宝新区发展的特色

目前，城市西区的特色不可复制。特色主要是农特产。灵宝是一个农业大县，一年四季农特产不断。我们有90万亩苹果树，我这个区还有2.3万亩的芦笋。芦笋、杂粮、水果、莲藕、食用菌这些农特产一年四季不断。另外，举个例子，我们这里本来就有一个浓缩果汁厂，还有一个芦笋加工厂，非常适合将农民工转成市民、转成工人，这个条件正好是适合打造西区的一个环境要素。而这个芦笋厂，是一个西班牙的独资企业，一个纯出口的公司基地+农户，是纯出口订单农业的企业。这个企业在这个区每年招 3200 名农民工。当地农民有很多出去打工的，周边的乡镇农民工，还不太够用。另外，还有一个产量 5 万吨的浓缩果汁厂。这两个厂通过特色农业推动农产品的加工，省发改委给这个区批了一个农副产品的深加工园区。这个区以新型城镇化为引领，以农副产品加工、仓储、物流、交易为抓手，主要就是做实打响，让产业升级、农民转型、农村换容，从这个意义上来实现让农民生活得有水准、有尊严的目的。

4. 灵宝新区发展的优良运作团队

我们西区目前有一个很好的招商团队，水平很高。智囊团主要是由来自北京、上海、西安等地的 12 名博士、专家组成。执行团队主要是我们灵宝市西区指挥部，还有西闫乡人民政府。为什么会有现在的融资团队？为什么会请博士、专家？招商引资的目的是为了带动这里的发展，产业的发展。融资团队旨在解决现在农村存在的农民融资难的问题。我们整体的规划就是以城镇化为引领，发展公共商贸旅游，在黄河岸边还有一个一万亩的湿地芦苇景区，这在北方是不多见的，而且整个区是一马平川。从函谷关景区过去，那就进入了作家贾平凹笔下的 800 里秦川的范围。所有村庄过去都是古战场，所以名字都是某某营，大字营、朱家营、西北营。我们不仅规划做一个仓储物流中心，还要做三省农产品的集散地、交易中心，还有省委省政府批的农产品深加工园区。融资团队首先运作芦笋产业和苹果产业农产品上市，解决农民的金融成本问题。

这么多的领导都在，若是大家有兴趣的话多去我们那个区看看走走，那儿真是一块农业带动产业、产业带动城市的产城融合的"三化"协调的示范区，大家可以把那作为一个试验田，指导我们把地种好。我在此表示衷心的感谢，这也是我最大的心愿。

（五）李英杰：新型城镇化发展因地制宜，中原经济区建设形势大好

王作成总统计师把我们今年 10 月份的第三次经济运行会和今年 12 月 26 号召开的省委经济会的主要内容都给大家传达了，我简单地说一点。我给王总统计师纠正一个数据，就是今年 10 月召开省委经济运行会的时候，

我们专门请相关部门做了测算，我省今年截至 9 月份的时候进出口增长 97%，就是进口和出口加在一起是增长 97%，当时我们省一直在说调结构，9 月份我们省的进出口总额在全国排第二，是全国少有的几个进出口总额是正数，而且是逆势上扬的省份。但是，去除富士康因素，实际上我们省进出口增长率是负数，是 -2% 多，是减少的，我省进出口主要靠富士康拉动。这是我说的第一点。

然后关于城镇化，我们省去年有一个测算，城镇化每增加 1 个百分点，实际上拉动就业人口增长 5 个百分点。为什么我们一直在提新型城镇化？就是把农村人口集中到城市以后，一个可拉动就业，另外一个就是可拉动消费。当然不是只有进入大城市才叫城镇化，省领导多次讲到，城镇化包括新型农村社区，不能简单地说农民一进城就是城镇化。

让农民进城市是有条件的。以前他在山里住的时候，可能只是捡几块木头烧火，种点菜，种点粮食，够自给自足就行了，只要买点盐买点醋就行了。进城的话，包括进到新农村社区，只要一上楼，这些东西全部都成了支出，水电煤气都要钱。他没有了收入，现在去哪耕种啊？集中起来后，有些农民离他们的地比较远，总不能就那两分地，还得他们骑着自行车，每天带着锄头，骑 10 公里，去锄锄地再回来，浇浇地再回来吧。

所以新型农村社区建设要根据当地的情况进行。如果当地是农业大县，可根据划片建立新农村社区；如果是山里面，不要强制农民进社区。让乡镇的进到县城，县城的进到城市，这才是真正的城镇化。农民进城后，子女上学、住房、医疗这三方面的硬件都具备条件了，农民才能真正城镇化。这是城镇化问题。

关于中原发展，我觉得我们取得了重大突破。第一个是中原经济区规划。中原经济区规划得到了国务院的正式批准。这个规划的批准，实际上有利于我们国家，河南省向国家要政策，这是中原经济区规划给我们带来的真正益处。我们通过这个规划，进入国家的大盘子，可向国家要各种各样有利于我们发展的政策。第二个是郑州航空港经济综合实验区建设得到国务院批准。现在在由国家编制规划。第三个是现代综合交通运输体系和国际物流集输中心建设加快。河南的高速公路，到今年已达到 5800 公里。很多人说河南的高速公路这不好那不好，实际上河南的高速公路通车里程居全国第一，包括县乡公路，应该也是全国第一。我们河南的高速公路和广东经济发达省份比起来还要好得多，还要先进一点。河南省在2012年年底，在所有县城实现20分钟内上高速，现在河南省的高速公路四通八达。以前说要想富先修路，现在路已经修好，而且高铁建成，现在从信阳到郑东新区，坐高铁的话是1小时20分钟，许昌到郑东新区22分钟。以前河南省说的三个圈：半小时圈、一小时圈、中心圈，现在基本上要实现了。第四个是郑州全国跨境贸易电子商务试点今年获批。这四点是我省长远发展的大事，以前我们做的是打基础的事，现在我省基础已经打好了，我相信，在今后的几年内，随着中原经济区建设进一步加快，我省的发展步伐会越来越坚实、越来越快。好的，我讲完了。

（六）王国安：郑州航空港综合经济实验区的发展

航空港综合经济实验区是中原经济区的核心区。下边用几分钟时间谈谈航空港经济综合实验区的发展。

实际上，航空经济实验区的建设，对于郑州市是历史性的机遇，主要会对郑州市产生如下影响。

1. 积极调整产业结构

航空经济高端的、高附加值的经济发展，对于转变产业结构、转变经济发展方式意义重大；它对我们的对外开放、对提升河南省郑州市的经济外向度意义重大。今天王总统计师说，我们的进出口主要是由富士康创造的，郑州市的100%~200%的进出口增长，主要是富士康的增长。富士康带动其他跨国知名企业如UPS等过来了。这些五百强原来不好引，现在都跟着过来了，这对于我们经济外向度的提升是至关重要的。此外，原来郑州市提的是国家区域中心城市，现在郑州不提国家区域中心城市了，提国家中心城市。要建设世界性的城市，一个重要的抓手在哪儿？就是航空港综合经济实验区的建设。过去一直说郑州市要跨越式发展，怎么跨越，怎么超越？要保住这个位置不被人家超了。合肥现在直逼郑州，原来合肥还不如洛阳。这个问题要能解决，我们就不再是区域中心城市了，而是国家中心城市、国际性城市。原来计划经济下要钱，后来要项目，现在关键是要政策。

2. 促进城市的规划与开发

省发改委牵头做了整体发展规划，城市的空间发展规划也有人在做，产业发展规划也在做，土地发展规划已经基本做完，满足交通需要的各种规划在普遍展开，园区的设计、园区的规划都在进行。明年这可能是一个重点。现在富士康在综合区要求规划一个生活小镇，这在全国来说是第一个，并且它搞的规划设计，在深圳或其他地方都没有。我们要在北区中央商务区两三平方公里范围内，建设航空综合实验区，这成为2013年的一个重点。

3. 增加郑州机场的航线

我们和很多国际上的航空公司搞了一个航空物流的对接会，根据它的流量开航线，很多公司感兴趣。我们的一个主要定位就是世界货物中转中心。我们除了向国家要政策，也要出台政策。郑州市为了发展战略型支撑产业，前些年搞了一个十大战略支撑产业规划，当时在市长办公会上，各种战略支撑产业都要资金。这不好办。现在我们要搞航空港综合经济实验区，要搞一个产业扶持基金，支持产业的高度发展，韩国的、日本的经验都是要靠政府扶持，我们也得政府扶持。

做大做强航空港综合经济实验区，对河南省、郑州市会有重大的推动作用，希望各位专家，各位同学多关注这方面的问题。这是一个新的经济增长点、新的东西，包括概念的提出。

（七）李恒：转型增长是中原经济区建设的关键

建设中原经济区是河南省的重要任务，河南省提的是"三化"协调发展。我认为新型农业现代化的提出值得推敲、值得商榷、值得探讨。因为任务是实现现代化，而不是探讨是新的现代化还是旧的现代化，肯定不存在"新"和"旧"的现代化的问题，只存在实现的问题。那么是工业现代化，还是工业化？是城镇现代化，还是城镇化？特别是对城镇化来说是城镇化的存量现代化，还是增量现代化？我想这些都值得我们研究。我在这里因为时间关系只是提出问题，刚才听了王主任、王总以及孙主任的介绍,我们对这些问题也认识了很多。那么对于增长的问题,我认为也有些需要探讨的东西,理论层面我们研究增长,我们总是认为增长是被什么决定的,我们要探讨是什么决定了增长。可是对于政府来说,任何国家、任何时期的政府都抗拒不了增长的诱惑,他们总是强调增长,但是他们不知道增长从什么地方来,要到什么地方去。刚才王主任讲得特别好,我听了特别受启发。也就是说按照理论经济学的描述,如果经济只生产一种产品,它可以做消费品也可以做投资品,那么这个资源配置在那个地方,是用于生产、用于消费,还是用于浪费?对于这些问题要进行再研究、探讨。我们做理论研究不能仅从理论上进行研究,还要和现实接轨,还要向实际部门请教。今天也非常感谢各位专家领导给我们提供这些信息,给我们这些启迪,给我们这些思想。希望有更多的机会向各位请教。

耿明斋:站在全省的格局来看,我们的愿望是什么呢?我们的愿望是希望河南能够跨越式发展,摆脱现在这种相对比较尴尬的局面。人均 GDP 还在全国中间偏后,我们努力的目标是"十二五"时期排名居于全国中间,到 2020 年超过中间位置。作为一个省域来讲,现在我们要的是什么呢?要的是总量增长。而总量增长和结构优化是分不开的,总量增长也好,结构优化也好,这个动力、推动力、原动力在哪,办法究竟是啥?我们现在回顾广东是怎么过来呢?广东就是靠改革开放,不是靠政府,就是说政府和民间对区域经济发展来讲,各自都应该干什么事,政府是不是有职责去启动民间的动力?我觉得这是一个值得研究的问题,怎么启动民间的动力呢?

另外,现在中国的经济进入次高速增长,或叫做相对稳定的中低速增长阶段。最近网上热炒一句话,说最大的人口红利没了,但我们有改革的红利。改革的呼声越来越高,现在看来人们都期望 2013 年这个改革要有动作,要有突破。我想说的是,对省级政府来说,改革这个事究竟是中央政府的事,还是地方政府的事情?地方政府在推进改革的过程中该扮演什么角色?现在来看,就河南来讲,从改革里面挖红利,能不能挖出来,挖这个红利能不能对促进经济增长作出贡献?我觉得好像内地省份讲发展多,很少讲改革。改革的话语权都在广东那个地方,这事是不是也应该研究?

最后,感谢大家的热烈讨论,我们明年的论坛上再见,谢谢!

后　记

本书的编辑出版由我主持，李燕燕教授统筹，赵志亮博士负责协调与编辑工作相关的各类行政事务，曹青、王延资则具体承担了所有事务性工作。书稿编辑整理工作自 2013 年 1 月启动，参编人员多次就编撰思路、专题名称、写作格式等进行讨论，形成了统一的规范标准，并选定了各专题负责人，分头梳理出初稿，再由李燕燕加工整理成完成稿，最后由我审核定稿。

需要特别指出的是，由于各专题初稿是在各期论坛发言记录稿的基础上整理出来的，论坛上不仅发言人多，而且很多发言是随机的，无论是逻辑思路还是表达方式都比较粗糙。虽经学生初步加工整理，但要作为逻辑严谨、表述规范的理论读物出版，仍有巨大的工作量。李燕燕教授以高度负责的精神，凭借她扎实的学术功底、精湛的逻辑归纳和文字表达能力，花费了足够的时间和精力，终于将一份思想表达完整、文字流畅、可读性强的高质量书稿呈现在读者面前。作为论坛策划人和本书编辑主持人，我不能吝啬表达对她的佩服和感谢。

参与论坛工作及书稿编辑整理工作的我的硕士研究生还有渠源、张卫芳、刘依杭、秦娇、丁朵、王娟、张佳佳、石琳、印娟娟、张超、张国骁、张勋、周秋明、程博等（排名不分先后）。

耿明斋

2013 年 4 月 18 日

图书在版编目(CIP)数据

中原争鸣集：2013：新型城镇化与产业转型／耿明斋主编．—北京：社会科学文献出版社，2013.9
 ISBN 978－7－5097－4818－3

Ⅰ.①中… Ⅱ.①耿… Ⅲ.①区域经济发展－河南省－文集 Ⅳ.①F127.61－53

中国版本图书馆CIP数据核字（2013）第149212号

中原争鸣集（2013）
—— 新型城镇化与产业转型

主　　编／耿明斋
执行主编／李燕燕

出 版 人／谢寿光
出 版 者／社会科学文献出版社
地　　址／北京市西城区北三环中路甲29号院3号楼华龙大厦
邮政编码／100029

责任部门／皮书出版中心　（010）59367127　　　责任编辑／桂　芳
电子信箱／pishubu@ssap.cn　　　　　　　　　　责任校对／秦泽民
项目统筹／桂　芳　　　　　　　　　　　　　　责任印制／岳　阳
经　　销／社会科学文献出版社市场营销中心　（010）59367081　59367089
读者服务／读者服务中心　（010）59367028

印　　装／北京鹏润伟业印刷有限公司
开　　本／787mm×1092mm　1/16　　　　　　印　张／16
版　　次／2013年9月第1版　　　　　　　　　　字　数／248千字
印　　次／2013年9月第1次印刷
书　　号／ISBN 978－7－5097－4818－3
定　　价／69.00元

本书如有破损、缺页、装订错误，请与本社读者服务中心联系更换
▲ 版权所有　翻印必究